水族历史文化传承与发展

贵州省民族研究院　编

颜夏含　樊　敏　颜　勇　编著

贵州出版集团
贵州民族出版社

图书在版编目（CIP）数据

水族历史文化传承与发展 / 贵州省民族研究院编；颜夏含，樊敏，颜勇编著 . — 贵阳：贵州民族出版社，2024.1
　ISBN 978-7-5412-2850-6

Ⅰ . ①水… Ⅱ . ①贵… ②颜… ③樊… ④颜… Ⅲ . ①水族—民族文化—文化史—研究—贵州 Ⅳ . ① K286.9

中国国家版本馆 CIP 数据核字 (2024) 第 010190 号

水族历史文化传承与发展
SHUIZU LISHI WENHUA CHUANCHENG YU FAZHAN

贵州省民族研究院　编
颜夏含　樊　敏　颜　勇　编著

出版发行：贵州民族出版社
地　　址：贵州省贵阳市观山湖区会展东路贵州出版集团大楼
印　　刷：贵阳精彩数字印刷有限公司
开　　本：787 mm × 1092 mm　1/16
字　　数：240 千字
印　　张：18.25
版　　次：2024 年 1 月第 1 版
印　　次：2024 年 1 月第 1 次印刷
书　　号：ISBN 978-7-5412-2850-6
定　　价：90.00 元

水族舞剧《木楼古歌》
（王克松提供）

三都水族自治县委、县政府给水书代表性传承人颁发荣誉证书（潘政波提供）

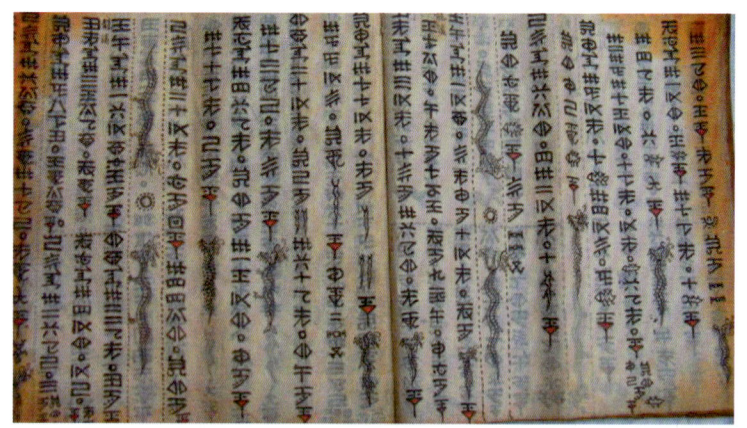

水书——《吉书》（潘政波提供）

中国水书译丛首发式

水族源考暨水书抢救高峰论坛

水族卯节（江民权提供）

水族端节（潘永灿提供）

水族赛马（蒋佩芝提供）

《水族斗角》荣获表演项目综合类一等奖 （王克松提供）

黔南州手工刺绣技能大赛在三都举行（潘瑶提供）

水族剪纸

马尾绣绣娘的心声
（韦丽娜提供）

水族创意服饰（黄林森提供）

水族服饰（陆明臻提供）

水族姑娘（杨先果提供）

三都水族自治县中和镇雪花湖社区——水族马尾绣小镇（杨先果提供）

目 录

绪　言 …………………………………………………… 001

第一章　族源与族称 …………………………………… 011
　　远古走来 …………………………………………… 011
　　族称之由 …………………………………………… 015

第二章　地域与人口 …………………………………… 017
　　区域划分 …………………………………………… 017
　　人口变迁 …………………………………………… 023

第三章　语言文字与水书、水历 ……………………… 024
　　语　言 ……………………………………………… 024
　　文　字 ……………………………………………… 031
　　水　书 ……………………………………………… 040
　　水书抢救 …………………………………………… 045
　　水　历 ……………………………………………… 054

第四章　风俗风情 ……………………………………… 062
　　万物崇拜 …………………………………………… 062
　　稻作农耕 …………………………………………… 073

鱼包韭菜 …………………………………………… 087
九阡酒 ……………………………………………… 089
凤凰于飞 …………………………………………… 092
开 控 ……………………………………………… 103
端 节 ……………………………………………… 106
卯 节 ……………………………………………… 110
拜 霞 ……………………………………………… 116
沐 浴 ……………………………………………… 119

第五章 指尖技艺 …………………………………… 124
木楼古歌 …………………………………………… 124
马尾绣 ……………………………………………… 133
剪纸艺术 …………………………………………… 141
银 饰 ……………………………………………… 145
华彩霓裳 …………………………………………… 150
雕木刻石 …………………………………………… 154
杏林春暖 …………………………………………… 160

第六章 文学艺术与体育游戏 ……………………… 166
开天地、造人烟 …………………………………… 166
造棉歌 ……………………………………………… 174
旭 早 ……………………………………………… 180
诘俄伢 ……………………………………………… 195
铜鼓传说 …………………………………………… 208
铜鼓舞 ……………………………………………… 212
斗 角 ……………………………………………… 215

骑草马 ………………………………………… 217

幂炅 …………………………………………… 218

赛马 …………………………………………… 220

星罗棋布 ……………………………………… 227

第七章　人物春秋 ……………………………… 232

永远的丰碑：邓恩铭 ………………………… 232

弯路直走：潘一志 …………………………… 239

农民起义军领袖：潘新简 …………………… 251

第八章　家园特色 ……………………………… 259

秀美月亮山 …………………………………… 259

神秘尧人山 …………………………………… 260

神奇产蛋崖 …………………………………… 261

壮美雪花洞 …………………………………… 262

归兰山景区 …………………………………… 263

甲定奇石 ……………………………………… 264

石板寨 ………………………………………… 265

水各村 ………………………………………… 266

怎雷村 ………………………………………… 267

板告寨 ………………………………………… 268

善宏寨 ………………………………………… 269

水根寨 ………………………………………… 270

巴茅寨 ………………………………………… 271

塘党寨 ………………………………………… 272

水利寨 ………………………………………… 272

水苆寨 …………………………………… 273

榔木寨 …………………………………… 275

高兴寨 …………………………………… 276

八蒙寨 …………………………………… 277

雪花湖社区 ……………………………… 278

参考文献……………………………………… 280

后　记………………………………………… 284

绪　言

根据第七次全国人口普查数据，全国水族人口为495928人，主要分布在黔桂交界的龙江、都柳江上游，以及云南东部。全国63%左右的水族人口聚居在贵州省黔南布依族苗族自治州的三都水族自治县，该县是全国唯一的水族自治县。贵州省黔南布依族苗族自治州的荔波县、独山县、都匀市、福泉市，黔东南苗族侗族自治州的榕江县、丹寨县、雷山县、剑河县、从江县、黎平县等为水族散居区，毕节、六盘水等地也有少量水族居住。此外，广西壮族自治区的河池、柳州、来宾等市及云南省富源县也有水族村落分布。水族与周边的汉族、苗族、布依族、侗族、瑶族、壮族等民族友好相处，共建家园。

在水族历史上，出现了一些可歌可泣的人物，如中国共产党创始人之一、无产阶级革命家、中共一大代表邓恩铭，水族史学奠基人潘一志等。

水族自称"睢"[sui^3]，汉语音译作"水"。《水族简史》认为，"对于水族的来源，民间和学术界有殷人后裔说、百越（两广）源流说、江西迁来说、江南迁来说等说法，实际都是针对水族发展史上某一时段或某一分支而论，都有一定的历史性与合理性"[1]。

---

[1]　《水族简史》编写组、《水族简史》修订本编写组：《水族简史》，北京：民族出版社，2008年。

林明璋先生深入水族地区三年，专事水族历史文化调查研究，编写了原生态大型歌舞《远古走来的贵族》剧本，并与贵州大学教授林早博士著有《探索水族文化的历史渊源》一书，该书认为"中国水族是一个文明历史悠久，文化传承丰富的民族。在远古时期，她已作为一个智慧超前的族群，参与了中华民族远古文明的奠基，远古文字的创造"。

水族不仅有自己的语言——水语，亦有自己的文字——水书。水语属汉藏语系壮侗语族侗水语支。在水族地区，水语至今仍在普遍使用，并从汉族、苗族、布依族等兄弟民族中吸收了不少新词语以适应社会发展的需要。

水族有本民族的天文历法，民族歌舞、民族艺术、民族体育丰富多彩，独具特色。水族的民间工艺主要有染织、刺绣、剪纸、雕刻、银饰加工等。水族的民居文化、服饰文化、饮食文化、婚丧文化、节俗文化等亦具有鲜明的民族特色。

水族和其他少数民族一样，在长期的历史发展过程中创造了本民族光辉灿烂的文化，为丰富和发展中华文化作出了自己的贡献，在中华民族的发展历史上写下光辉灿烂的一页。

水族历史文化是人类文化的一个重要组成部分。随着全球化浪潮的推进，各个民族的文化联系日益紧密，从而使人类文化发展呈现出一种全球化的趋势。同时，这也对各民族的文化观念、文化审美方式、文化行为和文化语境等方面提出了严峻的挑战和考验。水族历史文化生存的封闭性正逐渐消失，世界各民族文化的融合与互动已成为历史的必然，水族历史文化如何在全球化浪潮中保护好、传承好、发展好，求得生存并发扬光大、异彩纷呈非常重要。

在"只有民族的才是世界的"背景下，水族历史文化的传承和发展得到党委、政府及社会各方面的高度重视。《贵州省非物质文化遗产保护条例》《贵州省优秀民族文化传承发展促进条例》《贵州省乡村振兴促进条例》《贵州省促进民族团结进步条例》《贵州省民族乡保护和发展条例》《贵州省传统村落保护和发展条例》《黔南布依族苗族自治州自治条例》《黔南布依族苗族自治州水书文化保护条例》《黔南布依族苗族自治州民族医药保护发展条例》《黔南布依族苗族自治州村寨规划建设管理条例》《黔南布依族苗族自治州古树名木保护条例》《黔南布依族苗族自治州促进茶产业发展条例》《黔南布依族苗族自治州旅游发展条例》《黔东南苗族侗族自治州自治条例》《黔东南苗族侗族自治州民族文化村寨保护条例》《三都水族自治县自治条例》《三都水族自治县水书文化保护条例》《三都水族自治县民族文化村寨保护条例》《中共贵州省委贵州省人民政府关于进一步加强民族工作和加快少数民族和民族地区经济社会发展的意见》《中共贵州省委贵州省人民政府关于支持民族地区高质量发展若干政策措施的意见》等法规和规范性文件都有少数民族历史文化抢救、保护、开发、利用、发展内容的相关条文，特别是《中共黔南州委黔南州人民政府关于进一步加强民族工作和加快全州经济社会发展的实施意见》中指出："要高度重视我州少数民族文化的传承、发展与创新……制定并实施少数民族文化保护与开发规划，处理好文化事业发展与少数民族文化传承，旅游产业开发、小城镇建设与少数民族文化保护的关系，搞好民族村镇保护与建设，加大对少数民族非物质文化遗产和名胜古迹、文物等物质文化遗产，特别是我州水族'水书'的保护和抢救力度，加强对濒临失传的少数民族古籍的搜集、整理、出版。"同时，这些法规和规范性文件使由政府主导、社会参与的水族历史文化传承与发展工作有了法律依据和政策支持，并取得了长足的进展。

　　回顾往昔，水族的铜鼓舞、角鼓舞、斗角舞分别在全国少数民族传统体育运动会上获表演一、二等奖；角鼓舞与斗角舞还一起参加了第三届中国艺术节演出。水族银饰"压领"作为吉祥物在第三届中国艺术节上献给国家博物馆收藏。1991年，水族剪纸能手韦帮粉的剪纸作品《水族背带花图案》在首届中国民族民间剪纸大赛中获三等奖。1982年，在"羊城百绝博览会"表演中，韦帮粉的作品以每张50美元被抢购一空。水族马尾绣以其独特的绣制技巧及浮雕感的图案，在各民族的挑花刺绣中独领风骚，在2006年"开磷杯"多彩贵州旅游商品设计大赛上，水族妇女韦桃花以精美绝伦的水族马尾绣作品获"贵州名匠"特等奖。2006年，水族妇女宋水仙在三都水族自治县城开办了第一家马尾绣艺术品专卖店，展示她收集到的藏品和销售马尾绣产品……虽然仅仅是散金碎玉，却串成迷人的花环，多角度、多侧面地展示了水族传统文化的亮丽风采。

　　再看如今，全国水族人口集中的黔南布依族苗族自治州，全州现有世界级非遗1项、国家级非遗15项、省级非遗106项（111处）、州级非遗207项（215处）、县级非遗477项（485处）。水族共有59项非物质文化遗产代表性项目入选国家、省、州、县（市）级非物质文化遗产代表性项目名录。其中，国家级项目有水书习俗、水族端节、水族马尾绣、水族剪纸、水族双歌旭早5项；省级项目有水族婚俗、水族婚礼、水族卯节、水族敬霞节、水族祭祖、水族服饰、水族医药、水族历法、水族九阡酒酿造技艺、水族民间酿酒工艺、水族银饰制作技艺、水族豆浆染制作技艺、水族牛角雕制作技艺、水族石雕、水族古歌、水族"夺咚"、水族铜鼓舞、水族弦鼓舞、水族棋艺等22项；州级项目有水族赛马、水族芦笙制作技艺、水族辣椒酸制作技艺等4项；县（市）级项目有水族苏宁喜节、水族糯米节习俗、水族祭稻田、水族葬礼、水族干栏式建筑营造技艺、水族银佛帽制作技艺、皮鼓制作工艺、弦鼓制作工艺、水族调歌、诘俄伢、水经、苑歌、单歌、情歌、水语、水族斗角舞、角鼓舞、水族花架舞、格鞋等29项。州级以上非物质文化遗产代表性传承人54名，其中水书习俗、水族马尾绣国家级非物质文化遗产代表性传承人4名；水书习俗、水族马尾绣、水族剪纸、水族银饰制作技艺、水族牛角雕制作技艺、水族"夺咚"省级非物质文化遗产代表性传承人16名；水书习俗、水族马尾绣、水族剪纸、水族银饰制作技艺、水族"夺咚"、水族婚俗和水族辣椒酸酿制技艺州级非物质文化遗产代表性传承人34名，并且国家对每一个非物质文化遗产项目明确了责任单位，为下一步制订保护规划，明确责任目标，加强组织协调，落实各项措施，切实保护好、管理好、利用好非物质文化遗产提供了保障。

至此，水族历史文化传承与发展工作迈出了可喜的一步，且越来越受到全社会的关注。水族历史文化资源在水族经济社会发展特别是旅游事业发展中所发挥的作用日渐突出。全国唯一的水族自治县——三都水族自治县努力打造以水族文化为标识的"中国民间文化艺术之乡"。2017年，被称为刺绣"活化石"的水族马尾绣获得国家质量监督检验检疫总局授予的地理标志产品保护证书，标志着"三都水族马尾绣"成为贵州首个获得地理标志产品保护的刺绣类产品，水族妇女的指尖技艺已经成功转化为指尖经济。2016年，全县马尾绣产品共签约1.88亿元，成为三都水族自治县经济发展新的增长点，走出国门，走向世界。2016年，旅游业收入达到39.44亿元，成为三都水族自治县经济支柱产业。近年来，三都水族自治县大力实施"旅游引爆"工程，完成万户水寨非遗一条街、贵州水族文化博物馆等项目提质改造，水族马尾绣传承保护中心实现开馆，成功申报达便、古城、石旺3个贵州省标准级乡村旅游村寨，建成四星级酒店4家、特色酒店2家、特色民宿2家，新增旅游公厕4座。2018年，接待旅游总人数861.01万人次，同比增长38.84%；实现旅游总收入73.73亿元，同比增长30%。旅游带动3491名贫困群众增收。2019年，成功举办水族端节、黄桃节等系列活动，国内过夜游客32.85万人次。2020年，扎实推进"旅游九大工程"，雪花湖马尾绣小镇被评为国家AAA级旅游景区，尧人山生态旅游度假区列入全省100个旅游景区，全年过夜游客人数26.25万人次。2021年，丰富和提升咕噜景区旅游业态，成功举办"三都相约·美丽相逢"大型民族文化活动、"暖冬三都·热情好客"系列文化体育活动和首届"水晶之夜"音乐节，全年接待过夜游客29.19万人次，同比增长11%。2022年，旅游产业化实现新突破。咕噜景区通过国家AAAA级景区景观质量评审；高硐景区获得国家AAA级景区评定；金桥商业街成功列入第一批州级夜间文化和旅游消费集聚区。承办全省"凤凰杯"芦笙大赛、"水晶之夜"音乐节等各类文化体育旅游活动91场次，"夜游三都·水韵咕噜"系列活动引爆夜游经济，带动消费5000多万元；全年接待过夜游客40万人次、游客人均花费达935.09元，分别同比增长37.03%、15.95%。

水族腹地三都水族自治县中和镇，水族人口占全镇总人口的90%以上，2015年成功申报了以水族文化和生态旅游为主题的"中国唯一水族部落旅游基础设施建设项目"，获批第一期7.8亿元基金项目扶持；仅2016年端节，三洞姑稳端坡游客就达28.6万人，带动旅游收入1430万元。据统计，2023年来，全镇累计开展如水维村赛马活动、"雪花湖杯"

篮球赛等民族文化体育活动 17 场，累计接待游客 7 万余人，综合旅游收入达 100 余万元；通过整合马尾绣服饰、马尾绣挂件、山地罗汉果、林下土鸡蛋等直播带货 50 余场，完成零售额 23 万余元。有力推动了当地民族的团结、经济的发展、文化的传承。

2017 年，三都水族自治县成立 60 周年，全县举行了隆重的庆祝活动，不仅展示了水族文化的丰富多彩和传承发展的成就，而且还促进各民族交往交流交融，构建起中华民族共有的精神家园，进一步铸牢中华民族共同体意识。

近年来，三都水族自治县坚持围绕中心，服务大局，充分发挥自身优势，激发民族地区旅游新动能。一是打好"特色牌"，促进"旅游+非遗"融合发展。以凝聚人心为根本，通过体验式、参与式、教育式活动将民族团结进步和民族文化发展融于一体。依托县水族非遗体验中心，以水族非遗文化为载体，打造"'遗'路同心·文脉铸魂"工作品牌。重点开发水族马尾绣、水书、水族剪纸等项目，融合文化研学旅游，营造立体水族文化空间，充分展示活态而多元的水族非遗魅力，不断激发水乡人民坚定文化自信，振奋民族精神。建立了十个类别 54 个项目的《三都水族自治县非物质文化遗产县级名录》，健全完整的国家、省、州、县级传承人保护体系，拥有国家级马尾绣传承人 2 名、省级传承人 5 名、贵州名匠 1 名、州级传承人 10 名，涌现出宋水仙、韦桃花、韦应丽、张义琼、潘正永等一批民族技艺名师和致富带头人。二是打好"优势牌"，促进"旅游+体育"融合发展。立足三都民族文化独特、擅长体育运动的优势，组织各民族群众开展形式多样的文体活动。实施体育强县战略，民族体育事业蓬勃发展、人才辈出。完善基础设施，先后建成体育竞技中心、全民健身中心、生态体育公园等体育活动场所 1433 个，全县实现人均占有健身场地2.53平方米。按照"季季有主题、月月有活动"的目标，举办贵州省"凤凰杯"芦笙大赛、中国水族端节马拉松赛、黔桂湘三省区"都柳江杯"篮球邀请赛、民族赛马邀请赛等文化体育赛事100余场次，不断铸牢中华民族共同体意识。三是打好"创新牌"，促进"旅游+文化"融合发展。坚持从"心"出发，牢固树立以人为本理念，广泛联谊交友，最大程度地凝聚人心、汇聚力量，促使民族文化在创新中发展与传承。鼓励创作本土文艺作品，涌现出歌曲《水族双歌》《水族古歌》，舞蹈《水书》《㞬》《酒神曲》，剧目《凤羽水乡·远古水族》等一批民族文艺精品。深入挖掘优秀民族文化资源，鼓励民族文化产品创新发展，研发推出服装、包具、礼品工艺品等一批现代化实用产品。按照重点突破、以点带面、全域发展思路，不断丰富旅游业态，加快推进乡村旅游村寨、乡村客栈（民宿）、农家乐标准化、品牌化建设，构建生态旅游、民宿旅游、休闲观光旅游融合发展新格局，擦亮乡村特色旅游品牌，有力助推乡村振兴。

习近平在党的二十大报告中指出，全面建设社会主义现代化国家，必须坚持中国特色社会主义文化发展道路，增强文化自信，围绕举旗帜、聚民心、育新人、兴文化、展形象建设社会主义文化强国，发展面向现代化、面向世界、面向未来的，民族的科学的大众的社会主义文化，激发全民族文化创新创造活力，增强实现中华民族伟大复兴的精神力量。党的十八大以来，党中央在领导党和人民推进治国理政的实践中，把文化建设摆在全局工作的重要位置。经过这些年的不懈努力，文化传承发展呈现出新的气象、开创了新的局面，社会主义文化强国建设迈出坚实步伐。习近平在文化传承发展座谈会上强调，在新的起点上继续推动文化繁荣、建设文化强国、建设中华民族现代文明，是我们在新时代新的文化使命。要坚定文化自信。中华文明历经数千年而绵延不绝、迭遭忧患而经久不衰，这是人类文明的奇迹，也是我们自信的底气。要把文化自信融入全民族的精神气质与文化品格中，养成昂扬向上的风貌和理性平和的心态。要秉持开放包容。中华文明的博大气象，就得益于中华文化自古以来开放的姿态、包容的胸怀。秉持开放包容，就是要更加积极主动地学习借鉴人类创造的一切优秀文明成果。无论是对内提升先进文化的凝聚力感召力，还是对外增强中华文明的传播力影响力，都离不开融通中外、贯通古今。我们必须坚持马克思主义中国化时代化，传承发展中华优秀传统文化，促进外来文化本土化，不断培育和创造新时代中国特色社会主义文化。要坚持守正创新。守正，守的是马克思主义在意识形态领域指导地位的根本制度，守的是"两个结合"的根本要求，守的是中国共产党的文化领导权和中华民族的文化主体性。创新，创的是新思路、新话语、新机制、新形式，要在马克思主义指导下真正做到古为今用、洋为中用、辩证取舍、推陈出新，实现传统与现代的有机衔接。新时代的文化工作者必须以守正创新的正气和锐气，赓续历史文脉、谱写当代华章。水族作为中华民族大家庭的重要一员，水族文明作为中华文明的重要组成部分，在几千年历史中创造和延续的优秀传统文化，是水族的根和魂。

近年来，政府在保护和传承水族文化过程中，发挥了至关重要的作用。但是，民众的活动要以民众本身为主，不能把"政府组织"变为"政府主导"，而要坚持"政府引导"，坚持以水族群众为主体的原则和政策，否则会让水族历史文化失去其原有的意味。文化的变迁需要民众的文化自觉，民众开始自己参与到他们的文化活动中，这样的集体记忆才能够可持续发展，水族的历史文化才能一代代地传下去。时间还未走远，当水族和历史的车轮一同滚滚向前的时候，那历史、文化、民风、民情需要我们去传承、发展，既要解读她的过去，也要阐发她的未来，深入挖掘水族历史文化蕴含的思想观念、人文精神、道德规范，结合时代要求继承创新，让水族历史文化展现出永久魅力和时代风采。

第一章　族源与族称

远古走来

　　水族是我国多民族大家庭中的一员。秦汉以前，岭南一带聚居着许多部落，如"西瓯越""南越""骆越"等，与东南沿海的其他诸越统称为"百越"。从历史发展的某些迹象和语言及文化生活特点等方面考察，水族是由骆越的一支发展起来的。

　　根据水族民间歌谣的叙述：他们的祖先原来居住在邕江流域一带的"邕虽山"，后来由于各种原因，水族古代先民离开邕江流域，经今河池、南丹一带沿龙江溯流而上，往今黔、桂边境迁移，开始从骆越的母体中分离出来，逐渐向单一民族发展。在水族反映有关迁徙的作品中，就有这样一首广为流传的《在西雅，上广东》[①]的迁徙歌：

古父老住在西雅。

从西雅上广东，

在广东做不成吃，

[①] 范禹：《水族文学史》，贵阳：贵州人民出版社，1987年，第69页。

在广西积不起钱。

哥沿浑水上去，

弟顺清水下去，

中间公渡过了河，

过浑水来到丹州①。

这首短短8行的迁徙歌生动概述了水族先民迁徙到龙江、都柳江上游一带定居下来的情景。水族人民在丧葬开控时，都要念诵《调布控》，追溯远祖的生活历史，给亡灵列出远祖迁徙来的路线，让亡灵能够顺利地回到"故土"，常常以这样的句子开始演唱：

公在等鸡叫，

奶在等天亮。

溯河上，

过江来。

……②

歌中叙述的水族先民的迁徙路线是非常清晰的，就是溯河流而上，过江之后来到现今居住的地方——龙江、都柳江上游地区定居。另外，在水族祭祀水书始祖——陆铎公（拱陆铎）时，念诵的《请拱陆铎咒》中，仍然有水族先民迁徙的生动描写：

您住在神秘的处所，

您住在造人的地方，

---

① 丹州：今广西南丹。
② 范禹：《水族文学史》，贵阳：贵州人民出版社，1987年，第70~71页。

您从那整齐的天边，

上到岔河的水口。

……①

　　水书是水族固有文化的一种标志，陆铎公就是这种文化创造者的一种形象的化身。水族人民在传授水书之前，都要举行请陆铎公的仪式。显然，请陆铎公的路线就是水族先民迁徙的路线。而那陆铎公所居住的"整齐的天边"，一定是一个临近大海的宽广地带，否则是看不到整齐的天地分界的，那"岔河的水口"是水族先民溯江而上，途中遇到江河汇合处的一种艺术概括。

　　水族的祭祀活动和生活习俗方面也反映了水族由骆越发展而来的这种迹象。如水书师在"祭谷魂"的念词中，提到祖公随河上来时，从海边带来了谷种。古代越人"巢居"干栏，至今水族住房仍多为干栏式建筑，下面喂牲口和放置农具，上面住人。这种住房适应于南方多雨潮湿和多虫蛇的环境。在丧葬习俗方面，水族过去盛行干栏式石板墓，这是越人建筑特征的反映；水族老人死后埋葬前，丧家及亲属都忌荤吃素，但不忌鱼虾水产，并以鱼作为重要且必需的祭品；在盛大的节日、祭祀和宴客时，鱼也是必不可少的。这也许就是古代水族先民在海滨和河边地带生活的一份记忆。水族十分崇尚铜鼓，在节庆和丧葬活动中皆广泛使用，并把它作为祖传珍宝世代收藏。目前仅三都水族自治县民间收藏的铜鼓就有三百多面。在语言方面，水语保持了"百越"语言的大量入声字音和短促调，在水语词汇中保留有南方动物大象 [tsa：ŋ^4] 的读音。水族对于渔业生产的工具，如船、网、鱼叉、鱼笼等，都有众多的完整

---

① 范禹：《水族文学史》，贵阳：贵州人民出版社，1987年，第71~72页。

词汇。当然，水族主要来源于骆越，但也有其他外来民族与水族通婚而融合为今天的水族。在历史的长河中，有的汉族或其他民族，由于通婚关系融于水族；而水族也由于同样的原因，经过长期的迁徙而融合到其他民族中，这是我国各民族相互交往、相互依存和相互融合的结果。

水族古代先民在"邕虽山"，即今南宁的邕江流域一带繁衍生息。这里正是古代骆越活动的地区。公元前221年，秦始皇统一六国后，发兵50万进军岭南，遭到四瓯、骆越的顽强抵抗。当时越人"皆入丛薄中……莫肯为秦虏"。他们凭借山林险阻，出没无常，到处袭击，使秦军受到重大打击；后来秦始皇派史禄开通灵渠，保证秦军的军需供应和后继增援，到公元前214年才最后打败了越人的武装力量，统一了岭南，置南海、桂林、象三郡，设官治理。在这次抗秦斗争中，由于战争的影响，水族先民被迫带领子孙沿龙江溯流而上，逐渐往边境迁移。汉初，统治者忙于整顿内地的封建统治秩序，无力顾及西南边疆。魏晋以来，南中战乱频繁，但在谢氏统治下的水族地区，社会秩序相对稳定，战争影响较小，经济得以持续发展。隋唐之际，水族地区的社会经济有了进一步的发展。据史料记载，今水族聚居的东谢地区，"地方千里"，人口殷实，"土气郁热，多霖雨，稻粟再熟"，粮食产量有较大增加，人们的粮食有了较多结余，能够用来酿酒以供节日喜庆之用。这些都说明了水族先民自秦代迁入黔桂边境以来，经过近千年的发展，在具有共同的地域、共同的语言的前提下，共同的经济生活和共同的心理素质已逐渐形成，于是，水族作为单一民族正式形成了。

从历史文献的记载来看，唐贞观三年（629），东谢首领谢元深入朝，唐以其地置应州，授元深为刺史，同时在应州下置都尚、婆览、应江、陀隆、罗恭五县（除陀隆外，全是今天的水族聚居区）。唐玄宗开元元年至二十九年（713—741）又置莪、劳、抚水等羁縻府州，抚水州下辖京水、抚水、多逢、古劳四县（即今广西环江毛南族自治县和贵州荔波县一带）。宋太祖开宝三年（970）以后，在水族地区先后设置荔波、陈蒙、合江、抚水等州。

明代以来，由于实行兵食自给的卫所屯戍制度，大量的汉族迁入水族地区。这些从外省调遣来戍守的士兵，设屯安家，世为军籍，也就在当地居住下来了。同时，明初实行大规模的移民垦荒政策，把地少人多地方的农民，移至地广人稀之乡或边地。这些迁来的汉族人，长期与当地少数民族相处、通婚，有一部分人的后代已融合于水族。这就是如今民间传说水族从江南迁来的原因。它反映了民族融合的历史事实，也是中华民族大家庭团结统一的真实反映。

族称之由

水族自称"睢"[sui³]，汉语音译作"水"。山水之"水"，水语读作[na：m³]。《水书》中"金木水火土"之"水"，水语读作[sui³]而不读作[na：m³]。

在中华民族的历史上，水族曾被统称为"百越""僚""俚僚""蛮""苗"等。唐宋时期的水族先民，被称为"抚水蛮"，盖因"抚水州"之建立，而为唐宋史籍所载。《唐书·地理志》载"……开元中，置莪、劳、抚水等羁縻州"，《黔志》对此已解释得非常清楚，"唐玄宗开元中，西南诸番及蛮夷稍稍内属，即其部落列置州"。即是说，唐玄宗开元年间，西南少数民族首领表示了对唐王朝的归顺，唐王朝即以他们的领地和部落的名称，设置羁縻府州。

到了宋代，由于抚水州内的水族先民群体迅速发展壮大，因而《宋史·南蛮传》已设有"抚水州"专条，对"抚水州"发生之事进行了详细的记载。对此，《宋史·蛮夷三》抚水州条专门记载："承贵因请改州县名，以固归顺之意，诏以抚水州为'安化州'。"

唐代史籍的记载，开了汉文史籍将"濮"人族体记述以"水"字为概念之先河。

清代，水族被称为"水家苗"。清朝李宗昉所著《黔记》云："水家苗在荔波县，自雍正十年，由广西拨隶黔之都匀府属。"《贵州通志》亦载："水家苗都匀有之，有韦蒙二姓在内外套，与花苗杂居……每岁中秋月首戌日赶场，亥日过端节，以是日之晴雨主是年之丰歉。"除"水家苗"之称谓外，清代至民国时期的一些汉文史籍中，有时也把水族称为"水家"或"水家夷"。

中华人民共和国成立之后，经过民族学、历史学、语言学和民俗学等各方专家的考察论证、研究，在充分征求水族同胞意见的基础上，1956年9月11日，国务院第37次全体会议通过了《关于撤销三都县、松桃县和设置三都水家族自治县、松桃苗族自治县的决定》。之后，在筹建自治县时，有些人士认为"水家族"不妥，请求更名为"水族"，经国务院批复同意，1956年12月21日，国务院批复了更名方案，三都水家族自治县更名为三都水族自治县，确认了"水族"的族称。

第二章 地域与人口

区域划分

1941年2月，贵州省政府整理各县行政区域，将原都江县、三合县合并，改称三都县，县政府设于三合镇。1949年12月6日，三都县解放。1950年5月，三都县人民政府对全县行政区划做出调整，将原3个区改设为4个区，第一区驻三合镇，第二区驻普安，第三区驻水龙，第四区驻上江。

1957年1月2日，三都水族自治县成立，其行政区划以原三都县为基础，包括由荔波县划来的周覃、九阡两个区以及原属荔波县第四区的板闷、水各、水叶、扬拱、板甲、威岩、拉祥、水维、水碰、邑鲜和原属荔波县第五区的水庆11乡；由独山县划来的林桥、翁台2乡；由都匀县划来的基场、潘洞、富河3乡；由榕江县划来的兴华、水尾2乡。由此，自治县辖6区2镇40乡，其中，三合镇直隶县人民委员会；大河区，辖大河、烂土、巴佑、丰乐、基场、潘洞、富河、翁台8乡；普安区，辖普安镇、羊鸡、交梨、落榔、高洞等1镇4乡；水龙区，辖水龙、尧麓、地祥、中和、塘州、天堂、林桥7乡；都江区，辖上江、打鱼、甲雄、坝街、新华5乡；周覃区，辖周覃、洞甲、恒丰、阳安、三洞、水东6乡；九阡区，辖板叶（原荔波县属板闷乡、水叶乡合并之后的全称）、水各、扬拱、板甲、岜鲜、拉威（原荔波县属拉祥乡和威岩乡合并后的合称）、水维、水碰、水庆、水尾10乡。

1961年，原属都匀县的基场、潘洞、富河3个管理区，原属独山县的林桥、翁台2个管理区和原属荔波县的拉威、岜鲜、水碰、水维、水庆5个管理区等共10个管理区，因距离县城较远，交通和经济交往不便等关系，分别划归原属。1963年，原属榕江县的兴华、水尾两个公社，因同样原因，重新划归榕江县。

1984年5月，三都水族自治县共分7区，辖5镇，33乡，268个行政村，2108个村民小组。其中三合镇为区级镇建制，辖2个居委会，3个行政村；三合区辖三合、苗龙、尧麓、拉揽4乡，24个行政村；大河区辖大河镇、丰乐、和平、烂土、巴佑、尧吕1镇5乡，50个行政村；普安区辖普安镇、交梨、高洞、阳基1镇3乡，34个行政村；中和区辖中和、地祥、水龙、安塘、塘州5乡，38个行政村；都江区辖上江镇、坝街、甲雄、巫不、羊福、介赖、打鱼1镇6乡，共40个行政村；周覃区辖周覃镇、三洞、水东、廷牌、阳安、恒丰、和勇1镇6乡，62个行政村；九阡区辖九阡、水各、扬拱、板甲4乡，17个行政村。

1992年"撤区并乡建镇"时，三都水族自治县分为10镇11乡，271个行政村，其中三合镇辖22个行政村及4个居委会，水族、布依族、苗族等少数民族人口占总人口的85%；中和镇辖11个行政村，水族人口占总人口的99.9%；周覃镇辖17个行政村，水族人口占总人口的45%；九阡镇辖12个行政村，水族人口占总人口的93.63%；廷牌镇辖20个行政村，水族人口占总人口的99.8%；大河镇辖10个行政村和一个国营农场，水族人口占总人口的39.9%；合江镇辖20个行政村，以水族、布依族为主的少数民族人口占总人口的98%以上；普安镇辖19个行政村，水族、苗族、布依族等少数民族人口占总人口的97.3%；都江镇辖14个行政村，有林场，以水族、苗族、布依族为主的少数民族人口占总人口的91.7%；扬拱乡辖5个行政村，水族人口占总人口的99.8%；恒丰乡辖8个行政村，水族人口占总人口的88.4%；塘州乡辖18个行政村，水族人口占总人口的99%以上；水龙乡辖9个行政村，水族人口占总人口的99.9%；三洞乡辖17个行政村，水族人口占总人口的99.8%；丰乐镇辖22个行政村，少数民族人口占总人口的95.7%；交梨乡辖15个行政村，水族、苗族、布依族等少数民族人口占总人口的65.7%；拉揽乡辖5个行政村，水族、苗族等少数民族人口占总人口的98.7%；打鱼乡辖10个行政村，水族、苗族、布依族等少数民族人口占总人口的98.7%；巫不乡辖4个行政村，水族、苗族、侗族、瑶族等少数民族人口占总人口的98%；羊福乡辖6个行政村，水族人口占总人口的62%；坝街乡辖6个行政村，水族人口占总人口的98.4%。

2014年行政区划改革时，撤销三都水族自治县三合镇、普安镇、大河镇、丰乐镇、合江镇、都江镇、周覃镇、廷牌镇、九阡镇、中和镇、交梨乡、拉揽乡、水龙乡、打鱼乡、坝街乡、巫不乡、羊福乡、塘州乡、三洞乡、恒丰乡、扬拱乡21个乡（镇）建制，设置新的三合街道办事处和中和镇、周覃镇、普安镇、大河镇、都江镇、九阡镇。三合街道办事处辖原三合镇、拉揽乡和原水龙乡祥寨村、伟寨村，街道办事处驻尧人山社区。中和镇辖原中和镇、塘州乡及原三洞乡（除群力村外）和原水龙乡（除祥寨村、伟寨村外），镇人民政府驻中和村。周覃镇辖原周覃镇、廷牌镇、恒丰乡和原三洞乡群力村，镇人民政府驻新荣村。普安镇辖原普安镇、交梨乡，镇人民政府驻普屯村。大河镇辖原大河镇、丰乐镇、合江镇，镇人民政府驻怀所村。都江镇辖原都江镇、打鱼乡、坝街乡、巫不乡、羊福乡，镇人民政府驻上江村。九阡镇辖原九阡镇、扬拱乡，镇人民政府驻九阡村。

自1956年以来，除三都水族自治县外，贵州省政府还陆续在全省水族人口相对聚居的其他县市的乡镇先后建立了25个水族乡。其中，黔南布依族苗族自治州共有13个水族乡，黔东南苗族侗族自治州共有9个水族乡和2个瑶族水族乡，六盘水市盘州市也有1个彝族水族乡。

黔南布依族苗族自治州的水族乡主要分布在荔波县、独山县和都匀市。荔波县有7个水族乡。

永康水族乡：1984年5月3日成立，全乡总面积103.5平方千米，辖10个行政村，41个村民小组。2014年行政区划改革时，撤销永康水族乡，并入新成立的黎明关水族乡。水尧水族乡：1984年5月3日成立，全乡总面积90.7平方千米，辖5个行政村，42个村民小组。2014年行政区划改革时，撤销水尧水族乡，并入玉屏街道办事处。水利水族乡：1984年5月3日成立，全乡总面积126.3平方千米，辖7个行政村，50个村民小组。2014年行政区划改革时，撤销水利水族乡，并入玉屏街道办事处。瑶庆水族乡：1984年5月成立，全乡总面积88.4平方千米，辖4个行政村，32个村民小组。1991年，撤销瑶庆水族乡，并入茂兰镇。水维水族乡：1984年5月6日成立，全乡总面积138.4平方千米，辖6个行政村，43个村民小组。岜鲜水族乡：1984年5月6日成立，全乡总面积63.9平方千米，辖6个行政村，26个村民小组。1991年，水维水族乡和岜鲜水族乡并入佳荣乡，并成立佳荣水族乡。该乡总面积302.8平方千米，辖14个行政村，129个村民小组，当时佳荣水族乡有水族人口7061人，占总人口的52.7%；1998年撤销佳荣水族乡建制，建立佳荣镇。

都匀市有3个水族乡。

基场水族乡：1984年7月19日成立，全乡总面积41平方千米，辖8个行政村，74个村民小组。阳和水族乡：系原来潘洞小乡与富河小乡合并之后的合称，1984年6月27日成立，全乡总面积52.28平方千米，辖10个行政村，79个村民小组。奉合水族乡：1984年7月22日成立，全乡总面积52.5平方千米，辖6个行政村，69个村民小组。2014年行政区划改革时，撤销奉合水族乡、阳和水族乡、基场水族乡建制，设置新的归兰水族乡，以原奉合水族乡、阳和水族乡、基场水族乡地域为新设置的归兰水族乡行政区域，乡人民政府驻奉合村。

独山县有3个水族乡。

温泉水族乡：1984年3月成立，全乡总面积62.9平方千米，辖7个行政村，56个村民小组。1991年，温泉水族乡和本寨乡合并，成立本寨水族乡，全乡总面积144平方千米，辖12个行政村，92个村民小组。甲定水族乡：1984年3月成立，全乡总面积55.81平方千米，辖5个行政村，36个村民小组。翁台水族乡：1984年3月成立，全乡总面积50.35平方千米，辖5个行政村，29个村民组。2013年行政区划改革时，撤销本寨、甲定、翁台3个水族乡，本寨水族乡并入新设置的玉水镇，甲定、翁台水族乡并入新设置的影山镇。

黔东南苗族侗族自治州的水族乡和瑶族水族乡主要分布在榕江县、从江县、雷山县、黎平县和丹寨县。榕江县有7个水族乡。

兴华水族乡：1956年9月成立，1984年8月3日恢复，全乡总面积 177.49 平方千米，辖 9 个行政村。水尾水族乡：1956 年 9 月成立，1984 年 8 月 3 日恢复，全乡总面积 179.4 平方千米，辖 5 个行政村，28 个村民小组。定威水族乡：1956 年 4 月成立，1984 年 8 月 3 日恢复，全乡总面积 152 平方千米，辖 7 个行政村。仁里水族乡：1984 年 8 月 24 日成立，全乡总面积 82.3 平方千米，辖 8 个行政村。三江水族乡：1992 年 1 月 8 日成立，全乡总面积 199.3 平方千米，辖 13 个行政村。塔石瑶族水族乡：1956 年 4 月成立，1984 年 8 月 3 日恢复，全乡总面积 90 平方千米，辖 9 个行政村。料里水族乡：1984 年 7 月成立，全乡总面积 75 平方千米，辖 5 个行政村。1992 年，撤销料里水族乡建制，部分划归平江乡，部分划入古州镇。

从江县的摆亥水族乡：1953 年成立，1985 年恢复，全乡辖 5 个村，16 个村民小组。2004 年撤销摆亥水族乡建制，并入下江镇。

黎平县的雷洞瑶族水族乡：前身是 1953 年成立的雷洞瑶族乡，"文革"期间撤销，更名雷洞人民公社，1982 年恢复雷洞瑶族乡建制。1992 年，成立雷洞瑶族水族乡。

雷山县的达地水族乡：1957 年成立，1993 年恢复，全乡总面积 72.9 平方千米，辖 10 个行政村，97 个村民小组。

丹寨县的合心水族乡：1986 年成立，全乡总面积 24.5 平方千米，辖 6 个行政村，78 个村民小组。1992 年，撤销合心水族乡建制，并入龙泉镇。

六盘水市盘州市也有 1 个彝族水族乡——猛者彝族水族乡：1984 年成立，全乡总面积 25 平方千米，有水族人口 2800 余人。1992 年，猛者彝族水族乡并入柏果镇。

人口变迁

水族聚居地区，历史上的人口数据，并没有准确的统计和确切的记载。中华人民共和国成立后进行了七次人口普查，水族人口（贵州部分）变化如下：

1953 年，第一次全国人口普查，水族人口为 132547 人，占当时贵州总人口的 0.88%。

1964 年，第二次全国人口普查，水族人口为 153090 人，占当时贵州总人口的 0.89%。

1982 年，第三次全国人口普查，水族人口为 275680 人，占当时贵州总人口的 0.97%。

1990 年，第四次全国人口普查，水族人口为 323104 人，占当时贵州总人口的 1%。

2000 年，第五次全国人口普查，水族人口为 369723 人，占当时贵州总人口的 1.05%。

2010 年，第六次全国人口普查，水族人口为 348746 人，占当时贵州总人口的 1%。

2020 年，第七次全国人口普查，水族人口为 495928 人，占贵州总人口的 1.4%。

今天，贵州的水族主要分布于黔南布依族苗族自治州、黔东南苗族侗族自治州、六盘水市、毕节市和贵阳市。

第三章　语言文字与水书、水历

语　言

　　语言，是人类特有的交际工具，是文化的载体，也是文化得以传播的主要工具。语言的多样化，意味着人类多元的文化和人文生态得以保持和传承。水族语言是水族人民在长期的生产生活中创造和使用的交际工具，在为水族经济、文化服务的过程中已融合了水族的个性，成为水族的财富和标志，具有较高的文化价值。水族语言是水族文化的载体，积存和蕴藏着丰富的文化现象，水族丰富多彩的民间故事、神话、传说、寓言、歌谣、谜语等各类文学作品都依靠语言来表达。

　　水语属汉藏语系壮侗语族侗水语支。水语内部比较一致，没有方言之分，只有土语之别。根据语音、词汇、语法的异同并参照水族聚居地区和生活情况，共分为潘洞、阳安、三洞三个土语区。潘洞土语区主要包括都匀市的基场、阳和、奉合一带及独山县翁台、甲定的水语。语音采录点在潘洞村，因此也称潘洞水语。阳安土语区主要包括三都水族自治县阳安、阳洛，独山县林桥、董渺一带的水语。语音采录点在董渺、羊场，因此也称董渺水语。三洞土语区范围最为广泛，除了潘洞、阳安两个土语区之外，其余地区均属于三洞土语区的范围。其涵盖贵州的三都、荔波、独山、榕江、雷山、丹寨、福泉、黎平、从江等县及广西北部地区的南丹、环江、融水等县的水族村寨。语音采录点是三洞的板南。由于三洞土语区的范围广，保留的古音较多，因此语言文字工作者常把三洞土语区的水语当作水语的代表性的片区语言。

水语的声母、韵母系统比较复杂，在壮侗语族诸语言中，水语是声韵母最多的语言，单音词或单音节的词素占多数。水语的声调，各地调类基本一致，同类的调值也大都相同或相近。水语保留着大量的中原古音的"母语遗存"现象。近现代的新借汉词日益增多。水语保留较好的区域主要分布在黔桂交界的都柳江、龙江上游地带，水语保留较少的区域在贵州毕节、六盘水及云南富源一带。

一、语音

水语声母在各土语区略有差异，三洞土语区声母有71个、阳安土语区声母有51个、潘洞土语区声母有45个。综合分析三洞、阳安、潘洞土语区差异部分的声母，水语声母共有80多个。

水语的韵母，三洞、阳安土语区韵母有55个，潘洞土语区韵母有77个。从水语三个土语区的韵母系统来看，确实存在一些差异。但是，三个土语区的主要元音和韵尾基本一致，反映了水语发展的早期阶段韵母系统的基本特征。

水语声调的调类，各地都一样，一般没有调类分化、合并或转化的现象。如果依照汉语语音学理论，可以将水语调类分为1、2，3、4，5、6，7、8四组，即对应归纳入汉语的平、上、去、入四声之中。

二、词汇

（一）固有词汇

水族人民在漫长的社会实践中，逐步认识自然，改造自然，逐步认识社会，改造社会，为民族的繁荣发展创造了物质文明和精神文明。水语的词汇就是在长期的社会历史发展中产生和发展，出现了反映社会生产生活各个方面的词汇。如反映民族及人类等称谓的词：[sui³] 睢（水族自称）、[zən¹ sui³] 人睢（水族自称）；反映生产生活方面的词：[ho⁴ mom⁶] 打鱼、[tam³ ta⁴] 织布；反映历法及岁时节日方面的词：[tsje¹ twa³] 端节、[tsje¹ ma: u⁴] 卯节；反映文化教育方面的词：[le¹ sui³] 水书、[va⁵ le¹] 写字；反映经济活动及阶级关系方面的词：[djai³] 买、[va: ŋ²] 王；反映信仰习俗方面的词：[qoŋ⁴ ljok⁸ to²] 陆铎公（水书创始人）、[ni⁴ ha: ŋ⁴] 尼杭（生母神）。另外，还有动植物名称、生殖生育、气象、衣食住行等诸多方面的词汇，形成比较完备的水语语言系统。

（二）构词方式

根据水语构词的特点，水语词汇可以分为单纯词和合成词两类。

单纯词分为单音节词、复音节词两种。合成词分不带附加成分合成词和带附加成分合成词两种。不带附加成分合成词，由几个实词词素结合而成，前后词素之间一般不能插入其他成分，其词义有所引申或改变，分为并列式、修饰式、动宾式、补充式、主谓式。而带附加成分合成词，在实词词素的前面或后面附加成分构成。

三、语法

（一）词类

水语的词类可分为名词、量词、代词、数词、动词、形容词、副词、象声词、叹词、介词、助词、连词、语气词 13 类。为便于分析句子，习惯把名词、量词、代词、数词通称为体词。名词分为一般名词、时间名词、处所名词、方位名词四种。量词分为名量词、动量词两种。代词分为人称代词、指示代词、疑问代词三种。数词分为基数词、序数词两种。动词分为一般动词、能愿动词、趋向动词、判断动词四种。副词可以分为程度副词、状态副词、范围副词、时间副词、重复及连续副词、否定及肯定及可能副词六种。象声词是模拟人类、动物及物体发出的声音，多为双音节词。叹词是表示惊讶、感叹、呼唤或应答的词。介词多为动词弱化而形成。水语的助词量不多，分为时态助词、结构助词两种。连词在句子中只起关联作用。语气词一般用在句末，表示陈述、疑问、祈使、感叹等情感的语气，常根据前一音节的韵尾来选择使用。

（二）词组与句子成分、类型

水语的词组大约可以分为修饰词组、动宾词组、联合词组、补充词组、主谓词组、连动词组、兼语词组、同位词组、固定词组九类。词组的构成是实词的结合而作为句子的成分。水语完整的句子有主语、谓语两部分。句子除了主语、谓语成分之外，还有宾语、定语、状语、补语等成分。水语的句型分单句和复句两类。单句可分为单部句、双部句和独词句三种。复句分联合复句、偏正复句两种。

四、"母语遗存"的水汉同源词及借词

在水语中，有不少词汇的语音与汉语相同、相近。过去，人们把他们统称为汉语借词。根据吸收的时代远近不同，将其划分为老借词、新借词两种。水语和汉语的关系是"同源→分化→接触吸收"。水语和汉语的同源词比较多，保留着大量的中原古音的"母语遗存"现象。有的老借词已进入水语的基本库，有派生新词的功能。新借词，在近现代日益增多，尤其是中华人民共和国成立之后，借入了政治、经济、文化、科学技术、生态、脱贫等方面的大量汉语词汇。

古借词——"母语遗存"的部分水汉同源词。在中国的历史上，由于迁徙造成的民族间的融合是比较普遍的历史事实。这种融合现象，正如《史记》所说："则是'用夏变夷'者有之，'变于夷'者亦有之。"

南开大学曾晓渝教授研究认为："水语是侗台语支的一种语言。水语的声母、韵母系统的复杂性在侗台语族中显得非常突出，因此，在侗台语结构语音模式上具有一定代表性。"曾晓渝教授在水族地区五个点进行调查，共收集3500多个水语词，整理出1500多个词，最后选用350个例词。"运用历史语言学的研究方法，列出约350例汉、水语'关系词'，系统地展示了这些词（或语素）在汉水语之间的早期声韵对应关系，从而证明汉水语之间存在着亲缘关系。""所探讨的汉水语'关系词'，着重于词汇，尽量排除近代或早期的借词（如天干、地支、数词及一些文化词等），经过古籍文献资料的考证，可以认为这些'关系词'中的大部分为汉水同源词。"[1] 水语和汉语之间因存在"亲缘关系"，而出现不少的"同源词"。因此，水语早期的部分老"借汉"词，当属

---

[1] 曾晓渝：《汉语水语关系词研究》，重庆：重庆出版社，1994年。

于水语的"母语遗存"的文化现象

五、水语的重要价值与传承发展

水语具有交际和文化载体两个功能。虽然在水族聚居区，水族群众普遍以水语为交流工具，但是在当今社会融合程度不断提高和全球化趋势不断加强的历史背景下，水族语言的交际功能日益萎缩，因而从实用的角度看，水语确实与汉语言和普通话有一定的差距。水族作为社会的一名成员，组成社会并延续生存的历史经验都是依赖水语代代相传，并得以超越时间和空间加以记忆和传播。水语是水族思维方式的直接体现，包含着水族对客观世界的认知体系。这个体系有共性，也有个性，并且随着社会的进步而不断发展和完善。因此，保存了水语，就意味着保存了水族文化。

我国是一个统一的多民族国家，民族语言问题不仅是民族工作中的一个重要问题，而且是一个关乎国家安全和统一的大问题。水语亦如此，保护好水族语言对于加强民族团结、保障民族平等、提高民族素质、助力民族地区乡村振兴、实现中华民族伟大复兴的中国梦有着重要价值和现实意义。

我国政府在保护语言多样性和构建人类命运共同体方面作出了巨大的贡献。保护和传承民族文化遗产的有效手段，就是要保护好作为其载体的语言，培养一些具有母语能力的传承人，提高传承人的社会地位，形成示范效应。此外，还应举办大量的非物质文化遗产保护活动，把更多的优秀非物质文化遗产搬上更加广阔的舞台，展现其文化产业价值，并让普通民众与非物质文化遗产进行亲密接触，鼓励普通民众参与到保护活动中，夯实语言文化保护的群众基础。水语既是水族各类非物质文化遗产的载体，其本身也是水族的一种非物质文化遗产。民间文学、传统音乐、传统戏剧、曲艺等项目需要语言作为载体，传统技艺、传统医药、民俗等也需要语言作为媒介，水族在非物质文化遗产保护方面的成就在保护水族语言文化方面发挥了重要作用，成为保护水族语言的一种有效形式，并与语言保护工程相得益彰。

近年来，我国逐步开展的语言国情调查、中国语言资源保护工程都为保护水族语言发挥了积极作用。当前，我们还需深化对水族语言文化遗产保护工作的认识，我国各民族学习使用、保护发展自己的语言有明确的法律依据，如《中华人民共和国宪法》《中华人民共和国教育法》《中华人民共和国国家通用语言文字法》《中华人民共和国民族区域自治法》《中华人民共和国非物质文化遗产法》《贵州省优秀民族文化传承发展促进条例》《黔南布依族苗族自治州自治条例》《黔东南苗族侗族自治州自治条例》《三都水族自治县自治条例》等。

在《国务院关于进一步繁荣发展少数民族文化事业的若干意见》中明确指出："国家保障各民族使用和发展本民族语言文字的自由，鼓励各民族公民互相尊重、互相学习语言文字。尊重语言文字发展规律，推进少数民族语言文字的规范化、标准化和信息处理工作。"习近平在2021年8月召开的中央民族工作会议上强调，要推广普及国家通用语言文字，科学保护各民族语言文字，尊重和保障少数民族语言文字学习和使用。各级政府只有切实维护政策法规的尊严和权威，采取有效措施认真贯彻落实和合理利用党和国家制定的一系列政策和法规，才能切实推进水族语言的传承与发展。同时，要保护和用好民族语言的传承人，多做面向人的语言保护，着重保护活态语言，强调传承性。

为传承发展水族语言，贵州省长期坚持开展民汉双语招生和教学工作，水语是其中的重要语种。在《国家中长期教育改革和发展规划纲要（2010—2020年）》第九章二十七条规定："大力推进双语教学。全面开设汉语文课程，全面推广国家通用语言文字。尊重和保障少数民族使用本民族语言文字接受教育的权利。全面加强学前双语教育。国家对双语教学的师资培养培训、教学研究、教材开发和出版给予支持。"《国务院办公厅关于全面加强新时代语言文字工作的意见》（国办发〔2020〕30号）指出，科学保护方言和少数民族语言文字。加强民族文字教材管理，提升民族语文教学质量。中国的实践证明，因地制宜地实行双语教学完全正确，符合我国国情。在贵州，特别是布依语、苗语、侗语、水语的双语教学具有鲜明的特色，同时，使用双语教学能够充分发挥母语的优势，促进民族的全面发展和社会进步。

文 字

水族有自己古老的文字，水语称"泐睢"。世界上正在使用的象形文字只有三种：中国的汉字、水族的水书、纳西族的东巴文。古朴、雅趣、浑厚的"水书"是水族先民创制的一种独具一格的雏形文字"泐睢"，汉译为水文或水书，从文字角度应确切称为水文。

水书的创造者，传说是陆铎公。关于水书的来源，有《陆铎求学》《泐睢被焚》《借书奔月》等几种传说，反映了水族人民用自己的文化学解释自己民族文字的起源史与发展史。

水书的一些字形与书写形式极像甲骨文，曾有学者认为，水书也许是后世的水族智者仿效甲骨文而造。其实，1899年在河南安阳出土的甲骨文前，水族社会就一直使用着类似甲骨文的文字，因此，水书不是后人仿甲骨文创制的文字。水族的宋代水书大钱,明代弘治年间的三都县拉下水文字碑,三都水族自治县都江大坝水书摩崖等,其年代均早于甲骨文问世时间。入选国家珍贵古籍名录的水书《九星诵读》的成书时间在清嘉庆年间,比甲骨文出土时间早 100 多年。贵州民族大学人文科技学院(现为贵阳人文科技学院)还收藏有清乾隆六十年(1795)的水书文献。

莫友芝认为许慎所著的《说文解字》几乎将秦以前的古文字改写成秦篆,先秦的古文字已经十不存一,让后人难以研究与诠释。要想考究周代如虞国等小诸侯国钱币上的古文字,可以用水书、竹书纪年等简牍文字来进行对比和研究。关于水书,莫友芝在注中又说:

吾独山土著有水家一种,其师师相传,有医、历二书,云自三代。舍弟祥芝曾录得其六十纳音一篇。甲子、乙丑金作,丙寅、丁卯火,戊辰、己巳木作。且云其初本皆从竹简过录,其声读迥与今异,而多合古音,核其字画,疑斯篆前最简古文也。[1]

水书创制历史悠久,但没有甲骨文发展充分,还滞留在文字初期而更显示出其局限性。

一、水书的外在形式与内在形式

水书有形的外在形式——水文字,以及用这种文字编著的天文历法、民间原始信仰和知识杂糅的水书抄本。

由于水文字的发展严重滞后于水语的发展,其字数比较少,还不能

---

[1] 潘朝霖、唐建荣:《水书文化研究》,贵阳:贵州民族出版社,2009 年,第 3 页。

对应记录语言内容。因此，水书抄本只能以提示性、条纲式的记录形式出现，难以涵盖水书的全部内容。

水书无形的内在形式——水文字无法记载的、水书文本之外的、保留在水书师头脑中靠口传心授的大量内容，以及与水书紧密相连的诸多活态的民俗事象。

水书的内容反映在各类祝词、口诀、前辞、卜辞、占辞、验辞、祭典要义、仪礼程序、掌宫推遁、历法演算、卜筮技巧、征战攻守防御方略、生产生活择吉、经验教训实例与总结、秘密内容及仪式程式先后等。

水书的社会实践活动，必须依靠水书抄本和水书师的有机结合来进行。抗日战争时期，岑家梧教授到水族地区调查月余之后，在《水书与水家来源》中指出："黑书象形描写颇多，且多系秘密记号，非经原作者解释，不易明了，且各家所书，多有不同。"[①]"此种文字，除鬼师外，普通水家人多未认识。然其应用极广，水家一举一动，均受水书限制，其于水家生活，影响颇巨。"[②]

二、水书的基本功用

水书的功用以及内涵与《易经》相似，因此有"水书是水家人的《易经》"之说。"《水书》的源头应该是从《洛书》《周易》派生出来的，至今都可以在《水书》中找到这种姻缘的痕迹。"[③]"水书是水

[①] 潘朝霖、唐建荣：《水书文化研究》，贵阳：贵州民族出版社，2009年，第18页。

[②] 潘朝霖、唐建荣：《水书文化研究》，贵阳：贵州民族出版社，2009年，第11页。

[③] 贵州省水家学会：《水家学研究（一）》，贵阳：贵州民族出版社，1993年，第280页。

族古老的宗教文化典籍，是水族先民卜筮的成文的经典著作。它同中国的许多方术一样，导源于古代哲学的最高层次，然后演化为普遍的民间信仰。"①

三、水文字的特点

在远古时代，"国之大事，在祀与戎"。用现在的话说，国家的大事，一是祭祀天地神灵与祖宗神灵，祈求他们保佑赐福免灾；二是打仗，保卫国家和民族的利益。水文字在发展的早期阶段，还不分民族，属于中原诸侯小国的文字。用规范汉字来观照现在的水文字，发现有反写、倒写、侧写的现象，这或许就是当时文字的实况。甲骨文也有颇多类似情况。正因为如此，秦王朝统一中国之后，才有"车同轨，书同文"的改革。

水文字滥觞于夏商文化圈，与甲骨文有一定关系，属于神本文化的产物。水族先民带着自己的文字，离开中原南迁的时间，应在秦朝统一六国之前。如果是之后，就没有创制文字的机会，也不可能轻易成为全民族崇奉的对象。

韦宗林教授归纳这些现象之后，解读出水书文化，即《释读旁落的文明：水族文字研究》。"文字是记录语言的符号。这是语言学家对文字的简练诠释。水族文字确用自己的语言释读，但水族文字所记录的并不限于文字本身的意义。"② 水文字记录、解读的是水族文化现象。

水文字属于表意文字，兼容了图画文字、象形文字、抽象文字的

---

① 潘朝霖、唐建荣：《水书文化研究》，贵阳：贵州民族出版社，2009年，第48页。

② 韦宗林：《释读旁落的文明：水族文字研究》，北京：民族出版社，2012年，第129页。

类型。

四、水书抄本的人文特点

一是水书的创始人、创始年代没有记述，都与历史传说有关。二是水书抄本没有具体作者、著编者、整理者的署名，也没有写作年代、成书年代的标识。三是后世偶有誊抄者、抄录者的署名，或志以抄录时间。四是水书文化传承的载体为手抄本。五是水书存在传承者的文化水平与素养的差异，水书传承家族文化积淀厚薄的不同，还有经济基础支撑力度的差异等原因，抄本的规格、版面、内容、字体等都具有各自特色。

晚清及民国时期之后，随着汉文化深入传播，水书抄本才逐步有书名、款识等出现，偶尔出现有简单的批注。因此，藏本绝大部分没有书名、誊录抄写者姓名及时间等。部分水书抄本的书名十分庞杂，甚至怪异，有的是原书书写的书名，有的是条目编写者自拟的书名。

在壮侗语族诸民族中，水族水书既遗存殷商时期中原父系文化的因子，又遗存古代百越族群骆越母系文化的因子。这一文化现象，恰好印证了前面提到的《走进中国少数民族丛书·水族》论述："大约在殷商之后，水家先民从中原往南迁徙，逐步融入百越族群之中，逐步形成了以中原文化、百越文化为主流的，南北民族融合的二元结构形式。"

水书内容除直接反映水族天文历法、原始信仰之外，还兼容了水族哲学思想、文学艺术、语言文字、布阵攻守、伦理道德、生产生活等诸多方面的内容，成为研究水族历史文化不可或缺的重要资料，也是宗教学、历史学、民族学、民俗学、语言文字学等学科研究的珍贵资料。其所蕴含的水族民间传统文化的精华，是民族精神、民族凝聚力、民族亲和力和民族情感的主要呈现，已成为全民性的精神支柱，堪称维系水族各支系的重要精神纽带。

五、水书的造字构形

经过对水书的分析，我们可以把水书的造字构形分为象形字、象意字、假借字、形声字四种。

（一）象形字

许慎说："象形者，画成其物，随体诘诎，'日''月'是也。"[1]象形文字最初是画出来的。文字与图画有紧密的联系，但图画不是文字，它与文字有区别。唐兰先生说："文字本于图画，最初的文字是可以读出来的图画，但图画不一定能读。"[2]也可以这样理解：图画逼真而复杂，文字写真而简练；图画不是固定的语言，文字是固定的语言；图画不要求通行规范，文字要求通行规范。哪怕是图画文字，也要尽可能有其规范性，这种规范性就是此字与彼字的区别。

象形图画，是古文字产生的主要来源。水书也不例外。水书中的象形文字分为两类：一类是发展得较为成熟、书写笔画简练的文字；一类是还停留在图形阶段的文字，也称图画文字。如：

---

[1] 韦宗林:《释读旁落的文明：水族文字研究》，北京：民族出版社，2012年，第202页。

[2] 韦宗林:《释读旁落的文明：水族文字研究》，北京：民族出版社，2012年，第202页。

水族文字： ☉ ☽ ⛰ 〰 ⫯⫯⫯ ... ⊔ ... ...
现代汉字： 日 月 山 水 雨 云 桌 屋 门

水族文字： ⊞ ∩ 而 丫 朱 ⊠ ...
现代汉字： 窗 镰 耙 帚 伞 坑 塘 书

（二）象意字

古文字学家称独体字为"文"，称合体字为"字"。独体字与图画文字的象形字有密切联系，所以叫"文"。合体字由"文"的部件聚合而成，所以叫"字"，这种聚合形成的字有形声、会意等。故许慎说："依类象形，故谓之文。其后形声相益，即谓之字。字者，言孳乳而浸多也。著于竹帛谓之书。"[①] 可以把水书中的指事字和会意字，都归入此类。因为指事和会意，都是象意。如：

水族文字： ... ...
现今汉字： 中 上 下 左 右 进 退 去

水族文字： ... ... — ⸺ ≡ ...
现今汉字： 旦 今 隔天 一 二 三 地

（三）假借字

《说文解字》道："假借者，本无其字，依声托事。"[②] 我们从水书与甲骨文考察，有大量的假借字，这类文字比同期的形声字还多，尤其是借音字。因此，假借字可能不晚于形声字。如：

[①] 韦宗林：《释读旁落的文明：水族文字研究》，北京：民族出版社，2012年，第206页。

[②] 韦宗林：《释读旁落的文明：水族文字研究》，北京：民族出版社，2012年，第209页。

水族文字：冬 男 癸 酉 六 项 第 门
现代汉字：冬 男 癸 酉 六 项 第 门
水字假借之义：东 南 贵 酒 禄 向 地 问

（四）形声字

古汉字在形声字未出现之前，文字数量并不多，古人还未称其为真正意义上的文字。许慎曾说："依类象形，故谓之文。其后形声相益，即谓之字。字者，言孳乳而浸多也。"① 在甲骨文时期，形声文字还不是太多，但已经出现。许慎说："形声者，以事为名，取譬相成。"②

形声字的主要特点，是具有声符与形符，或声符与义符相配的文字。在水书中，这类形声文字还未真正形成，但已经出现。如：

水族文字： 时 兄 弟 井 河 姐 妹 嫂 叔 伯
现今汉字： 时 兄 弟 井 河 姐 妹 嫂 叔 伯

（五）文字结构

水书的结构，也只能与古汉字作比较方能知道。从现在掌握的水书文献观察，水书的结构有：独体结构、上下结构、左右结构、圆围结构等。

1. 独体结构。水书的主要文字结构。如：

水族文字： 日 月 耳 鼻 脸 云 虫
现今汉字： 日 月 耳 鼻 脸 云 虫
水族文字： 鱼 蛇 虎 豹 镰 笔 花
现今汉字： 鱼 蛇 虎 豹 镰 笔 花

---

① 韦宗林：《释读旁落的文明：水族文字研究》，北京：民族出版社，2012年，第212页。
② 韦宗林：《释读旁落的文明：水族文字研究》，北京：民族出版社，2012年，第212页。

2. 上下结构。在汉字中，上下结构字较多存在于会意、指事和形声文字中。我们将会意、指事文字归入象意文字里面。水书极少有形声字，其中的上下结构字多存在于象意文字中。如：

水族文字：								
现今汉字：	上	下	旦	今	祭	重丧	进	退
水族文字：								
现今汉字：	祖	父	岳	爻	神	屋	仓	吉

3. 左右结构。左右结构字是在形声文字出现后比较多，当然其中也有一定的象意文字。水书中，由于形声文字极少，所以左右结构的文字比独体结构的字少。如：

水族文字：								
现今汉字：	井	河	兄	弟	姐	妹	姑	嫂	踢

4. 圆围结构。圆围结构包含全包围结构、半包围结构、圆形结构。虽然此类文字中有一部分也可以归入独体结构，但它们相对于现今的汉字来说，显得尤其特殊而让人关注。如：

水族文字：												
现今汉字：	脸	眼	腰	地方	日	阳	弼	犯	旦	祭	进	退

总之，水书的文字符号体系独特，既有类似甲骨文、金文的一种汉字，也有众多的象形文字符号，还有段落表义的图画文字。其字数少、文字符号体系独特，文本不能独立表达意义，而要依靠有师承关系的水书先生，即能看懂读通和会使用水书的"祭师"，据水书所载相关条目，结合口传内容作出解释才具有意义。因此，几千年来，水书是靠一代又一代的水书先生通过口传、手抄的方式流传下来的，它是水族古文字抄本和口传心授文化传承的结合。

水 书

　　水书文献、水书习俗、水书先生，可以说成是水书文化中的"三位一体"。水族社会中的水书先生，是水书和水书习俗的传承人。用水族古文字书写成的水书文献，是水书赖以生成与发展的载体。

　　水书是水族古老的文化典籍，是水族先民卜筮的成文的经典著作。水书不仅收藏了水族的古老语言文字资料，而且还保存了珍贵的水族天文、历法和气象资料，原始宗教资料以及文学艺术资料，对研究水族古代社会历史具有重要的价值。千百年来，它一直用于水族社会生活的各个领域，诸如婚姻、丧葬、营造、出行、过节、占卜、取名、农事等活动都要依照水书文献条文而行。水书充满着神秘的色彩，对水族人民的社会生活和文化心态的塑造起着极其重要的作用。

　　"水书是水族先祖所创制，独具一格并存活至今有着巨大社会功能的雏形文字和用之编撰而成的大量巫术书籍之总称。因其字少，难于表现水族社会种种事象，故不能单独运用。如在占卜事象吉凶时，须由有师承关系的水书先生，据水书所载相关条目作出具体的判断、诠释……"这是2006年第一批国家级非物质文化遗产名录评审时专家的意见。水书抄本具有难以独立运用的特点，有关专家据此将其更名为"水书习俗"。顾名思义，水书是在水族浓郁的、活态的民俗活动中传承，要靠水书先生配合解读才能完成。离开了水书先生，水书文献就失去了灵魂。

　　水书习俗是指水书形成、传承和发展并以此构成与水族生活相关的习俗。水书习俗的传承方式形成了水书的两大组成部分：一部分是用水族雏形古文字编著的手抄本，一部分是通过水书先生口传心授，用以弥补因文字发展不完善而无法记录的大量要义、仪式、祝词等。水书文献各类卷本繁多,主要有诵读卷本、应用卷本两大类。诵读卷本主要包括《正七卷》《亥子卷》等十多种,应用卷本主要包括《诵读卷》《时辰卷》《二十八宿卷》等数十种。

水书先生是水族的尊者,但他们不是什么史学家或文字学家,他们会抱着水书文献出没于祭祀及婚丧嫁娶等各种重要场合。他们用水书文献中的天干地支、阴阳五行、九星八卦、二十八宿等进行传统的推算,归纳出的吉凶罗列为各类条目,而条目与鬼名合一,依此为人们趋吉避凶。

水书的传承和发展使水族古文字得以传承和发展。水族古文字是依赖水书的存在而存在的,学习水族古文字与学习水书一直难以分开。水族社会关于水书和水族古文字的教学,一般是祖传和择徒传授两种方式,且都只传男性,不传女性。

祖传方式:水书从祖辈传到父辈,再由父辈传到子辈,一辈辈往下传。一般传授条件是,所传的子辈愿意接受,并且有接受的基本能力和素质。子辈在这种环境下,耳濡目染,加之父辈有意识指点,子辈就有希望成为掌握水书的传人。

择徒传授:水书先生的儿子不愿意学或者不具备条件学的情况下,由水书先生选择徒弟进行传授。水书先生在水族社会中有很高的地位,因此,水族青年中有不少人想学习水书。徒弟可以由别人推荐,也可以是主动上门求师,但都由水书先生自己选择确定。选择徒弟的条件很高,这个人首先是道德品行好;其次是在同辈人中有一定威望。重要的是,还看这人的生辰八字是否硬朗等。只有具备了这些条件,才有望成为水书先生的徒弟。这样的徒弟可以是一个,也可以是几个。徒弟拜师,要送给水书先生一只大公鸡、六条鱼、一定数量的酒肉和钱粮。数量不多，但一般都是吉祥的数字。在正式传授水书之前，要专门择吉日杀鸡设宴，敬祭师祖陆铎公，请德高望重的寨老或家族的老人等在场，举行拜师仪式过后，方可正式传授。这个仪式，一是向社会公告已确定正式传人；二是为传人树立他们的威信与地位。确定传人以后，水书先生一旦有机会就会带着传人，传人作为水书先生的助手，在进行各种祭祀活动时，边帮忙，边学习。

这两种传授的方式有时是穿插在一起的。水书先生所传的弟子既有自己的儿子，也有其他弟子。三至五人同时学习。学得好的，就能得到先生的真传，就能执掌大宗祭祀。

水书文献载体主要有原始纸质水书、木刻书、石碑文、牛角书、马尾绣书、陶瓷书、古钱币书，它和水族古文字就以这种方式代代相传。一代又一代的水书先生，为保存和发展水书作出了贡献，也为保存和发展水族古文字作出了贡献。水书和水族古文字流传发展至今，凝聚着无数水书先生的心血。

水书的性质决定了它不仅具有学术研究价值，还具有社会生活价值，更具有经济开发的价值。虽然，水书文献所记录的原始宗教信仰内容随着时代和科学技术的发展而日益失去它的实际意义。但是，就其所使用的特殊文字符号及天象、历法、文学、艺术资料，蕴藏着丰富的学术文化价值。

第一，水书是完整地、活态地保存并应用至今的水族古老文字。人类现已发现的公元前3500年苏美尔人的丁头字，公元前3000年左右流行于尼罗河流域的圣书字，中国公元前1300年的殷商甲骨文以及20世纪50年代在尤卡坦半岛发现的玛雅字等都已经是"死亡"的古文字,[①]是谁也不认识的"天书",水书却一直保存并沿用至今。

第二,水书不仅仅在水族社会应用,在水族聚居区周围的汉族、布依族、苗族也相信水书、认可水书、应用水书。水书就其应用范围来说,是开放型的,可为任何一个民族服务,因此,水书是中华民族悠久的历史文化遗产。

第三,水书具有整体性和系统性。水族民间相传水书有"六家"——《正七卷》《春寅卷》《亥子卷》《丑牛卷》《甲己卷》《黑书》。[②]水书内容博大精深,水书记录了水族的历史、哲学、天文、历法、气象、原始宗教信仰、语言、民俗、舞蹈、文学、书法等,其表现出的内容、形式、图像有着各自的系统,同时又共同组成一个和谐整体,表现出体系化、系列化文化的特征。

第四,水书是我们今天推断文字历史的重要依据。中国贵州省黔南布依族苗族自治州水书申报《世界记忆遗产名录》领导小组办公室、黔南布依族苗族自治州档案馆最新研究发现,中国水书文字与中国河南省偃师区二里头夏都遗址出土的24个刻画符号相同,与中国浙江省良渚文化遗址出土的700多个刻画符号中的104个符号相同,与中国安徽省蚌埠市双墩遗址出土的600多个刻画符号中的73个符号相同,与中国河南省贾湖遗址出土的19个刻画符号中的16个符号相同。

第五,水书包含着浓厚的神本意识和丰富的易学思想。[③]神本意识和易学思想是从中国古代文化中传承下来的,这表明水书具有开放进取、不断吸收其他民族先进文化来充实自己的精神。

---

① 和力民:《试论东巴文化的传承》,载《云南社会科学》2004年第1期。
② 贵州省水家学会:《水家学研究(一)》,贵阳:贵州民族出版社,1993年,第268页。
③ 向宗鼎:《活着的"甲骨文"——水书》,载《重庆与世界》2004年第2期。

第六，水书的文字载体折射出独特的逆反文化。[①] 这是水族古文字在自身的演变过程中形成的特色，既再现了历史，也表现了水族人民独具一格的韧性。

第七，水书分为两类，一类为普通水书，一类为秘籍水书。[②] 水书秘籍与奇门遁甲有一定的渊源关系，其神秘性、奇特性贯穿始终。

第八，水书是水族先民认识自然、征服自然、改造自然的智慧结晶。因而，水书具有以自然为本、崇尚自然，与自然和谐共处的思想。这种思想使水书穿越了历史的时空轨道，同时也超出了今天的时空范围，富含着世界性、人文性的特殊意义。

第九，水书千百年来以水书先生为载体，活态传承、活态展现，只有水书先生才能解读水书、应用水书，水书先生是水书永葆生命力的关键所在。

从以上九个方面我们知道，水书不仅是一份世界文化精品，而且水书是当今水族人民社会生活、精神文化和思想意识形态的一部分。其中包含着积极进取、不断开放、同自然和睦相处的民族精神以及哲学观、道德观、社会观、宇宙观和自然观，它们与今天的先进文化的前进方向是一致的、和谐的。再次，水书是具有民族性、历史性、社会性、宗教性、丰富性、包容性、延续性、广泛性和民间性等特色的民族文化。这种文化具有强大的生命力和持久的影响力，是水族人民来自远古的、深刻的、刻骨铭心的东西。此外，水书还有人类审美价值和不可估量的开发利用价值。总之，认识水书的性质，认识水书的学术文化价值是水书传承研究的前提和基础。

[①] 向宗鼎：《活着的"甲骨文"——水书》，载《重庆与世界》2004年第2期。
[②] 王品魁：《〈水书〉与其抢救》，载《民族古籍》2002年第3期。

水书抢救

旧时收藏、传承水书的人，多是富有之家或水书先生，老百姓收藏者极少。党的十一届三中全会以后，在党和政府的领导和关心下，水书的传承和发展取得了前所未有的成果，其标志性成果如下：

1.1979 年 12 月 6 日，三都水族自治县的潘国炯、潘朝霖、潘朝鼎、王品魁、潘绍猷、韦廷龙、韦锦昌、石国义八位同志，联名向各级领导和有关单位呈送了《请求落实民族政策解决水族文史资料等有关问题的情况报告》（以下简称《报告》），抢救水书是其中一个重要内容。《报告》很快得到国家民委肯定性的答复："你们反映的问题很重要。抢救民族文化遗产，有条件要执行，没有条件的创造条件也要执行。"[①] 这表明了水书的抢救、传承和发展工作得到了政府的重视。

2.1980 年 3 月，中共三都水族自治县委批文建立"三都水族自治县民族文史研究组"，组长为王品魁，成员有潘国炯、潘朝霖、石国义、姚福祥。[②] 这标志着水书的传承和发展工作正式在政府的领导下启动。

3.1986 年 9 月，贵州省少数民族古籍整理出版规划小组在贵阳主持召开了"水族古籍'七五'规划会议"，会议决定把搜集、整理、编审水书工作列入重点项目。

4.1986 年，在贵州省档案局和黔南布依族苗族自治州档案局的支持下，三都水族自治县档案局首次将水书作为民族特色档案开展征集抢救工作。1996 年 9 月，贵州省档案局摄制的《一个没有句号的水族档案》

---

① 王品魁：《〈水书〉与其抢救》，载《民族古籍》2002 年第 3 期。
② 王品魁：《〈水书〉与其抢救》，载《民族古籍》2002 年第 3 期。

专题片在北京第三十届国际档案节会上放映，引起与会代表的极大兴趣，大大提高了水族、水书的知名度。①2002年3月，水书又被列入首批《中国档案文献遗产名录》进行收藏保管。

5.1990年6月，贵州省水家学会组建了水书搜集整理翻译研究小组，把水书列为重要科研课题，制订了水书研究计划，使水书的研究工作有了一个良好的开端。

6.1994年，在贵州省、黔南布依族苗族自治州及三都水族自治县民族宗教部门的共同努力下，王品魁先生翻译出版了《水书·正七卷·壬辰卷》，水书的首次翻译出版，为水书研究做出了开拓性的工作。

7.2002年7月30日，贵州省政府出台的《贵州省民族民间文化保护条例》使水书的保护走上了法治化轨道。2002年初，文化部联合有关部门启动的"中国民族民间传统文化保护工程"使长期自觉从事水书保护的人们深感欣慰，信心倍增。2008年10月1日颁布实施《三都水族自治县水书文化保护条例》，2019年1月1日颁发实施《黔南布依族苗族自治州水书文化保护条例》，为黔南布依族苗族自治州抢救保护水书文化及开发利用工作提供了法律依据。

8.2002年7月、2003年8月，荔波、三都两县分别成立了水书抢救工作领导小组，并征集了水书文本原件6486份，其中包括出自明朝弘治年间即距今500多年的木刻版水书一册；建立了水书展示厅。从此，水书引起了社会的广泛关注，形成了抢救和开发利用水书的浓厚社会氛围。

9.2004年5月24日，黔南布依族苗族自治州成立了水书抢救工作领导小组，并于5月27日召开了水书抢救工作领导小组第一次会议，

---

① 王品魁：《〈水书〉与其抢救》，载《民族古籍》2002年第3期。

会议强调全州按照"统一规划、整体推进、分县实施和重点突破"的原则抓好水书的抢救保护和开发利用工作，以此打造民族文化品牌。2005年8月31日黔南布依族苗族自治州成立了水书抢救翻译专家组，使水书翻译工作科学有序地进行。

10.2006年3月，教育部批准贵州民族学院（现为贵州民族大学）民族学硕士授予权，以水族古籍为研究方向之一的文学硕士获准招生，水族学者潘朝霖、韦宗林成为该专业的首批硕导。

11.2006年，"水书习俗"列入第一批国家级非物质文化遗产代表性项目名录，并明确了黔南布依族苗族自治州非物质文化遗产保护中心为"水书习俗"责任单位，为下一步明确责任目标，加强组织协调，落实各项措施，切实保护好、管理好、利用好水书提供了保障。自2007年开展"国家珍贵古籍名录"和"全国古籍重点保护单位"申报评定工作以来，至今共有79部水书文献入选《国家珍贵古籍名录》。贵州省荔波县档案馆成功申报为首批"全国古籍重点保护单位"。

12.2006年，黔南布依族苗族自治州首次举办"国家级非物质文化遗产'水书习俗'培训班"，聘请专家和水书师为水书传承人及水书研究者授课。2008年黔南布依族苗族自治州民族民间文化保护委员会对"水书习俗"首批代表性传承人授牌并进行表彰。2008年7月，三都水族自治县举办"水书抢救工作总结表彰颁奖晚会"，表彰一批在水书抢救保护传承工作中作出贡献的先进集体、先进工作者和优秀水书先生。这是水书文化史上史无前例的举动，对推动水书文化的抢救、保护与研究产生深远影响。

13.2006年，黔南布依族苗族自治州建州50周年，在黔南民族师范学院建立黔南布依族苗族自治州水书文化展览馆；2011年，扩建为黔南民族文化展览馆，水书仍是主要内容。2007年，在贵州民族学院人文科技学院（今贵阳人文科技学院）设置水书文化展示厅；2013年，水书作为民族文献在贵州民族大学民族文化展示厅作专柜展出。2007年，三都水族自治县民族宗教事务局建成民俗博物馆，随后改建为中国水书展览馆，同时在三都水族自治县档案馆设置水书展示厅；2013年，三都水族自治县开始建设中国水族文化博物馆，该馆是水书文献藏品最多的展馆。2004年至今，荔波县在档案馆设置水书文化展示厅。

14.2006年以来，水族地区多所学校编写教材，将水书文化作为地方课程纳入日常教学，都匀市编写的《水书》教材进入原阳和、基场、奉合三个水族乡的学校课堂，三都水族自治县编写的《水族文化进校园小读本》在全县中小学推广。三都鹏城希望学校、三洞中学分别在2007年、2011年被评为省级民间文化项目学校，水书文化是主要的进校园、上课堂项目。

15.2007年至2018年，黔南布依族苗族自治州和三都水族自治县倾力打造了四部以水书为主基调的歌舞剧：一是2007年的大型原生态水族歌舞《远古走来的贵族》，二是2010年的大型原生态水上歌舞《水歌大地》，三是2013年水族风情歌舞剧《水家人》，四是2017年的水族舞剧《木楼古歌》。风情歌舞剧《水家人》荣获第五届贵州省少数民族文艺会演的创作金奖、最佳人气奖、最佳编剧奖、最佳演员奖。舞剧《木楼古歌》荣获第六届贵州省少数民族文艺会演剧目银奖、最佳舞美奖、最佳表演奖，获2018年中国长江文化艺术节暨第八届（张家港）长江流域戏剧艺术节"优秀展演剧目"，该剧是党的十九大召开后贵州省首部走出去展演的民族题材类舞剧。

16.2008年6月，黔南布依族苗族自治州人力资源和社会保障局主持的"黔南布依族苗族自治州水书翻译专业职务任职资格暨水书、马尾绣民间艺人专业技术等级资格评审座谈会"在三都水族自治县召开。2008年由黔南布依族苗族自治州水书研究专家组起草的《贵州省水书师专业等级资格申报评审条件》被贵州省人力资源和社会保障厅采纳，以黔人通〔2008〕228号文件《关于印发〈贵州省水书师专业等级资格申报评审条件（试行）〉的通知》颁布，为水书先生评定职称工作全面展开。2009年，评定第一批高级水书师23人、中级水书师13人、初级水书师41人，真正做到救书先救人。

17. 出版和发表了百余本（篇）关于水族和水书研究的著作及相关的学术论文，为水家学的形成、为水书的研究奠定了坚实的基础。

出版水书原件影印三种，一是贵州民族出版社出版的中国水书文献系列全真彩色影印本《水书》1函5卷；二是由巴蜀书社出版的八开影印本《中国水书》32函160册；三是2009年由上海太一文化艺术有限公司出版的制旧如旧的《泐金纪日卷》《庚甲卷》《正七卷》《壬辰卷》《放棺木卷》《子午卷》六卷。整理翻译了《丧葬卷》《祭祖卷》《营造卷》《秘籍卷》《时辰卷》《超度卷》《婚嫁卷》《起造卷》等20余卷水书。2011年由黔南布依族苗族自治州人民政府编的中国水书译注丛书《麒麟正七卷》（上、下册）、《金用卷》《婚嫁卷》《秘籍卷》《正五卷》5卷6册出版及《水书泐金纪日卷》《水书·六十年日历解读》《水书阴阳五行卷》《水书·九星卷》的出版，还有《揭秘水书——水书先生访谈录》是一部水书先生口述历史；《释读旁落的文明：水族文字研究》对水字的源流、与甲骨文的关系、水字的性质与价值作了全面的回答。此外，还有《中国水族文化研究》《水书揭秘》《水族水书语音语料库系统研究》《中国水书探析》《水书与水族历史研究》《水书文化与中华断代文明》《水书常用字典》等出版。科研院（所）成功申报《象形文字的最后领地——水书解读》《水书抢救保护与开发利用》《释读旁落的文明——濒危的水族古文字与古汉字比较》《水族水书语音语料库系统研究》《水书版本与内容调查研究》《水族水书传承文化研究》等7项"水族水书文化"研究的国家社科基金项目，此外还有很多省部级课题。召开学术研讨会10余次，2006年，在荔波县召开"贵州省易经研究会年会暨水书易交流会"；2007年，在都匀市召开"中国水书文化首届国际学术研讨会"，来自美国、澳大利亚、斯里兰卡、韩国等国外专家和国内专家共120多人参加会议；2008年，在三都水族自治县召开"第二届水书国际学术研讨会"；2009年，"水书暨南方民族古文字研讨会"在贵阳市召开；2010年10月，"中国水书·易经三都论坛"在三都水族自治县召开，来自巴西、德国以及中国香港和国内专家40余人参会；2016年10月，"水书习俗与殷商文化国际学术研讨会"在三都水族自治县召开。贵州省水家学会还先后召开五次学术研讨会，深度聚焦水书。

18.2015年8月31日，由贵州省水家学会主办《中国水书国际编码提案》初审会在黔南民族师范学院召开，《中国水书国际编码提案》评审通过；2015年10月22日，国际编码标准化组织第64次会议在日本松江召开，水书获得受理，列入名单；2016年1月、6月三都水族自治县第十五届人民代表大会第五次会议、黔南布依族苗族自治州十三届人大常委会第三十二次会议审议通过水书申报《世界记忆遗产名录》，标志中国水书在三都水族自治县、黔南布依族苗族自治州申报《世界记忆遗产名录》获得地方立法机构的认可；2016年9月，《中国水书国际编码提案》顺利通过了国际编码标准化组织第65次会议专家评审；

2022年11月，贵州省水书文献成功入选《世界记忆亚太地区名录》。为中国水书申报《世界记忆遗产名录》工作奠定了坚实基础，更为水书申报人类非物质文化遗产代表作、走向世界跨入重要一步。

如上，水书保护、发展工作的累累硕果，是在贵州省委、省政府的高度重视，特别是在贵州省民族宗教事务委员会、贵州省档案局、贵州省文化和旅游厅等相关部门的大力支持和贵州省民族古籍整理办公室的具体指导下，黔南布依族苗族自治州统一思想、凝聚力量、振奋精神，进一步坚持"抢救第一，翻译第二，出版第三，开发利用第四"的原则，按照"征集、整理、翻译、出版"的工作程序，按照翻译工作采取"集中、分散、科研单位相结合"的原则，力求做到规范化和程序化，促进民族文化大发展、大繁荣的结果，更是坚持"救书、救人、救学科"的结果。

一、高度重视，加强保障，加大水书抢救工作力度

黔南布依族苗族自治州各级政府高度重视水书抢救工作，把水书抢救工作列入政府重要工作内容，研究、部署水书抢救工作，加强水书抢救工作人、财、物等方面投入和保障。2004年，州人民政府成立水书抢救工作领导小组，加强对水书抢救工作的领导。全州已投入500余万元（含贵州省民族宗教事务委员会支持）经费专项用于水书抢救保护工作。荔波县、独山县和都匀市等水族同胞聚居的县（市）按照黔南布依族苗族自治州委、州人民政府的总体部署和要求，成立具有事业编制的专门工作机构和研究所，整合党政、民间和学术界力量，落实工作场所，保障投入，定期召开会议研究部署水书抢救工作，确保水书抢救工作顺利开展。

二、严格规范，强化管理，提高水书抢救质量

黔南布依族苗族自治州制定了《黔南州抢救"水书"工作规划》，按照"统一规划、整体推进、分县实施和重点突破"的原则，坚持"救书、救人、救学科"的基本工作要求，以翻译水书原件为重点，以宣传水书文化为主线，以征集水书原件精品和口传水书为基础，以申报《世界记忆遗产名录》和人类口头与非物质文化遗产代表作为阶段性目标，确立水书抢救工作职责，建立健全规章制度，严格规范水书抢救工作程序，保障水书抢救工作有序开展。

目前，全州已搜集水书原件2万余册，并对这些水书原件进行科学保护、分类整理，翻译整理水书近50卷，完成审稿14卷。出版了《水书·秘籍卷》等10余部水书译本，《水书与水族历史研究》等水书研究丛书10余本，配合贵州省民族宗教事务委员会完成入选《国家珍贵古籍名录》的精品——《泐金纪日卷》等6部水书原件出旧如旧的工作，完成了"水族文字输入法软件"的申报注册。同时，《万年经镜》《金银》等79本水书文献入选《国家珍贵古籍名录》，荔波县档案馆被评选为"全国古籍重点保护单位"，提升了水书抢救和保护质量，为进一步保护、利用水书文化资源奠定基础。

三、科学严谨，重视传承，充分发挥专家作用

水书抢救工作是水书传承的基础和起点，也是水书传承的一个重要环节。黔南布依族苗族自治州把抢救水书和保护水书专家放在首位，对水族聚居地区的中、小学生进行水汉双语教学，开展丰富多样的水族文化进校园、进课堂活动。开办"水书习俗"项目传承人培训班，为"水

书习俗"的研究、保护、传承和发展培养后备人才。经过黔南布依族苗族自治州的争取，2008年贵州省人事厅出台了《贵州省水书师专业等级资格申报评审条件（试行）》。2008年5月30日、2019年1月1日《三都水族自治县水书文化保护条例》《黔南布依族苗族自治州水书文化保护条例》颁布实施，使水书抢救工作逐步步入法治化轨道。

目前，全州有"水书习俗"国家级代表性传承人2人，省级7人，州级14人，有72名水书先生获得了水书师职称。按照"救书先救人"的原则，黔南布依族苗族自治州对水书专家开展调查、录制音像工作，建立个人档案，进行年度健康体检，开展学习培训，给予适当待遇和补助、慰问，表彰在水书抢救、保护和传承工作中作出积极贡献的先进集体、先进工作者和优秀水书专家。

四、广泛宣传，加快申遗，将水族文化推向世界

为了更好地开展水书抢救、翻译、研究、开发利用和申报《世界记忆遗产名录》和人类口头和非物质遗产代表作工作，黔南布依族苗族自治州成立了相关的工作机构，并组织专家赴北京、云南丽江、广东广州等地，向国家和地方知名档案馆、考古研究所等单位学习申遗工作经验。黔南布依族苗族自治州拟定了申遗方案和相关措施，各相关县（市）积极配合做好水书抢救和申遗工作，特别是2015年10月22日在日本松江召开的国际标准化组织第64次会议上，《中国水书国际编码提案》正式列入该组织委员会受理名单，为水书申报世界人类口头和非物质遗产代表作打下良好的基础。

黔南布依族苗族自治州十分重视水书文化的宣传工作，同时，抢救

水书系列工作也取得了很好的成绩。联合国教科文组织世界遗产委员会的专家到荔波县考察期间，水书文化得到了世界级专家的关注和重视，世界自然遗产和文化遗产专家桑塞尔先生还为水书题词。

水书是水族人民世代相传的文化财富，也是我们发展先进文化的精神资源与民族根基，是水族生存的内在动力。水书需要传承和发展，传承、发展水书很有必要。水书应该成为而且能够成为现阶段水族人民的科学的大众的文化的一部分。切实做好包含水书文献在内的少数民族古籍的搜集、整理、翻译、出版、研究工作，让"书写在古籍里的文字都活起来"，必将为中华文明的延续、中华民族的繁荣作出贡献。

水　历

水族历法，简称水历。水历是根据太阳、月亮、地球三者运动的规律来制定年、季、月、日等计时标准的历法。简单说来，就是人们为了确立时间概念和生产生活需求而创立的计时系统。2015年，水族历法被列入贵州省第四批省级非物质文化遗产代表性项目名录。

水历年终十二月，岁首一月，分别对应阴历八月和九月。

水历与农阴历相对应关系如表3-1：

表 3-1

水历	一月	二月	三月	四月	五月	六月	七月	八月	九月	十月	十一月	十二月
阴历	九月	十月	十一月	十二月	一月	二月	三月	四月	五月	六月	七月	八月

水历年终岁首两端，正是稻谷成熟、桂花飘香的时段，恰好是水族

举行谷熟庆典——端节，欢度新年之际。水历的历史悠久，属于典型的稻作物候历。

一、水历纪年、纪月、纪日、纪时的方法

水历纪年，使用六十甲子配二十八星宿的"七元宿历"纪年。每六十甲子年构成一个小元，水语称为 [ku³ ti⁶]；七个小元计420年构成一个大元；上元、中元、下元三个大元计1260年构成纪年的最大单位，然后周而复始。每年有对应的二十八星宿、九星等配置。因为水历以六十甲子年为基本单位，又配置有二十八星宿，因此天文学界称为"七元宿历"。

水历纪月，每年分为12个月，正月建戌，十二月建酉。在水书中，还依据甲子年逐月推出每月的六十甲子名称，如甲子年，水历一月为壬戌，五月为丙寅，十二月为癸酉（分别对应阴历九月、正月、八月）。每月有对应的二十八星宿、九星等配置。

水历纪日，采用六十甲子纪日法与十二地支纪日法，在水族社会普遍运用。水书先生采用六十甲子纪日法，一般人使用十二地支纪日法。每日有对应的二十八星宿、九星等配置。民间对每月十以内的日子，习惯在之前加"初"，十一以上的日子直接读数。

水历纪时，采用六十甲子纪时法与十二地支纪时法，在水族社会普遍运用。每日分为十二个时辰，两个小时为一个时辰。水书先生的水历纪时卷本常常采用六十甲子精确的纪时法，一般人使用十二地支纪时法。民间还采用黎明、清晨、正午、黄昏、子夜、前半夜、后半夜、鸡叫几遍等较为粗略的计时方法。

二、水历与中国古代文化的关系

水历不仅对水族社会生产生活产生极大的影响,而且还遗存着中国古代历法文化的信息。另外,水历与水族端节准确地诠释了汉字"年,谷熟也"的本义。

"年,谷熟也",这是东汉许慎《说文解字》对汉字"年"本义作的注释。过年,是古代在谷熟时节举行的庆典。"年"字,甲骨文、金文的字形,是人背负着成熟下垂谷穗的象形,这是文字发生学给汉字"年"所下的准确定义。现代汉语词汇中,"年成"还保留有"年"的意蕴。

汉字"年"及"过年"习俗,是中国古代以农业为本、以稻作物候为历法基准的重要文化特征。但是,在现在的汉语中,"年,谷熟也"的本义已湮没、消失。现在,中国过年时间在腊月末、正月初。过年时令不是"谷熟"季节,内涵不是"谷熟庆典",与"年"的本义不吻合。

以夏历为基准看岁首月建:水历正月建戌,以九月为岁首;秦历正月建亥,以十月为岁首;周历正月建子,以十一月为岁首;殷历正月建丑,以十二月为岁首;夏历正月建寅,以正月为岁首。这五种历法的正月,正好形成递进的排列。

水历一年的季节有两种分法:一种是冬春两季,另一种是春夏秋冬四季。上古时一年分为冬春两季,水历一至六月为冬季,七至十二月为春季,民间至今依旧沿用。水历春季正好是稻谷从播种到收割的时段。古水历上半年冬季、下半年春季的分界点正值春分、秋分。故《春秋繁露·阴阳出入上下篇》云:春分、秋分者"阴阳相半,故昼夜均而寒暑平"。古水历的冬春两季分界点,正好是南北半球春季的起点,在天文学上具有十分重大的意义。古水历具有的特殊意义,为天文学历法研究者所惊叹。后来，随着历法的发展，在水书中出现春夏秋冬四季，但仅被水书先生掌握。

水历发展经历了多次的演变，除了季节由"冬春"两季演化为"春夏秋冬"四季之外，主要还有"一种简明阳历的模式"，就是"水族有一种无闰水历，一年三百六十日，分十二个月，每月三十天"。另外，水历的二十八星宿为：雷（汉族称角木蛟）、龙、竹（汉族称氐土貉）、兔、日（汉族称心月狐）、虎、豹；蟹、牛、女人（汉族称女土蝠）、鼠、燕、猪、鱼（汉族称壁水貐）；螺（汉族称奎木狼）、狗、雉、鸡、乌鸦、猴、水獭（汉族称参水猿）；鹅（汉族称井木犴）、鬼（汉族称鬼金羊）、马蜂（汉族称柳土獐）、马、蜘蛛、蛇、蚯蚓。由此看出，水族与汉族二十八星宿相同的有龙、兔、虎、豹；蟹、牛、鼠、燕、猪；狗、雉、鸡、乌鸦、猴；马、蜘蛛、蛇、蚯蚓 18 个，差异的有雷（汉族称角木蛟）、竹（汉族称氐土貉）、日（汉族称心月狐）；女人（汉族称女土蝠）、鱼（汉族称壁水貐）；螺（汉族称奎木狼）、水獭（汉族称参水猿）；鹅（汉族称井木犴）、鬼（汉族称鬼金羊）、马蜂（汉族称柳土獐）10 个。

三、水历在民间的应用

水历历史悠久，属于典型的稻作物候历，也与飞禽鸟兽生育周期变化有关联。

水语中依旧保留着朴实的自然历。如：

稻谷成熟称为 [ku^3 da: n^1]，意为摘谷时段。这是过去用摘刀收取摘糯、小米、高粱的印记，还有播种时节、栽秧时节、薅秧时节等。鹿称为 [sa^3 ya: ŋ^2]，意为阳气上升，鹿角萌生。新年盛大"端节"祭祖，过去必须有鹿角献祭。清明节称为 [si³ miŋ³]，意为蚂蟥。因为清明节之后天气转暖，蚂蟥开始活动。八月笋称 [na: ŋ¹ au⁴]，意为谷笋，即秋收时节稻谷成熟生长的竹笋。

另外，还有不少反映生产实践和物候气象方面的谚语。如：

桐子树开花，天气不冷啦。
燕子进家，犁耙出门。
稻谷要好，水肥要饱。
只犁不细耙，枉自干一夏。
人欺地，地欺人。
只愁秧拔节，不愁田老化。
"六月六"，甩秧上坎。
谷雨不雨，种稻少米。
九月无雷鸣，庄稼好收成。

这些节气与气象农谚，是水族悠久稻作物候历指导农业生产的朴素经验结晶。

在水族敬奉水书创始人的歌谣中同样有季节划分的反映：

六伢公（陆铎公），
放白鹤来，飞来海上。
那种鸟，划成季节，
这一次，划成了，一年两季。

在水族的歌谣中也有许多反映物候的内容，在水族情歌《等啊等》中有：

我等啊等，

破土茅草又登蓬。

我等啊等，

桐子（树）开花果实壮。

我等啊等，

遍野映山花凋谢。

我等啊等，

岭上黄饭花枯萎。

我等啊等，

嫩笋成竹又生笋。

……①

尤其在《端节歌》中有不少是通过对天象的观测，预测来年祸福情况的叙述：

套头端，红日高照，

老和少，来年健康。

拉佑端，碰到晴天，

春雨足，最宜撒秧。

端十六，忌出太阳，

若下雨，人人高兴，

庄稼好，谷米满仓。

---

① 黔南布依族苗族自治州文研室、三都水族自治县文史研究组：《水族民歌选：岛黛瓦》（内部发行），1981年。

水潘端，若是下雨，
到来年，人心惶惶，
疾病生，没完没了，
每一家，愁苦忧伤。

三洞端，要是天干，
收大季，天气晴朗，
晒谷子，一天三批，
稻草干，色泽金黄。

水昂端，最怕雨淋，
天放晴，男女欢唱，
不愁吃，也不愁穿，
人长寿，喜气洋洋。
……①

这是依据水历推算端节批次，再根据各批次过节日子的晴雨预兆推断来年雨水及祸福。

水族的年节不尽统一，有端节、额节、卯节、苏宁喜节、七月半、春节等，全依据水历来推算。水族的卯节在地支卯日分四批欢度。卯节是祈年，预祝丰收。端节是贺岁、谷熟庆典。端节、卯节是水族古代部族的两大盛大节日，每年过节日期的起点不同，全靠水书先生依照水历

---

① 黔南布依族苗族自治州文研室、三都水族自治县文史研究组：《水族民歌选：岛黛瓦》（内部发行），1981年，第146~147页。

来推算决定。各地遵循约定俗成的先后次序，既不能提前，也不能延后，是水族地区妇孺皆知并恪守的传统。水族地区习惯以地支安排集市日期，以月份或地支计算家禽养育孵化日期及农作物春种、夏长、秋收、冬藏等事宜，这些都是民间历法知识的运用。

第四章　风俗风情

万物崇拜

人类思维的发展过程是大致相同的，因此，各民族的信仰、崇拜也有许多共同之处。水族崇拜祖先，信仰多神。雷、星、巨石、水井、稻谷、大树、凤、龙等自然万物是他们崇拜的对象。民间敬祭的神灵有女性始祖"娘娘神"、男性始祖"恩公"等。

一、自然崇拜

水族人民十分虔诚地崇拜自然界诸物。对大自然中的太阳、月亮、星辰、雷电、风雨、冰雹均有不同程度的崇拜，一些崇拜是由于畏惧而产生，一些崇拜是由于不能诠释其中奥秘和因果关系而产生。

雷神　对日、月、雷、电等自然现象的崇拜，是全球各民族自然崇拜的一种普遍现象。水族对雷的畏惧与喜爱，交织成复杂的雷崇拜现象，他们把雷电称为雷公或雷神。他们认为雷神不仅为人类普降甘雨，更是唯一伸张正义、公正执法、惩治恶人和不肖子孙之神。水族民间还传说，孩子虐待父母，要遭雷公劈。每年春雷响动，是春天来到，雨水降临，万物复苏，生命开始的信号。因此，当第一声春雷响起的时候，水族就会把它当作节日一样庆贺，他们鸣枪、鸣铁炮、放鞭炮，敲响谷仓板、谷桶、簸箕……营造一种喜庆之声，既表示对春雷、春雨的欢迎，又希望这惊天动地的巨响能驱除啄食庄稼的鸟雀及啃噬粮食、物品的老鼠。迎雷时，若在晚上，家长会对小孩念叨："起来啦，长高啦，学习好，既长身体又聪明啦。"这一切，都是雷崇拜的表现，他们希望通过这样的活动，祈得雨水调匀，年岁丰稔。水族还根据雷声发出的方向来判断当年的雨量。雷声从东方、南方或东南角起，都是旱象；雷声从西方、北方或西北角起，是雨多的征兆。此外，水族世代流传："书米歹任，胜寅歹雅。"意为第一声春雷逢丑日或未日，当年疾病蔓延；第一声春雷逢申日或寅日，当年遇干旱或水灾。

同时，人们又畏惧雷带来的灾难。在春雷响后，就有忌雷的传统习俗。姑娘出嫁前往新郎家的途中要打伞遮头，以示对雷的崇敬；这一天也最怕打雷，要是有雷声响动，就必须敬雷神，要不就回娘家另择出阁的日子。

石岩、古井、古树　相信石岩、古井、古树等具有生命力，有力量，有灵性，这是水族先民崇信万物有灵的遗存。"在原始人看来，整个世界都是有生命的，花草树木也不例外。它们跟人一样都有灵魂，从而也像对人一样地对待它们。"[①] 这种崇拜意识至今仍在水族社会传承，村寨周边高大苍劲的古树，形状奇异的巨石，历史久远的古井等，更是受到水族群众普遍的崇拜。

在水族地区，嫁娶时，常叫新娘拜井，挑水认亲。有的地区新娘去

---

① 　[英]詹·乔·费雷泽：《金枝》，北京：中国民间文艺出版社，1987年，第169页。

拜井时，还随身带去两个鸡蛋放在水井里，若两个鸡蛋相依相靠，就表示夫妇恩爱、白头偕老，姻缘美满。这种习俗至今仍然流传，保持不变。另外，水族小孩身体虚弱时，也有将小孩拜寄给水井的习俗，完全把水井拟人化，从而去崇拜水井。水族祖先把具有独特的、独立的、怪异的，特别是形状略似人形的石头，视为"菩萨"来崇拜、供奉。供奉根据各自生日、时辰依照水历选定日期；也可直接选在阴历二月十九日（菩萨节）、"六月六"、七月半、春节、清明节、卯节等日子供奉。崇拜、供奉仪式十分虔诚，糯米饭、酒是不可缺少的供奉品，还有猪、羊、鸡、鸭、鱼肉等。水族卯节，就是一个典型的、场面宏大的祭石风俗。有的水族群众把小孩拜寄给石"菩萨"，小孩生病了，在高坡上的大路边安放三颗石墩供路人休息，并每年以香火酒肉供奉。既寓意自己孩子的命如石头一样硬朗，也为修好积德，让苍天感动并保佑孩子健康成长。小孩拜树、拜石为保爷等，还取带"石"或"树"的名字，每年清明节还要拿着糯米饭等拜祭一番。

水稻 水族认为世间有水稻神存在。秋收季节，水族群众在田间打谷，如发现稻秆上挂有类似花生壳的东西时，认为来了好运气，遇上了水稻神，就小心翼翼地抱回家，并轻轻放置在家里，与自家祖先一样接受每日的祭祀。这其实也是在潜移默化中一代代传递着珍惜粮食、尊重粮食的传统美德。每年秋收以后，会有一些谷子散落在田里，水族祖先说要将这些谷子"接"回家，才能犁田，这样既感谢它一年的辛苦付出，又节约粮食，还可预祝来年丰收，称为"接米魂"或"祭谷魂"。收割稻谷入仓后，选一卯日或戌日接米魂。接米魂时，用一根扁担，两边挂谷穗，谷穗上各放一个红鸡蛋，旁边摆上一个簸箕，簸箕中放鱼、酒、豆腐、糯米饭，祭供米魂的祖先，祭师在一旁念祭词，手拿谷穗不倒，又念祭词，谷穗倒下，主人急忙来接，然后放在箩筐里，预示今年丰收，来年又丰收。荔波县境内的水尧的水功、拉交及瑶庆、水庆等水族村寨还有过糯米节的习俗，从中可以窥视水族对水稻的崇拜。水族糯米节习俗已入选荔波县非物质文化遗产代表性项目名录。

二、动物崇拜

凤凰 水族神话《十二个仙蛋》传说：远古天神派第九个女儿牙线下凡到大地，她走遍千山万岭，未见一人，十分恼火，决心要为大地繁衍人烟，创造万物。在月神婆婆的帮助下，她在月亮山受到了雨神的洗礼，于是身怀有孕，并生下十二个仙蛋，经过孵化，变成十二个物种：人、雷、龙、虎、蛇、熊、猴、牛、马、猪、狗和凤凰。不久，这些物种长大了，个个都想争当大哥掌管天下，牙线无法定夺便出题考试：一是谁先长牙；二是谁先取到火种。后来人先长牙，并取到火种，于是人当了老大，其他物种不服，但又怕火，于是雷跑到天上，龙潜到海里，虎、熊纷纷躲到了森林里。只有凤凰最坚强，她不仅不怕火，而且在火海里轻歌曼舞，趁人不注意变成了一个美丽的凤凰姑娘。后来凤凰与人成亲，从此世上才有人烟，才有人类的繁衍和生息。凤凰在水族的心目中是至善至美的吉祥神鸟，在许多古歌、传说、石雕和刺绣作品里都体现出对凤凰的崇拜。如《凤凰之歌》：

金凤凰，飞遍柳江，
从柳城，顺流而上。
她站在，尧人山上，
又展翅，西南飞翔。

她站在，红茶树上，
整羽翅，高歌昂扬。
这地方，山青水绿，
这地方，鸟语花香，
这地方，田地宽广，
可真是，鱼米之乡。
金凤凰，引俺来此，
建家园，代代安康。
唉细唉咳！
金凤凰哟喂！ ①

再如民歌《凤凰歌》就充满了对凤凰的深厚情谊和敬仰之意：

有凤凰，远方飞来，
一声声，清脆鸣叫；
听叫声，唱歌一样，
声悠长，音色美好。

凤凰鸟，羽毛漂亮，
呈五彩，闪闪发光；
半空中，飘起彩云，
把地面，照得通亮。

---

① 黔南布依族苗族自治州文研室、三都水族自治县文史研究组：《水族民歌选：岛黛瓦》（内部发行），1981年，第146~147页。

这凤凰，林中无双，
春光好，它才飞到；
它落在，哪座山上，
那一带，幸福吉祥。

它一叫，舒畅人心！
它一叫，阴天变晴！
它一叫，风调雨顺！
它一叫，五谷丰登！

凤凰鸟，在昂朗河，
河水清，荡漾银波；
点水雀，嬉戏河中，
红鲤鱼，来往如梭。

河两岸，平坦宽阔，
草茵茵，鲜花朵朵；
仙女们，采摘花果，
花丛里，谈笑唱歌。

凤凰鸟，在昂朗河，
常飞往，天涯海角；
将歌声，传遍四方，
把幸福，人间传播。

我算是，千里有缘，
见到了，五彩凤凰；
一心想，留它长住，
可惜它，要去他方。

凤凰鸟，展翅飞翔，
五彩云，飘在身旁；
望彩云，两眼发花，
望凤凰，神情怏怏。

凤凰鸟，飞越高山，
山隔山，千里迢迢；
山再高，无法遮挡，
凤凰啊，在我心上。

凤凰鸟，美丽漂亮，
水家人，个个敬仰；
哪年月，你再降临，
盼着你，再来歌唱。[①]

龙 龙是中华民族文明的象征，是中华民族始祖的图腾。水族崇拜龙的现象既有历史渊源，也有文化交流的影响。水族对龙的崇拜表现在

---

① 潘朝丰、陈立浩：《水族民歌选：凤凰之歌》（内部发行），1981年，第23页。

众多的民俗事象中,如水族丧葬开大控或特大控时的舞龙活动是具有象征意义的。水族开控时舞的龙比较独特,龙身粗而短,一般为7~13节,被称为胖龙。舞龙时常配以黄烟,龙在烟雾中游动,造成一种神龙腾飞的气氛,仿佛亡灵成龙上天入海。这里的龙乃是祖先灵魂的代表。

对龙的崇拜除在丧葬仪式中表现外,还常凝固在墓雕之中。水族古老的石棺墓上,多有龙图案的雕刻。这种石棺墓:"长约五尺,宽约三尺,上下三层,像一座小房子的形式,石块上有的雕刻人、弓、矢、刀、标插等形象……有的碑两旁有石柱,碑上有额,有的有三套碑面石柱,柱上刻双龙抱柱,额上刻丹凤朝阳,还有刻八仙、二十四孝等故事人物。"[①]据宋兆麟、严汝娴在《三都水族自治县荣耀村水族画像石墓》的调查材料中说,这些石墓"一般刻有一龙或二龙戏珠等形象","这类墓顶上也有三角叉,其上刻双鱼形,两侧为二龙戏珠"。墓上有的刻有碑文,内层对联:"水绕山环钟甲第,龙盘虎踞超人文";外层对联:"千里乘龙钟吉穴,一弯曲水映万塘"。"在画像石墓上,几乎都有龙的形象,如二龙戏珠、双龙抱柱等。这种情况与水族早期崇拜龙图腾有密切联系。水族谚语说:'见龙死,见官穷',把龙视为最神秘的神灵,所以在墓楣上多刻龙的形象。近现代水族墓上仍然有不少龙的形象。"这一切,都十分清楚地说明,龙在水族心目中有着十分重要的地位。

由于古越人对龙崇拜的一个心理因素是避蛟龙之害,故水族龙崇拜意识中亦有恶龙与善龙的区别。在民间传说和故事中,很清楚地反映着这种感情。《潘羡的奇遇》中,龙王与后生潘羡结为莫逆之交,并惩罚了可恶的皇帝;《红泥鳅》中,龙女帮助好心的后生小孥制裁了恶毒的后母,并与他结为美满夫妻。在这里,龙与水族先民不仅是关系密切的

---

① 潘一志:《水族社会历史资料稿》,1981年,第442页。

朋友，还结为亲缘。而在《铜鼓的传说》等传说及故事中，又表现了"人们恨不得一刀把孽龙劈成几段"的思想。这里所谓的善龙与恶龙，明显地反映了阶级社会中阶级压迫的内容，因此可以认为是后人丰富加工的情节。然而其中对龙的崇敬或畏惧的感情，则可能是龙崇拜意识的原始内核。

三、人物崇拜

水族对先哲们万分崇拜，并将之神化起来。水族最崇拜的先哲有陆铎公、伢花散、伢兮登、恩公等。

陆铎公 陆铎公是水书鼻祖，"陆铎"有的说法认为是六位先哲的组合，有的说法认为只是一位，是水族古代很了不起的人物，相传他创制了可让人们"趋吉避祸"的水书。在水族人民的心目中，"陆铎"就是圣人，是专门为人们消灾赐平安的大神。

伢花散 水族民间非常崇拜的女性是伢花散。广传她是一位送子娘娘，专给人间送子嗣，被称为"生命的缔造者"。于是，水族地区普遍供祭她。按水书之说，"花"为火，火在南方，"伢"为祖母，"散"为山，山即是方向。于是"伢花散"即为南方祖母，正对传说中的祝融。以三都水族自治县周覃镇恒丰社区和勇村为代表的水族人民还以敬拜这位女性之日为年节，俗称"苏宁喜节"，又叫"娘娘节"。水族苏宁喜节已入选三都水族自治县非物质文化遗产代表性项目名录。

节日将至，家家户户剪彩色纸人、缠竹条纸须，贴插在祭桌的墙头上。节日期间，全寨的孩童提着特制的小竹笼，结队挨家逐户去讨要象征长寿、幸福的糯米饭、鸡蛋、肉片等。家家户户热情接待，让他们尽情欢乐。节日中，人们对妇女异常尊重，妇女和儿童是餐桌上的主客，因此有人称苏宁喜节为水族的妇幼节。和勇村吴姓的集体祭祀活动场面非常壮观，一大群妇女穿着盛装围在桌边，桌子上的祭祀品琳琅满目，有小猪肉、母鸡、糯米饭、稀饭、米酒、粽粑、红鸡蛋、水书等，先由水书先生念唱水书，后由妇女们唱水歌赞颂祖先的功德和女性做母亲的恩德，一人唱，众人和。

伢兮登 祭伢兮登是水族人生儿育女后祭自家世世代代的祖奶的仪式。最早是择日而祭，后来多在春节前一天进行。通常以母鸡祭送，还用各色花纸裹竹片弯折成彩虹形置于神龛上。这一天，孩子的母亲穿上新装，抱小孩端坐于神龛前，并请三家六房长辈妇女一同陪伴，里里外外家务事全由孩子的父亲包办。先煮肥肉祭供，后杀鸡熬粥再供。祭伢兮登时，十分严肃认真，大人不能大声说话，更不能说不吉利的话。这不仅充分反映水族对生育的崇拜与重视，而且也看出水族对伢兮登的崇拜与敬仰。

四、祖先崇拜

尊敬老人、崇敬祖先是水族社会做人的基本准则，他们希望先辈死后继续保佑后辈平安，于是祖先崇拜根深蒂固。2007年，水族祭祖入选贵州省第二批省级非物质文化遗产代表性项目名录。

端节，是大节大祭，祭祖从过节的当天晚上（相当于除夕夜）开始到第二天中午十二点。小节或起造、迁徙等，祭祖时间在半个小时到几个小时不等。平时就餐、过节和饭前日常生活中，在饮酒前，先在桌旁撒上三杯酒，表示先敬祖先，现今改为将筷子蘸酒在桌上点一点，表示让先辈们先饮用和食用，然后自己才喝酒进餐。

水族社会的自然、动物、人物、神灵、祖先崇拜的对象与方式多种多样。总的来看，他们表现出一些相同的特征。首先，人们以自然、动物、人物、神灵、祖先为崇拜对象，并赋予这些自然、动物、人物、神灵、祖先以超自然力量，认为他们有掌管万物规律的能力，并会因人们的祭拜而奖赏，因人们的不敬而惩罚。其次，水族人会神化自然、动物、人物、神灵、祖先，赋予其人格特征和超凡力量，并设想关于自然、动物、人物、神灵、祖先的故事传说，代代相传。最后，人们围绕这些自然、动物、人物、神灵、祖先设立了禁忌内容，不能随意接近或破坏，认为触犯相关禁忌会惹怒各类神灵和祖先，带来灾祸。

在生产力欠发达的地区，自然环境是人们生存的最大决定因素，人们对自然的依赖使他们敬畏与惧怕自然力，并将自然力与自然物超自然化，认为这些自然现象也会表现出生命、意志与情感，会对人的生存产生影响，因此对之敬拜，希望能够为人们提供庇佑与消灾解难。因而在水族地区便还保留自然、动物、人物、神灵、祖先等的崇拜。参与人通过活动的特定仪式不仅实现精神寄托，而且达到娱神娱人、借神育人、增强民族凝聚力等目的。祭祀活动中的所有祭师或主持人所讲述的内容，都包含有育人授业、传承历史文化方面的积极因素。

最近几十年，随着社会经济的发展，水族人民生活水平的不断提高，对于自然、动物、人物、神灵、祖先力量的思考也不断进步，自然、动物、人物、神灵、祖先崇拜的浓厚氛围正在加速消失。虽然在一些地方，自然、动物、人物、神灵、祖先崇拜作为习俗还被保留，但在人们的观念中，这些信仰正在减弱，其中的仪式、内容、意义也在发生改变，更多的是企盼和希望风调雨顺、五谷丰登、人畜兴旺、村寨安宁，更多的是强化交流、联络感情，加强民族的凝聚力。

稻作农耕

水族传统的稻作农耕方式属中国"农耕经济文化类型组"中的"丘陵稻作型"文化。水族从事农业，兼营林木。农业以生产粳稻为主，糯稻次之，善于稻田养鱼。林业以产杉木著称。水族地区山多田少，农业生产中，粮食作物主要有水稻、小米、玉米、高粱、荞麦、小麦、大麦、旱禾、红薯、马铃薯等，其中以水稻为主。水族稻米的耕种除传统的人工耕种方式，亦有简单机械化的耕种方式。整地、育苗、插秧、施肥、灌排水、收成、晒谷等是基本方式。

一、稻作农业的产生、传承与发展

根据水族民间歌谣、"祭谷魂"祭词和相关人类学资料，水族稻作农业大致产生于骆越时期。当时，水族先民所从事的是一种被史家称为"骆田农业"的稻作农业生产。

山坡少，
田地无边，
四周开成田，
中间让水淌，
多条江流到这里，
平地边就是海洋。[①]

[①] 贵州省民族宗教事务委员会：《水族文化大观》，贵阳：贵州民族出版社，2020年，第83页。

其所描述的显然就是水族先民耕种骆田时的情景。现今水族社会的"祭谷魂"仪式中,其祭词里所谓祖先是"从海边带来了谷种"的传说,显然也与骆田农业密切相关。"稻田养鱼"文化同样与骆田农业有着密切联系。

水族先民自定居黔桂边境伊始,便开疆辟土,"畲山为田",创造出独树一帜又特别适宜山地生境的山区梯田稻作农业文明。它是水族先民定居黔桂边境之后,一种主要的农田开发模式。《唐书·南蛮传》载:"东谢蛮……土宜五谷,不以牛耕,但为畲田,每岁易。"唐代"东谢蛮"的势力范围,包括今荔波县一部分、三都水族自治县、榕江县、从江县全部及黎平县一部分,其辖境内当时生活着百越后裔的侗族、布依族、水族等多个民族。史料所言"不以牛耕,但为畲田,每岁易"的情形,指的就是当时各族人民无法用牛耕田,主要以锄耕为主,经营山地小块梯田的情景。实际上即使在今天,月亮山腹地的多数山间梯田仍然无法用牛耕,而主要以锄耕为主,史料中的"畲田"即指当时的一种水稻耕作方式。"畲山为田"对水族社会而言,实际上就是"烧山开田"的形象描绘。经过水族先民一代又一代的奋战,形成了一片一片的梯田。今天水族地区发达的梯田稻作农业,显然是水族先民不断烧山开发的结果,这种开发自然的举措蕴含着水族先民的文化智慧,是水族古代稻作农业文明的传承。

二、传统物候历

物候历,又称自然历或农事历,即把一个地区的自然物候、作物物候、害虫发生期和农事活动的多年观测资料进行整理,按出现日期排列成表,是我国优秀传统文化之一。水族传统物候历同样是水族农耕文化的重要组成部分，以三都水族自治县为中心及其毗连地带的水族人口分布中心区域的农事历为标准。以阴历为例，水族的农事季节活动大致分为三个类型区。第一个类型区为三都水族自治县、榕江县、从江县、黎平县一带的水族地区，其农事活动大致体现为：

正月，挑粪上田，检修沟渠、塘堰、水坝、砌田埂等。

二月，砍柴薪以备一年之用，翻犁旱地、砌田埂等。

三月，收小麦、油菜，翻犁板田、板土，育秧，抢水打田，播种玉米，制瓜秧、辣椒秧。

四月，割、压秧青，糊田埂，下旬开秧门，栽插早稻，种植豆类作物，瓜秧、辣椒秧苗移栽。

五月，栽秧，栽插薯类作物。

六月，稻田中耕除草，收玉米。

七月，准备收割工具，下旬开始收稻。

八月，秋收大忙，翻犁准备种植小季的稻田。

九月，打完谷子，开始收摘糯米，收薯类作物。

十月，种植小麦、油菜。

十一、十二月，翻犁泡冬田，打草放牛、砍柴、打猎等。

第二个类型区为荔波县南部及广西的水族地区，其农事安排体现为：

正月，从初一到十五在家休息，十五过后开始挖棉花地。

二月，翻犁玉米地，种玉米；犁田翻土，施底肥，种荞麦。

三月，水稻田犁翻耕、施肥、放清明鱼、育秧，种棉花、黄豆，玉米地间苗、除草，开始栽插早稻。

四月，收麦子，耙田插秧。

五月，插秧，稻田中耕除草，以后每隔15~20天再除草中耕一次，一般为3~4次，种红薯，玉米地中耕除草。

六月，收荞麦，玉米地里松土除草。

七月，收早稻，收玉米，种七月荞。

八月，收中稻，收玉米，收红稗。

九月，收晚稻，犁麦田，种麦子及油菜，冬耕。

十月，收红薯，冬耕。

十一、十二月，农事活动稍闲，砍柴割草。

第三个类型区为都匀市东南的套头水族地区，其农事活动较三都水族自治县等地时令要晚一个月以上。大致表现为：

正月，冬歇期，中、上旬祭祀土地神，下旬劳作。

二月，翻犁玉米地，运粪上田备耕。

三月，犁耙秧田，种植玉米、瓜豆类作物，下旬育秧。

四月，种玉米，抢水打田（炕冬田），下旬收小麦、油菜。

五月，栽秧，玉米地中耕除草施肥，种小米，种红稗，栽红薯。

六月，稻田中耕，栽红薯、红稗。

七月，稻田管理，收玉米。

八月，稻田放水收鱼，收玉米，下旬开始准备收割。

九月，农忙季节，收稻谷、豆类作物，下旬犁麦地。

十月，收红稗、红薯、糯稻，麦地运肥。

十一月，收红薯，种小麦、油菜，犁泡冬田。

十二月，进入冬歇期，打柴、割干草、打猎等。

据三都、荔波、独山、榕江等县县志记载：以三都水族自治县为中心的水族人口分布集中区域，四季分为：春季从二月上旬到五月中旬，夏季从五月下旬到九月上旬，秋季从九月中旬开始到十一月上旬，冬季为十一月下旬到次年二月上旬。

但由于多数地区身处高山半高山地带，与河谷及平坝地区相比，季节转换相对滞后。因此，人们的农事季节更多的是根据动植物的生长发育和活动状态的动态变化来判断，而不单纯根据岁月次序的变化来判定。

春季的农事物候表现为：孟春，小麦拔节，油菜现蕾、抽薹、开花，大蒜抽薹；间或植树造林，整地育苗。仲春，小麦孕穗、扬花，油菜盛花，春马铃薯展叶，早熟蔬菜快速成长，播种早苞谷，种植各类瓜豆并开始整理水稻秧田和水稻温室育秧。季春时节的主要农事为水稻制秧，过去，传统方法是秧田撒秧，现在是"两段育秧"，主要表现为小秧移栽（寄秧），以及一些中熟作物的播种。仲春至季春之间，水族地区及其周边地区的气候及降雨表现为春雨频繁，小河溪沟开始涨水。人们在农作生产的同时，开始大量采集野生的植物枝叶为食。

夏季，相应的农作物的季节指示物和主要农事活动表现为：孟夏油菜、小麦等小季作物（夏收作物）成熟，水稻秧苗进入分蘖期；主要农事活动是收割小麦、油菜、马铃薯，夯实田埂，开始引水（或积水）打田，插秧，种红薯等。仲夏农作物指示物为水稻秧苗返青，并快速成长，水稻孕穗、抽穗扬花，花生结荚，葵花开花结籽，早苞谷挂丝成熟；主要农事活动是水稻田间管理，包括中耕除草，追加施肥，防治水稻病虫害，种植晚苞谷、大豆等。季夏农作物指示物为水稻早熟品种、苞谷、花生、葵花、瓜类作物、早熟黄豆；主要农事活动是收割和播种秋季蔬菜，种植大蒜等。

秋季，分为孟秋、仲秋、季秋三个物候季。孟秋，籼型水稻品种和大豆成熟；主要农事活动是收割水稻、大豆和采摘板栗、核桃，收获南瓜以及种植胡豆、豌豆等。仲秋，粳型水稻、晚黄豆、苞谷接近成熟；主要农事活动为收割中晚水稻、大豆，挖收红薯等。季秋则是翻犁水稻收割后的板田，碎土和播种小麦、油菜。

冬季，水族地区多分为初冬和深冬两个物候季。在半高山地带，刺槐落叶为初冬开始，至草本植物开始返春为深冬结束。初冬刺槐落叶，落叶乔木进入落叶末期，草本植物多数枯黄或绝叶，至深冬，皂荚树落叶殆尽，杨柳萌芽，梅花新开，枇杷结果。相应的农作物指示物为初冬小麦分蘖，油菜开盘，主要农事活动为小麦中耕和油菜除草施肥，指示为油菜抽薹。无论是过去还是现在，冬季人们劳作相对清闲。现在，由于多种经营经济成分的引入，部分地区人们主要冬季农事活动表现为种植木耳、松茯苓和植树造林。

三、祭陆铎公

在水族民间，把创造和传播民族文化的陆铎公尊为农业生产的保护神。因此，每到春耕之际，人们都要祭祀陆铎公，祈求庇佑，企盼丰收，这一仪式至今在三都水族自治县的九阡、三洞地区以及荔波县部分地区还十分盛行。祭祀多以家庭为单位。开春之际，依水书择一吉日，请祭师在堂屋内设祭席，摆上六套食具，供以糯米酒、糯米饭、干鱼和熟肉等祭品。因为在水族人的心目中，陆铎公既是指一位将水书传播给水族人民的公公，又是指由共同创造水书的六位公公组成的善鬼团。祭师口念祭词，请陆铎公前来后，再杀一头小猪，以猪肉煮稀饭，然后将小猪及肉粥献上祭奠,恭请陆铎公享用。祭毕,邀请寨中老者一起聚餐欢宴。最后,主人将几粒谷种撒入稻田,以示预祝播种顺利。

四、敬耕牛

耕牛是传统农耕生产必不可少的劳力。水族地区气候温和湿润,荒坡牧草生长繁茂,很适合牲畜的饲养和繁殖。据史料记载,很早以前,水族居住地区牛、马等畜牧业发展就有较高的水平。至今,水族地区水牛和黄牛的数量都很多。牛对于水族来说意义非同一般,因而水族喂牛十分精心,他们一般采用春夏圈养、秋冬放牧的饲养方式,这很符合当地的农业生产规律。水族爱牛,对牛产生了依赖和崇拜的感情。因此,在重要节日及婚丧嫁娶、起房造屋等重大活动中,牛成为请神送鬼的珍贵祭品。这时,牛既被作为财富的象征,又是亡灵异界生活的助手和伴侣。

五、活路头

传统农耕时代,水族地区每年春耕生产明显表现为两种形式,在三都、荔波两县,由于聚族而居,因此,春耕生产可以较灵活地由各个家庭或家族自由掌握。榕江县、从江县的月亮山腹地和都匀市套头地区居住的水族,受侗族、苗族等其他民族的农耕文化的影响,大多流行"活路头"制的农耕文化习俗。

"活路头"即农事生产的率先示范执行者。但"活路头"并不是所有的农事活动都由他带头干,只有开工动土、下谷种、栽秧等重要生产环节由他带头。水族村寨可以有一个或一个以上的寨老,并通过村民的自由选择产生。"活路头"则每个村寨只有一人,由男性担任,并代代相传。据说，每个村寨中承担"活路头"的人家，都是当地的最早迁来者或开发者，他们比别人更了解和掌握当地的气候变化和季节更换。因此，由他率先示范执行农事生产，可以不误农时。而先于"活路头"之前或太过延后进行农事生产，则有可能因农时未到或延误农时而导致减产歉收。田野调查资料表明：不同地区不同村寨的水族"活路头"，大多根据居住和生产环境的最稳定的物候规律来判断气候变化和农事季节的更替，从而指导当地当季的农业生产。在传统农耕时代，"活路头"的作用是值得肯定的。如有的地方根据油桐花苞吐蕊作为水稻制秧的开始，有的地方以鱼塘中冬季聚群过冬的鱼群离散自由觅食为翻犁泡冬田的开始，这些都具有乡土知识的意义。

"活路头"在每年立春之后的正月间，由水书先生推算出一个吉利的日子，举行"动土开工"仪式。这一天，"活路头"要先将圈厩中的耕牛放出，然后肩扛锄头，手拿一个稻草火把，一碗糯米糠，到住房附近自己的田园里，燃香化纸，口中默念"今年农业生产风调雨顺"之类的祷告词，然后用锄头象征性挖翻几下田土，并从牛圈中挑一点牛粪覆盖在翻动过的土块上，仪式即结束。在"活路头"举行"动土开工"仪式之后，村中各户人家也要举行这样的仪式。此后各家可根据需要，自由地进行春耕生产，但何时制秧、播种及栽秧等，仍需"活路头"率先举行，然后大家才能紧跟着进行。

六、开秧门

水族地区的栽秧期，一般于三月下旬开始，至五月上旬的端午节前结束。端午节后栽秧，被认为已是耽误农时之劳作。现在，由于杂交优良水稻（成熟期缩短）的推广，一些高海拔地区或因缺水而等待降雨的地方，在"六月六"之前栽插，仍然不算误农时。栽秧是稻作农业生产的重要环节。要举行隆重的"开秧门"仪式，届时"活路头"准备一只公鸡、一块刀头肉、一壶酒和一盆糯米饭到即将举行仪式的田边摆好，村中每户人家各出一名成年劳力（不论男女）携带少许酒肉前来，"活路头"在做出相应祷告后，首先下田栽下第一蔸秧，随后众人一齐下田，随"活路头"将整块田的秧栽好，仪式即告完成。之后，众人与"活路头"一起，或在田边或齐聚于"活路头"家中共享一顿酒食。第二天，各家各户便可自行安排栽秧事宜。水族社会在重大的农事生产活动中，大多采取"换工"的方式来完成农耕生产。

七、祭谷魂

在水族民间信仰的万物有灵观念中，生物世界的任何一种事物，其生长、消亡和转化皆由其灵魂所左右。供养人类食物之源的水稻谷物自然也不例外。水族传统观念认为，谷物的灵魂随水稻生长于野外，是谷物的灵魂护佑了庄稼的生长和成熟，秋收完毕，鱼归塘、粮归仓之后，每个家庭都要在水书先生的推算下，选择一个吉利的日子，举行"祭谷魂"的仪式，将谷魂与收获的谷物一同收归粮仓之中，才算一个稻作生产周期的完美收工。因此，祭谷魂必须是所有生长于野外的稻谷全部收归粮仓之后，才可择日举行。

在都匀市的套头水族地区，仪式的主要供祭物必须是当年生产出来的一盆糯米饭和一钵煮熟了的酸汤肥鱼。在粮仓内（单体粮仓建筑）或住屋的堂屋中，先置放一个簸箕摆放糯米饭、肥鱼等主祭品，另置一升大米于一边，米上点燃三炷香，并插入一根略弯的扁担，扁担上端悬挂一把糯米穗把，先由户主双手扶住扁担，使其不倒，待水书先生念唱至请米魂入仓时，双手放开扁担，若扁担竖立于大米中不倒，暗示米魂已归仓，仪式便告结束。若扁担即刻倾倒，则认为米魂尚未完全入仓，需重燃香，并重复念唱，直至扁担竖立为止。

八、稻田养鱼

水族社会的稻田养鱼，产生于春秋时的骆田农业时期。站在历史的角度，我们也可认为水族的传统渔猎技术是水族先民的渔猎技术在当今社会的传承与发展，或者是古代水族社会的渔猎经济在稻作农耕社会的残留。水族有开沟挖渠、挖开淤泥、"击石取鱼"等原始采集法，还有网罾捞鱼法、砍鳅、药石闹鱼、架梁取鱼法、渔笼捕鱼法、筑窝捕鱼法、鸬鹚捕鱼等技术和方法沿用至今，有的方法还增加了现代技术。

水族稻田养鱼生产流程的操作中，包含两方面：一是稻田放养，二是鱼塘囤养。二者构成相互更替的生产环节，缺一不可。水族社会的多数地区，不进行人工繁育鱼苗，而是在稻田养鱼的过程中，将小鱼儿和种鱼（俗称老口鱼）一起放入稻田中，靠种鱼在稻田中自然繁衍出来的小鱼作为第二年再生产鱼苗之需。习惯上，水族民众认为，自然繁衍出来的小鱼，在鱼塘越冬之后，到第二年放养时可以很快生长。另外，跨年成长的鱼在长大后食用，味道亦会更加鲜美。故水族社会大多遵循每年开田放水捉鱼时，通过吃大留小的办法来实现鱼类的种性传承。

稻田放养 开春之后，鱼塘中冬季聚窝群居的鱼群开始离散而满塘巡游，就开始进入放养季节。闲置泡冬的水田完成了第一道犁耙之后，鱼苗就会被放养于水田中。放养时，可以多种鱼类混合放养，也可以单独放养一种鱼类，但鲫鱼不会作为单独鱼类放养。人们会根据不同水田的特点放养不同的鱼类，一些容易滋生虫害的稻田主要以放养鲤鱼为主，其他鱼类为辅。这样，鱼类的生长期也正是稻作农业的生产期，正在生长的鱼儿会随时吃掉稻田中滋生的害虫，尤其是蝗虫的幼虫，会被鱼类大量吃掉，这类田多数为坡脚田。而那些虫害较少的稻田，则容易滋生杂草。对这类稻田，放养的鱼类以草鱼为主，其他鱼类为辅，这样草鱼在生长过程中，可以最大限度地吃掉田中的杂草，以利于水稻作物的生长。每块水田中可放养的鱼尾数量，根据该田的肥沃程度而定，水田肥沃程度高，相应的稻田中的微生物就多，可放养的鱼尾数量就多，反之则相应减少。正常情况下，较肥沃的良田，在稻田养鱼期内，可使每尾鱼增重 0.25~0.5 千克，高产地区每亩稻田每年可收鱼 10~15 千克。

第一次开田捉鱼，多数人家会拿出几尾大鱼回家，供全家人当天食用，共同品尝丰收的喜悦，剩余的放入鱼塘囤养。尽管在观念上，水族将鱼虾等水产类视为时蔬素菜，但他们同时又将鱼虾作为传统佳肴，待客来品。因此人们多将当年的鱼类收获囤养于鱼塘中，若有来客，可以随时从鱼塘中捕捞以待客。

鱼塘囤养 用鱼塘囤养鱼类是水族社会进行稻田养鱼的重要方式。春夏二季的稻作农业生产时期，也正是稻田养鱼生产时期，这时鱼塘又为稻田养鱼输出鱼苗或鱼种，囤入与输出，循环不已，鱼塘与稻田共同构成了"稻田养鱼"的生产体系。

水族村寨，每户人家一般均拥有一个鱼塘，有的人家甚至拥有几个鱼塘，鱼塘大小不一。三都水族自治县中和镇三洞社区元幹村的达便寨，就因村寨周围密布大小不一的 100 多个鱼塘，而成为水族地区一道绚丽的稻鱼文化风景。一些没有专门鱼塘的人家，也会选择水源丰富、靠近村庄、利于管理的水田，充作临时鱼塘。水族村寨的鱼塘，一般要求水深 1 米左右，共形成三个养殖层，底泥层一般喂养黄鳝、泥鳅及泥鲶；

中层水面喂养鲤鱼及鲫鱼；上层水面喂养草鱼。一些离住房很近的鱼塘，人们还在鱼塘之上建有粮仓，形成"稻鱼共存"的格局。

除了私人鱼塘之外，历史悠久的水族村寨，还有1~2个公共鱼塘，公共鱼塘所囤养和繁殖的鱼类，属全寨公有财产，平时严禁任何个人或家庭以任何名义捕取，只有村寨举行大型活动时才可以捕取。原则上公共鱼塘每年进行一次全面的捕获，所获鱼类除种鱼和小鱼外，按户平均分配。过端节的水族村寨，一般多于节前开塘捕鱼，既作节日的祭祀供品，也作节日菜肴；不过端节的村寨，多数按季节于秋后开塘捕鱼。现存的水族地区的公共鱼塘，以三都水族自治县中和镇三洞社区水维村板告寨公共鱼塘、周覃镇恒丰社区塘党村的公共鱼塘和都匀市归兰水族乡翁降村的公共鱼塘最为著名。

稻田养鱼是水族社会一道独特的农业风景，稻作生产与鱼类养殖的巧妙结合，催生了水族社会鱼稻共生的农业生产模式，稻田养鱼使人们对稻作农业生产的田间管理倾注了更多的劳动热情，也体现了水族人民综合利用土地、水源等生产资料的生态技术与经验。

九、稻田养鸭

水族地区的稻田养鸭，可视为是稻田养鱼文化的延伸。实际上，养鱼与养鸭可以在同一块水稻田中立体进行，只需要在稻田的水面上滋养浮萍即可。浮萍是一种水中生长无泥根的悬浮蕨类植物，它利用太阳能将氮元素固定在稻田的土壤中，从而为水稻的成长提供综合的生态天然养料。生长茂盛期的浮萍同时会滋养出一种蓝绿藻植物，这种蓝绿藻可喂养一种虫子，这种虫子正好成为稻田鱼和鸭子极好的食物。而水稻秧苗在谷穗尚未成熟之前，由于叶片上富含二氧化硅等物质，口味不佳，故鸭子大多不会去吞食秧苗，它们只会吃田里的虫子、杂草和浮萍，而较厚的浮萍层又可阻止鸭子对稻田鱼的有限伤害。但由于浮萍的滋养对稻田环境有一定的需求，一般只有水源丰富且稻田泥脚较深的所谓冷水田和土质肥沃的寨脚田、沟边田才可以滋养浮萍，故稻田养鸭在水族地区并不像稻田养鱼那样普遍。

栽秧之后，待浮萍开始大量滋生时，即将雏鸭赶入稻田中喂养，早放晚收，至稻米扬花抽穗，雏鸭已生长成即将产蛋的大鸭。其时，需将鸭子圈养，一是利于收鸭蛋；二是避免成年鸭子啄食稻谷。故稻田养鸭，只是阶段性的行为，而且多数家庭都只是几只至十几只的小规模喂养。

十、饭稻羹鱼

今天水族人口所分布的中心区域——月亮山及都柳江流域，一直以来都是贵州乃至中国传统的稻田养鱼区。长期以来，"饭稻羹鱼"一直是包括水族在内的该区域的各民族所共同追求的农耕文化主题。饭稻羹鱼以稻米为饭，以鱼类为菜，出自西汉司马迁的《史记·货殖列传》。作为水族农耕文化的理想追求，其实现的前提条件就是鱼稻共生。在古代，水族社会长期的渔猎与采集经济生活，使水族先民获得了丰富的鱼类生活的知识，原始稻作农业产生的机缘巧合加上水族人民的文化智慧，使水族先民早在"垦食骆田"的时代，就创造了鱼稻共生的生产方法。虽然，大迁徙之后定居于黔桂边境的水族同胞，在远离邕江流域丰富的水产资源之后，不得不以开发山区梯田稻作农业为生，但对历史的美好追忆，同时亦催生了他们的稻田养鱼文化传统。而建立在稻田养鱼文化上的池塘囤养衍化储存鱼类的方式则充分保证了鱼稻共生文化模式的延续。

在水族的传统信仰及其巫术仪式之中，这种饭稻羹鱼的文化得到了最丰富的体现。如北部套头地区的水族，有过尝新节的习俗。在尝新节的祭仪之中，用以祭祀的是新谷鲜鱼，而尝新当天的饮食亦以新谷鲜鱼为主。端节，是水族新年，也是水族人民庆贺丰收的节日，端节祭祖的仪式上，用当年新米煮好的糯米饭和当年收获制成的鱼包韭菜做祭席的主祭品，也是待客的佳肴。而每年秋收，米粮归仓之后，每个水族家庭均要举行祭谷魂仪式，其主祭品也是糯米饭和酸汤煮鲤鱼。在水族丧葬或造屋等大型活动动土之时，人们必先请水书先生举行必要的祭土（或祭祀土地神）仪式，在这种祭土仪式上，两大盆（钵）糯米饭和酸汤素煮鲤鱼也是祭祀的主祭品。

水族较大型的丧葬活动中，都要举行"砍利"活动，即宰杀牛、马等大牲畜进行祭祖，这些牛、马在被宰杀之前都要拴在"砍利"场进行展示，而拴这些牛马的木桩都要临时栽埋。在举行埋桩仪式时，拴水牯牛的主祭桩，桩头要悬挂一条鲜活的肥美雌鲤鱼，而桩脚旁边则一定要摆上一碗糯米饭。"砍利"之后，主祭桩要用来打造甑子，有"饭稻羹鱼"的寓意。在三都水族自治县中和镇三洞社区兴旺村板南寨一带，老人过世时，出嫁的姑娘和女婿一定要来送一篮糯米饭和一条重1.5~2.5千克的鲤鱼或草鱼作为祭祀的主祭品。

在水族婚礼中，新娘要"进亲踏屋"。正式进入新郎家之前，要求屋中所有的人都必须暂时退出屋外，然后由新郎家庭中的一位慈祥的老妇右手提着一只土罐，左手牵着新娘右手，由大门踏入新郎家，土罐中注入半罐井水，水中放入两条、四条或六条小鱼，而新娘的左手则手握一把糯稻穗，寓有事事吉祥、子孙发达之意，亦有希冀日后家道殷实、饭稻羹鱼之意。

水族人家，若有小孩厌食、体弱多病者，其最简单的治疗方法是"吃姑妈饭"。在套头水族地区，吃姑妈饭即为吃掉落的鱼和糯米饭，即选定某一吉日事先通知姑妈，让姑妈煮好一团糯米饭和几尾鱼，用芭蕉叶子包好，于吉日的清晨或傍晚时分送到村寨旁边的水井旁摆好，然后由小孩的母亲或奶奶带着小孩前去食用。这种习俗，也体现了饭稻羹鱼的文化内涵。

水族人家招待贵宾之时，一般以宰杀乳猪为上佳，但每至酒意正酣之时，主人必从房前屋后的鱼塘之中，捉来鲜活的鲤鱼，加入火锅中，以助酒兴。而酒席上的人们，也可根据捉来的鱼尾的大小，来判断主人家道殷实的程度。生活宽裕者，鱼塘之中存养的陈年大鱼，小者0.5~1千克，大者1.5~2.5千克，而鱼大，在酒席上也是财富的一种体现。作为追求饭稻羹鱼的稻作农业文化者，有大鱼，表明主人会持家理财。

综合而言，正是千百年来鱼稻共生的文化传统促成了水族饭稻羹鱼的独特的农业文化文明，从而使其习俗以及现实社会生活中处处体现着鱼稻共存，有稻（禾穗）必有鱼的农业文化特点。

鱼包韭菜

鱼是水族人民祭祀祖先、过端、待客的席上不可缺少的必备佳肴。而用独特方法烹制的"鱼包韭菜"则是水族的第一名菜，具有浓郁的民族特色和深厚的文化内涵。

水族民间相传，远古时代，洪水、疾病、贫困、饥饿的阴云笼罩着水乡大地。水族先民曾面对疾病突袭的灾难，他们无所畏惧，想尽各种办法与疾病展开顽强的斗争，采集了九种当地蔬菜和鱼虾合制成一种包治百病的良药妙方，治好了许多在病魔中挣扎的水族人民。他们重建家园，水乡很快又恢复了原有的青春活力。可遗憾的是随着岁月的流逝，药方失传了。为表达对先辈的敬慕和怀念，水族人民用韭菜代替九种菜，沿袭成今天的鱼包韭菜，并在隆重的节日里款待客人，表示祝愿大家永远健康，也用在丧事中作为祭品表达对先辈们的怀念。

现在的水族村寨，一般每个家庭都会在村寨周围离家不远处营造一块以上的菜园，一年四季均适时种植一些时令蔬菜，以备家庭所需。受民族传统文化的影响，几乎所有水族人家的菜园都会种植韭菜和广菜，韭菜中的大叶韭菜又为人们偏爱。作为"鱼包韭菜"的专门用料，有些水族群众在言及水族的热情好客时，戏称每个水族家庭都会用"九菜一汤"来待客，实际是指在缺乏蔬菜的夏季，人们往往用大叶韭菜做汤待客。水族民间谚语云："后园韭菜叶，越吃越长。"不但表明了水族在副食方面对韭菜的依赖与偏爱，也说明了人们对该作物的了解与认知。相关史籍记载，秦汉以前的中原地区，韭菜在当时人们食用的葵、韭、藿、薤、葱"五菜"之中，排名第二。初春嫩韭，温而宜人，上古即为世珍，是普通百姓和宫廷贵族皆追逐取用的食物。今天水族社会的这种重韭菜的饮食习俗现象，显然是古代饮食文化传统的影响所致。

鱼包韭菜具有一定的食疗作用。因为韭菜是水族人民用来治疗外伤的常用药物之一。在三都水族自治县的九阡、水龙等地，水族群众就常用韭菜配上其他药物治疗骨折、外伤出血、跌打损伤等症。有的用细叶韭菜和螃蟹一起捣烂取汁涂患处，来治疗生漆过敏。有的用野生韭菜切碎蒸鸡蛋，用来驱除蛔虫。李时珍在《本草纲目》中说："韭，生则辛而散血。"看来用韭菜治疗外伤诸症是有一定道理的。韭菜含有较多的维生素 A，矿物质钙、磷、铁以及大量的纤维素，能调节营养、刺激肠胃、增进食欲，加上鱼本身的营养价值，所以鱼包韭菜自然有保健、食疗的作用。

鱼包韭菜包含着丰富的水族人民创造的物质文明和精神文明的内容，又有着独特的烹制工艺、特殊的风味和食疗功能，因此，鱼包韭菜当之无愧为水族第一名菜。

九阡酒

水族酿酒历史悠久，有 2000 多年历史，有文字记载的有 1700 多年。特别是三都水族自治县九阡地区的九阡酒，更以味美甘醇远近驰名，水族民间传说中将之称为"九仙酒"。

九阡酒是纯糯米窖酒，以水族独特传统工艺酿造。2009 年，九阡酒酿造工艺入选贵州省第三批省级非物质文化遗产代表性项目名录。九阡酒只能在九阡当地特有的土壤、空气和水质下进行酿制，这样酿造出来的九阡酒，饮之则醇香味美，沁人心脾，实为酒中珍品。根据水族民俗，每年端午采药，六月初六制曲，九月初九烤酒。九阡酒以独特的水族工艺酿造，采用当地特产红糯米、纯天然泉水酿造。

九阡糯米窖酒因其酒曲富含 120 味中草药而成为贵州少数民族酒类中的珍品。这种酒棕黄晶澈、迷香清雅，落口爽净、口味怡畅，香气浓而不艳，酒精度低而味不淡。普遍流行于三都水族自治县的九阡、周覃、三洞、恒丰、廷牌，荔波县的茂兰、永康、瑶庆、水尧、佳荣，榕江县的新华、水尾等水族地区。由于主产地是三都水族自治县九阡地区的缘故，现在民间多称为"九阡酒"。

与贵州其他少数民族酒类单独的蒸馏或只发酵不蒸馏不同，九阡酒在技术上具有蒸馏与发酵两种工艺的结合。上等的九阡糯米窖酒，在九月重阳前后选用当地当年出产的黑糯米为原料，蒸熟冷却和入酒曲拌匀，装缸密封发酵之后，进行蒸烤。米酒烤出来之后，另用禾糯酿成糯米甜酒，铁锅烧热加入麦芽炒色，把甜酒倒入锅中与麦芽一起文火熬成棕黄色汁液倒入陶质酒坛，把坛口密封好，放在无震动、避光的地方或泥地里窖藏起来。隔年之后，开盖视其挥发情况再补入新酒，连加3年之后，不再补以新酒，以草木灰和稀泥密封坛口，将酒坛埋入地下或放进山洞里长时间窖藏。窖藏的环境一般要求无震动和恒温。窖藏的时间越长，酒味越好。

过去，水族村寨制作酒曲，必须由水书先生择日开始进行，一般由德高望重的老年妇女统领，大家结队面朝太阳升起的方向走去，并由老妇采集第一味药材。在老妇采到第一味药物之后，妇女们才能在她的分派下按组分开，到各处山坡去采集其他药物，并集体将药熬成特殊汤汁，再由老妇分配汤汁，将糠坨捏成球状之后，亦须集中统一摆放发酵，待长出曲菌之后，各自拿回家中去晾晒存放与使用。由于水族村寨具有聚族而居的特点，一个村寨就是一个具有父系血统的同一姓氏的宗族。因此，老妇在分派妇女采药时，并不是让大家满山遍野地到处乱采，她会按家族和婆媳或妯娌或姑嫂关系将几个人或十几个人编为一组，去某个方向或某座山峰，专门采集老妇指定的药物。下次制曲时，鉴于各个家庭的原班人马对药物的认知关系，仍让她们采集原来的药物。久而久之，每个家庭只掌握了120种中草药中那些原来由她们采集的药物名称，伴随着人口增加和村寨规模的扩大，在人口离散转移的过程中，有些药物随着妇女人口的老逝或迁移而逐渐失传，从而使制曲所需的120种中草药再难凑齐。现在，只有三都水族自治县九阡镇的水昔村和荔波县茂兰镇水庆村的水族妇女仍能采足120种中草药来制曲。

制作酒曲的120种中草药，总体上分五大类。第一类为药引子，以"百女妮骂"或"百女汗要"为首药（实际是同一种药物，只是各地水语称谓稍有不同）；第二类为酸类药物；第三类为甜类药物；第四类为苦类药物；第五类为辣味药物。所采药物多选择在喀斯特地区，仅有少量药物在黄土坡上采集。根据自己所领受的任务不同，采集者在采集时需根据植物的雌、雄特性，用嘴尝试药物的酸甜苦辣等不同味道，以便准确采集到自己所必须采集的药物。

120种中草药中，除大麦、小麦、小米、玉米、黑糯米、燕麦6种作为制曲原料粗坯之外，其余114种草药或全株使用，或只使用枝叶部分，或只使用皮、茎等都十分讲究。114种中草药在采集时就进行严格分类。

在三都水族自治县九阡及荔波县水庆等地的水族人家，多在婴儿出生后3天，酿造糯米窖酒，俗称"三朝酒"，这种三朝酒一般均窖藏10多年或20年，至姑娘出嫁或儿子娶亲时方用以待客。现在多数人家也在儿女考取大学、参军或参加工作时，就提前打开饮用。多数家庭在老人40岁生日那天，亦酿造这样的糯米酒窖藏，待老人过世时方取出开封，小部分用作老人陪葬，大部分用来招待帮忙安葬老人的家族弟兄和亲朋好友。老人在世的时间越长，酒的窖藏时间就越长，窖酒也就越好。有的窖酒由于长时间窖藏，水汽蒸发，酒质如同黏稠的蜂蜜，须以冷开水稀释，方能饮用。其酒味甘醇如琼浆玉液，让人无限回味。

凤凰于飞

婚礼的举行是一个人建立家庭、独立于世、发展家族的起点。今人多把"成家"与"立业"分而论之，其实在古人的意识中，"成家"与"立业"是相辅相成的，而且强调的是家业，而不是事业，多数人以创造发展家业为人生目的，故而称婚姻为终身大事。婚姻作为社会所认可的男女两性结合形式是建立家庭、实现人类自身生产的前提。由于它使配偶双方具有公认的两性关系，为婚生子女建立起合法地位，将权利和义务转移到配偶双方；建立双方亲戚间的姻亲关系，可以说是社会借以界定人文关系的重要手段。正如结构主义社会人类学家埃德蒙·利奇指出，婚姻不仅涉及性，而且涉及经济、法律和政治等多种因素。[①] 因而婚礼是人生仪礼中的又一大礼，历来都受到个人、家庭和社会的高度重视。从人生诸仪礼的演变传承来看，婚礼形制最为完备，传承最为悠久。水族的婚姻礼俗，也是水族社会中重要的民俗事项及文化现象，是水族物质文化与精神文化的主要载体，它不仅与水族的生活和家庭形式相适应，而且与水族历史上形成的民间信仰、民族心理、社会理想、口头创作以及其他风俗习惯紧密相连。

水族多聚族而居，实行"同宗不娶"的宗族外婚制婚姻。即使相距千里之外，相隔数十代之久，依旧不能通婚。水族人民早就懂得婚配的远近与优生优育的关系，所以家族内部严禁通婚，"通婚不出十里地，端着泥碗蹲墙根"。水族有的地区，如三都水族自治县大河镇巴佑

---

① [美]罗杰·M·基辛：《当代文化人类学概要》，北晨编译，杭州：浙江人民出版社，1986年，第143页。

村陆姓与白姓虽不同姓，也不能通婚，据传这些姓氏的祖宗本是同宗同姓，后因种种原因一部分人改姓外迁，才形成了同宗不同姓的情况，所以依然要恪守"同宗不娶"的原则，违者要受舆论的谴责和乡规民约的惩治。

水族家庭组织是一夫一妻制的父系小家庭。水族家庭多由父母与未婚子女组成。兄弟娶妻后，便分家离开父母另立门户。分家时，家产平均分配，父母亦有一份。女儿出嫁时预备一份数量相当的嫁妆，婚后随丈夫独立生活。家中子女成家以后，父母如果身体尚好，一般单独居住。若年老体衰，可随意与任何一个儿子生活，也可轮流在几个儿子家居住。父亲去世，长子继承一家之长的位置。在家庭生活中，丈夫是顶梁柱，主要承担粗重活以及部分生产技术方面的劳动，如翻田犁土、出粪运肥、泡种撒秧等；妻子则负责包括饮食起居在内的多项日常家务，此外她还要插秧薅秧、种瓜种菜、纺纱织布、养鸡喂猪、赶场买卖等，基本保持"男主外，女主内"的分工格局。现如今，随着时代的发展和社会的进步，民主、平等、互爱的观念已深入水族家庭，形成了夫妻双方共同商议家庭大事、共同管理家庭经济、共同处理家庭事务的生活面貌。

水族婚俗保留较浓的传统色彩，讲究明媒正娶，否则会被认为不合礼规而受到议论和轻视。特别是在过去，基本上是依"父母之命，媒妁之言"，婚姻论财，聘礼繁重，讲究门当户对，青年男女没有选择结婚对象的自由。男女长到十五六岁就订婚，随后一两年即结婚。因为感情不好，性格不合等原因而导致的逃婚现象比较突出。中华人民共和国成立后，改革了不合理的婚姻制度，水族人民的婚姻自主权大大增加，父母包办的婚姻也日渐减少。

在水族社会，婚姻的缔结包括相识、定情、提亲、定亲及迎娶等一套完整的程序。

相识、定情 水族人喜爱唱歌，情歌是青年男女相识的主要媒介。情歌已入选三都水族自治县非物质文化遗产代表性项目名录。男女恋爱多利用赶场、端节、卯节等赶集日、节庆日或送亲、走亲访友的机会通过对歌活动，寻找自己的爱情，书写自由恋爱的诗章。

心爱慕，托人访问，
想唱歌，盼你来临。
你歌多，千首万首，
声音脆，人人爱听。
听歌人，挤满堂屋，
张张脸，目不转睛。
催得我，嘴干舌燥，
凤凰鸟，不肯开唇。
有好花，人人欣赏，
有好歌，莫藏在心。
望情友，安心坐下，
歌一曲，慰我心魂。①

在节日聚会中，他们通过对歌暗自物色对象，并用歌声盘问对方家世和心意，如果证实不属同宗同姓，双方又彼此爱慕，便可以歌表达进一步交往的愿望。

姑娘呵，你哪里来？

---

① 黔南文学艺术研究室：《水族情歌选》，贵阳：贵州人民出版社，1985年，第8页。

是近村，还是远寨？
初见面，未曾相识，
请允许，问你由来。
你像是，一匹锦缎，
金闪闪，艳丽多彩。
你好比，一幅蜡染，
蓝茵茵，紫草花开。
锦缎贵，比不上你，
蜡染美，没你气派。
见情妹，满心欢喜，
从今后，长记胸怀。[①]

以后，小伙子就依照相约的时间、地点来与姑娘相会。经过多次接触，确实情投意合，便可暗定终身。"平常场集的交际中，二人情投便可当场请人从中说合，介绍认识，男则购以丝料绸缎之物赠送女子以作纪念，从此二人便成情人。二人约定时间，以作'玩山'之游，'玩山'地点多在山林，而时间多为夜晚。约定后，情郎便得悄然独身或约友至指定地点等候，口吹哨子，女郎候至夜半更深，家人熟睡后，亦悄然赴约，二人相遇行至离村寨较远之地方，互谈情话或唱情歌。次晨拂晓，便各自分散归家。此后有约必践，双方都得严格遵守。"[②] 如果是日常状态下的相识交往，水族男女恋爱方式则较为隐秘，要避女方同宗的父

[①] 黔南文学艺术研究室：《水族情歌选》，贵阳：贵州人民出版社，1985年，第18~19页。

[②] 三都水族自治县民族文史研究组：《水族源流考》（内部发行），1985年，第167页。

兄，唱情歌须避开老人和兄长，彼此对话要靠相熟的女子或男方同宗的女性为媒介传递。经多次接触和了解后，男女方才可单独见面对话。"六天六天赶一场，哥买烟来妹买糖。"赶场天本来是做买卖的，水族青年男女来赶场"买烟买糖"，主要是找情人或者会情人。女青年来赶场一般都要找正当的理由跟父母讲清楚，她们一向贤惠，几乎人人都能制作马尾绣工艺品，每个场坝都有供妇女出售马尾绣的场地，女青年充分展示自己的剪纸与刺绣才艺。当情人出现，互相用眼神交流，心领神会地出发，相互之间保持一定的距离，相邀到场坝外僻静处相会。这首《赶场路上》[1]的水族民歌就把水族青年男女恋爱的情景和心境绘声绘色地描述出来，同时也反映了水族青年的择偶标准和恋爱观：

女唱：来赶场，以秤为准，
　　　没有秤，生意难成；
　　　没熟人，来作中（间）人，
　　　我和你，难得相认。
　　　头次问，我不答应，
　　　二次回，我不应承；
　　　天作合，你我相遇，
　　　我们玩，尼杭[2]同意。
　　　交朋友，你来我往，
　　　玩得来，你为夫君；
　　　不知道，你家住哪，

---

[1] 潘朝丰、陈立浩：《水族民歌选：凤凰之歌》（内部发行），1981年，第37~38页。

[2] 尼杭：水族传说中的神。

在中和，还是甲化？
在八寨，还是水泼？
讲出来，玩耍相亲。
玩少了，不知真情，
玩得久，才见人心。
男唱：久赶场，也未见你，
到今天，与你结识。
想与你，交谈几句，
心爱你，话不敢提。
怕你是，官的爱人，
也怕你，是官的女；
当官的，不好说话，
有兵丁，凶神恶煞；
动不动，把人捆打，
说到头，还把人杀。
富和穷，不成婚姻，
民与官，不打亲家。
这道理，人人知道，
是不是，你来回答。

提亲、定亲 当自由恋爱的水族男女有了结合的意愿，小伙子便向父母禀明，征得他们的同意。与此同时，姑娘也可暗地向母亲吐露心声。由于有以歌定情的传统，所以父母一般不多加干涉，而且大多数人家经济水平相当，因而门第观念也不明显。不过，男方还是要从家庭和睦、操持家务和子嗣传承等方面考察女方的品质。如果没有多大问题，男方即可托人提亲，这是有情人终成眷属的必备步骤。水族社会没有专职的媒人，提亲多请家族中有威望，且能言善语的人担任。正式提亲前，男方通常先托人给女方父母传个口信，使其有思想准备，谓之"问空"，即不备彩礼，空手去问，女方也不专门接待。这次，女方一般不表明态度，随即对婚事进行抉择。女方考虑男方主要看其是否勤劳、健康、忠厚，两家家庭背景是否般配，老人是否好相处等。倘若满意，就征求女儿意见。如果姑娘与小伙子是唱歌相识，自然成就了好事；如果不相识，姑娘就要通过赶场、过节或走亲串友暗地观察和了解，来决定是否同意。

吃媒酒 吃媒酒是缔结婚约的传统程序，其含义是最后确定婚姻是否成立、谢媒和协商联姻后的一些关系等。吃媒酒的时间一般在结婚前一两个月，有的在吃媒酒的当天同时结婚，还有婚后补吃媒酒的。吃媒酒这天，女方备酒备菜，男方派几个人抬彩礼送到女方家，宴请女方的三家六房。女方接到男方礼物后，将其摆设在桌子上，放在堂屋中央，供人参观欣赏，以示女方地位的尊贵。这些家族中的人也都要带上鸡、酒等物帮忙。舅、姑、姨家还要送箱子、被面、棉絮、布料等作为"陪嫁"。开席时，由双方家长按礼规各指定两人为"大媒""小媒"，这四人在一桌上同吃四碗"媒子酒"，大媒先吃，小媒后吃。席间，要商议婚后相互间的保证条件，诸如男方对女方不好或女方婚后不去男方家等情况，都要由吃媒酒的大小媒人承担责任，负责调解。媒子酒喝尽，就算协议达成。吃媒酒时，女方家族中亲戚都要作陪。席后，他们又要备酒席轮流请男方大小媒人吃饭，最后还由女方备酒席请吃一顿才散。因此，吃媒酒常持续两三天甚至五六天。结束时，双方家长要给各自指定的媒人一些报酬。现在，吃媒酒的习俗略微简化，即第一天由女方招待，正式吃媒酒；第二天女方亲戚共同宴请男方媒人；第三天早晨再由女方招待一餐便结束。酒宴上要唱敬酒歌，女主人每唱一首歌，客人就得干一杯酒，以喝醉来表现主人的盛情。

"踩房子" 吃媒酒过后，男方要找水书先生择期迎娶，也称"吃大酒"的日期。如果根据男女双方的生辰八字选取的日期又不符合其他方面的要求，顾此失彼，那么，就必须在迎娶之前选取一个吉利的日子让新娘提前来男方家"踩房子"。"踩房子"由男方派一名父母健全的姑娘和媒人去迎，女方派一名兄长打一把红色油纸伞遮挡出嫁女，一路护送她到男方家。快要到男方寨子附近，男方这边就安排一名女性长辈赶紧去迎接，男方的房屋内所有人都走出来，大门口布置一盆烧得很旺的炭火等候着，男方的母亲一手拿一把象征感情专一的女贞树枝（水语为"梅绣"）和可以驱邪的芭茅草，一手端着一碗清水，在儿媳即将进入大门的时候，母亲立即喝一口水朝儿媳身后喷，然后举起树枝轻轻地打在儿媳身上，口中喃喃地念着吉祥如意的祝福语，万分柔情地交代着儿媳一定要跨过火盆才能消灾。女方进入卧室小坐一会儿，新床上摆着几个精心挑选的田螺。在水族的各类故事里，田螺被说成一直在原地打转，就像它本身的螺旋形态，寓意女方心无旁骛。女方一般在新床上摸一下枕头就立即回去，有时连饭都不吃就回去，很低调，很神秘。

迎娶 水族一般选择收割水稻后的秋冬季节谈婚论嫁，特别是利用前后长达一个多月的端节来迎娶新娘。吃媒酒后，男方根据吉日接亲，时间多选在水历正月至四月间，即阴历九月至十二月。此时，五谷丰收，农事闲暇，正好办喜事。到了迎亲吉日，男方派人数为单数的几个男子到女方家抬嫁妆和结亲，众人到女方家吃一顿饭，便接新娘回来。女方则派两个全福妇女陪送新娘，另有若干送亲男女。除少数地方由新娘的兄弟背新娘送至夫家外，多数情况是盛装的新娘打一把故意撕开一条缝的红纸伞步行在前，接送亲的男女双方人员紧随其后，后面就是抬着陪嫁物的长队伍。女方的陪嫁视家境及男方出的彩礼而定，一般有被子、布匹、箱柜、糯米粑和一头小牛等。结婚当天，新娘于中午出娘家门，傍晚六七点钟进夫家门，吉时不到，不得进门。新娘在出嫁路上，最忌讳打雷变天，这也是婚期多安排在秋冬举行的原因之一。

水族婚礼的接亲与送亲，男女双方的父母不参加，新郎家的亲人在新娘进门时要外出回避，新娘进屋后才能回家合聚问好。婆婆见了新媳妇，要用草秆在她身上抽打几下，意在让新娘婚后早日"坐家"。新婚之日，夫妻不拜堂，甚至不见面。男方设宴招待亲友，女方要有一位男性老人与男方老人同席饮酒。酒席间，双方要唱歌助兴，内容多为历史故事。送新娘来的妇女饭后与男方的妇女对歌，青年男女都围坐旁听，歌声彻夜不息。亲族参加婚礼，一般送土布一丈，手镯一对，酒一小坛，坛口放碎银或钱，吃几餐喜酒就返回。

新婚之日，夫妻不同宿。第二天，新娘即跟随送亲队伍回门去娘家住。待到十天半个月后，男方再择吉日，请族中与新娘同辈的姐妹两三人到新娘家，送去叶烟、盐巴等礼物，接新娘回来。新娘来时，带来一盘糯米饭，开始夫妻生活。但过几天，新娘又要跑回娘家，等丈夫来接才回去。这样持续几个月至一年左右的时间，新娘才安心在夫家住下来，长落夫家。有些新娘第一次回门就长达一两个月之久。水族把新娘在娘家与夫家之间两头住、两头跑的现象称为"不坐家"。但是，一旦怀孕就必须在夫家长住，不能在娘家生产，否则被认为不吉利。水族热热闹闹的传统婚礼结束后，新娘便频繁回娘家，新郎总是在心中盘算路程远近，刚巧在傍晚时分赶到媳妇家，稍事休息，便起身向岳父母告辞，岳父母立即会意，催促女儿快快收拾东西随夫婿回去。这对年轻夫妻开始了长达约一年的"恳"（水语，去迎接之意），"恳"实实在在是水族新婚谈恋爱之旅，直到有了孩子，"恳"才告一段落。"恳"是水族青年婚姻中最为普遍最为传神的现象，一对对小夫妻甜甜蜜蜜走在田坝的小路上，相依相伴回家，让人们感觉到水族人民生活的安乐与祥和。

婚俗拾趣　水族的婚俗纷繁复杂，但也趣味横生，耐人寻味，引人入胜，可从都匀内外套水族地区的婚俗窥见一斑。

红纸伞、饭篓不能少——水族接亲的彩礼由男女双方家庭商议确定，各家不尽相同。但有两种物品是特定的，不能缺少。一是新娘出阁时所需的红纸伞，红纸伞由男方于婚礼当天由接亲女带去，并要求在整个行程中，伞尖朝前，不许调头。二是饭篓，饭篓上还带一块拉幺肉。饭篓用扁担挑起，不管是去接亲还是在回程中，扛着的饭篓不能调头。接亲男女也只能一直朝前走，不许回头或退后。

嫁妹除非哥愿背——水族姑娘出嫁不坐花轿，不骑马也不步行，而是要哥哥背着妹妹到新郎家去成亲，自家没有哥哥的也要到家族请人代替。有的姑娘长得人高马大，且距新郎家又远，闹得当哥的背得筋疲力尽，累得不可开交。当哥的越累新娘就越高兴。

讨花——"花"在新娘家陪嫁的物品中是一件特殊的物品，不能随便搬走，"花"喻新娘。出嫁当天女方用花瓶盛着花放在神龛上，点烛供着。其他陪嫁的物品搬走后，由接亲队伍唱着讨花歌，向女方讨花。讨花是新娘出嫁中最热烈、最持久的场面。男方用歌声赞美女方的花如何之漂亮，与男方是如何之般配，而女方则用一些谦虚和委婉的歌声告诉男方，她家的花才含苞欲放，未经风吹雨打，也许只会给男方带来不便等。

郎舅同酬爱情神——新娘出门时，新娘家陪嫁一小箩糯米饭，一壶酒，一块煮熟的猪肉，由接亲男子抬回，来到新郎家后，于当晚深夜12点在楼下用一大簸箕置于地，簸箕内摆起12杯酒，12团糯米饭，一碗肉，一升米，一对烛，燃香点烛后，由水书先生主持，新郎家老辈、寨老和新娘家舅爷参加，念完颂词，大家端起酒杯同饮，名曰"陪爱情神吃喜酒"。然后由新郎将手镯拿到喜堂献给新娘。

拜鞋——在女方的陪嫁物品中，有许多千层底布鞋和绣花鞋垫，这是新娘用来送给男方家中成员和相关亲友的。新娘接进家后，男方请来相关亲友与家中人一起坐在喜堂，新娘在同伴的陪同下，由一长者带领，逐一唱歌，敬酒拜送，当然，受拜者免不了要用红包馈赠新娘。拜鞋既让新娘认识了男方家中成员及相关亲友，又向他们展示了自己的心灵手巧。

岳丈也去吃喜酒——许多民族婚礼中，作为新娘的父亲是不会到新郎家吃喜酒的，水族人却认为，先有老才后有小，不请老丈人来吃喜酒是最大的过错。因此，办喜酒时，老人是必请之客。在新郎家招待新娘家的送亲客的第二天，新郎和陪郎骑骏马飞驰到新娘家请老丈人前往吃喜酒，老丈人高高兴兴地接受新郎的邀请，骑新郎的骏马前往新郎家，路上新郎任马夫，牵着马把老丈人接到家吃喜酒。

索赠荷包继往情——索要和赠送荷包是水族婚礼中的有趣活动。新郎的家族和朋友来宾通过向送亲客索要荷包，进一步增进彼此之间的友情。在婚礼的第二天晚上，主家先选用一棵干粗枝繁、叶葱茏的罗汉松或罗汉竹，高一米以下，根部置于大花钵中，培土面上撒彩纸屑，置于喜堂的一侧，再由送亲的姑娘们将自己精心绣好的荷包挂在枝丫上，荷包少则几十个，多则数百个，组成五彩缤纷的花树，装扮完毕，主家端菜上桌，并抬来整坛特酿的美酒，交由送亲的姑娘们掌管。这时索要花荷包开始，索要者以围绕赞扬送亲姑娘们的绣花手艺为内容，用歌声来索要，送亲姑娘们则以手艺不好为由用歌声来拒绝对方的要求，经对方多次恳求后，姑娘们摘下一只荷包，先敬对方两碗酒才赠送荷包。索要者得荷包后满怀喜悦，又一个索要者放开歌喉……直到把荷包赠送完。那些不会唱歌或承担不起两碗酒者，是得不到荷包的，只能当"员外"长官。

随着社会、政治、经济制度的改变，水族的婚姻制度发生了根本的变革，水族青年男女自由恋爱结婚的逐渐增多。从中华人民共和国成立前的互相不能搭话，到近些年水族青年如潮水般走出大山求学、外出务工，定亲确定恋爱关系的青年男女，已经冲破过去不能逾越的旧观念，可以公开往来了。随着他们交往程度的加深，感情的密切，迎娶的日期成为整个家族共同的期待。

当人类社会的婚姻前进到一夫一妻状态时，许多古老的婚礼习俗也随之以变形的形式保留下来。其中，有良俗，也有陋俗，有积极的反映，也有消极的因素，但是都在不断地发展进步，如择偶方式基本自主，择偶范围不断扩大，择偶标准逐渐多样化等。特别是随着水族青年外出求学、工作、务工人数的增加，只要情投意合，与其他民族结为连理的现象也越来越普遍，婚礼的形式也越来越丰富和多样。

开　控

丧葬是水族众多习俗中保留传统信仰较为全面的一种习俗。在漫长而复杂的历史演变过程中，水族对死者的葬礼形成了一套有着神秘而鲜明特色的礼仪。这一套礼仪体现了水族对死者的哀悼，表达了生者对死者生前功德的怀念，希望死者的灵魂得以安息，祈盼死者护佑生者一生。人生得热闹，死也得庄严，而且在水族人心中，死对于活着的人是悲痛的，但对于死者意味着与尘世的解脱。因此，举办丧事越热闹越好，把丧事当成喜事办，敲响铜鼓、吹奏芦笙、舞龙耍狮、跳起花灯、唢呐声声、烟花弥漫、铁炮震天，表现了水族对生老病死的自然规律的朴素唯物主义的认识。

开控，即安葬前由主家的亲戚朋友请来的芦笙、唢呐、花灯、歌手、舞龙、舞狮等送亡人到阴间去的一种既有悲伤又有娱乐性的一种仪式活动。水族崇拜祖先，重葬仪，只要财力略能支撑，都要尽力举办开控。开控的规模，以财力的薄厚分为小控、中控、大控和特控四种。小控、中控的规模不是很大，多为一般人家举行。大控、特控是大型祭悼活动，活动规模和祭悼仪式盛大、繁复，多为富庶之家举办，特别是清代中叶，少数巨富之家常举办特控。开控仪式在客观上起了推动水族地区汇集民族古歌、发展纸扎工艺和墓碑雕刻工艺的作用。清代至民国年间，水族地区的开控吊丧发展到了最高阶段。大范围和大规模的开控活动，对水族地区的经济文化发展有着深刻的影响。开控需要唱丧歌、雕刻石碑、跳芦笙、斗角舞等，这样便产生了职业性或半职业性的歌手、乐器手、雕刻匠人和纸扎工艺匠人。

到了开控之日，客人到寨外时孝子必须要穿孝衣、戴孝帽、穿孝鞋、手执拐杖跪在地上迎接，等到客人扶起方能站起来，并把客人送来的东西抬回家。临近开控时，孝家还要在谷仓或房间内举行由水书先生请"陆铎"神灵保佑仪式：用簸箕放置于摘糯上，簸箕里放着六尺长的白布，白布上面放着六只杯子、六双筷子、六条煮熟的鱼、一碗豆腐、一碗盐辣椒、一碗糯米饭，周围放着六个草凳。然后由五位老人陪着水书先生围坐在桌旁，水书先生念唱后他们就一起吃供品，再将门关上。待安葬结束后，用牛或马的五脏和一只母鸡再行祭礼送走"陆铎"。开控时间有的是白天，有的是晚上。带的物品有大米、糯米、米酒、小猪、鱼、豆腐、祭布、伞盖、彩旗、花圈等。吃饭过后，孝家就邀亲戚请来的花灯、芦笙等到早已搭好的布帐里表演，每一个表演队都尽情展现自己的技能和风采，把整个丧葬仪式活动推向高潮。

小控，就是扎些简单的纸伞、旗幡等上坟，请一队芦笙、唢呐吹奏，并杀一两头猪或一头牛，做些豆腐来祭奠并待客。中控，孝家除杀猪外，还砍牛或宰马，旗幡伞盖质量较好，芦笙、唢呐队伍增至二三拨。大控，孝家需扎旗幡伞盖，杀猪宰牛从四五头至三四十头不等，杀马往往也达三五匹。亲戚也送芦笙、唢呐队和舞龙班、耍狮班及纸伞、旗幡前来吊丧。这时，多用土布搭成"人"字形布房用作芦笙堂、歌堂和客祭堂，整个控堂人数成百上千，规模很大。特控，要在灵堂悬挂铜鼓，数量须经水书先生按亡者属相等推算，限定在三至九面之间。敲击铜鼓，祈求天上祖灵引渡亡灵上天，称为"屯亥"。同时，派人上山连根挖来三丈长的杉树和捕竹各一棵，杉树靠屋竖立，捕竹则斜绑在树上，竹梢悬挂三丈长的青、蓝布幡，其下端不可触及瓦面，水语称之为"杆泐"，乃特控的标志。准备妥当后，便举行"放腊"仪式。顿时，控场上舞龙耍狮、放黄烟、放烟花、放火箭、放孔明灯、唱歌、吹芦笙、跳花灯、放铁炮、放鞭炮，人声鼎沸，热闹非凡，可持续两三天至五六天之久。此间，不论前来吊丧悼亡，还是凑趣看热闹，也无论亲疏贵贱，主家一律以酒肉、豆腐款待。以上四种类型的吊丧活动规模逐次加大，耗费资财增多，时间延长。小控、中控多为一般人家采用，而大控、特控过去多为富有之家所采用，不多见。

端　节

　　节日和习俗承担着重要的社会文化功能。传统节日既可以帮助人们认识自然规律，又能调节人们的社会生活；有助于增强民族内部和中华各民族之间的认同感，促进民族团结和国家稳定；具有积极、乐观、进取的特点，以健康向上的活动和内容，调节人们的身心；节日文化丰富多彩，是艺术、美学、伦理的结合，可以让人们得到美的熏陶和体验，实现人伦教化、道德教育和情感陶冶。节日文化，是全世界所有的民族共有的一种文化现象。任何一个民族或多或少都有自己具有民族特色的传统节日。水族传统节日文化是在特定的时节进行的程式化的水族生活样式，是包括水族各种生活内容的特殊文化，包括各种物质生活、习俗礼仪、民间信仰、社交娱乐等方面的内容，但其核心仍是水族的特定节日的活动。其中，端节在水族地区最受重视，是水族地区最重大、过节人数最多的节日。

　　九月里，新谷满仓。
　　端节到，人人都忙。
　　捉田鱼，酿好甜酒。
　　喂好马，缝新衣裳。
　　过端节，夜间吃素。
　　清早上，杀猪宰羊。
　　庆丰收，欢聚一堂。

节日里，水族山寨。

鼓声响，歌声嘹亮。

马坡上，红旗招展。

人如海，喜气洋洋。

青年们，骑上骏马。

一对对，飞奔坡上。

谁最快，戴上好花。

欢呼声，响遍山岗。[①]

依据水族典籍水书、水历的规定，端节在水族历法的年底、岁首"谷熟"时节举行，以示庆贺丰收、辞旧迎新。阴历的八月上旬到十月中上旬是水历的十二月到二月，也是水族过端节的时间，端节规模之大、持续时间之长，还有节日中的民族色彩之浓，在整个世界的民族节日文化中独具特色，被世界纪录认证机构认证为"世界最长的年节"和"世界最长的民族传统节日"。2006年，水族端节列入第一批国家级非物质文化遗产名录。

端节前奏，开塘捕鱼，然后烹饪鱼包韭菜，鱼包韭菜味道酸辣鲜美，鱼肉细腻柔嫩，这也成为水族的一道名菜。鱼对水族来说有着极为深刻的寓意：在水族的寨子里，随处可见鱼形的图案；在祭祖仪式上，供席上的祭品很有讲究，要忌荤食，但是鱼不在禁用之列。忌荤不忌鱼，这也是水族独有的特色。

端节期间，家家户户都会走村串寨，相互拜年，而主人家则会准备好丰盛的流水席。在水族人眼里，来者都是客，不管是家族中人还是陌

[①] 黔南布依族苗族自治州文研室、三都水族自治县文史研究组：《水族民歌选：岛黛瓦》（内部发行），1981年，第148~149页。

生人，只要走近一户人家门前，好客的主人就会热情的招呼你一起过端。席间，人们会将铜鼓悬于屋中，尽情敲击，并随着鼓点载歌载舞。喝得尽兴之余，大家还会互挽手臂高喊"哟！哟！哟！"一时间，到处都是此起彼伏的铜鼓声、欢呼声，整个水族村寨都沉浸在欢乐的海洋里。

如今的水族端节，吸引了越来越多的游客来到水乡，传统的迎宾仪式，醇美的九阡酒，更让人们零距离地体验到神秘而又古老的端节文化，感受到水族人民的热情，如《请喝端节酒》[①]唱道：

来呃！
客家哥，苗家妹，
碗对碗，杯对杯，
今日同饮过端酒，
开怀畅饮喝个醉。
……

水族过端节的日子是根据水历来推算的，每个水族寨子的过端日期都有所不同。可从这首古老的《端节歌》[②]追寻远古的端节历史：

水族人，降生世上，
弟兄们，散居八方。
一分手，很难见面，
逢过端，欢聚一堂。

[①] 黔南布依族苗族自治州文研室、三都水族自治县文史研究组：《水族民歌选：岛黛瓦》（内部发行），1981年，第151页。
[②] 黔南布依族苗族自治州文研室、三都水族自治县文史研究组：《水族民歌选：岛黛瓦》（内部发行），1981年，第143~147页。

一部分，过端过年，

有一些，借卯借额①。

说过端，提到套头，

是大哥，他就先尝。

第二位，拉佑、水东，

第三位，水婆、天星，

往下推，水潘来过，

第五位，三洞、地祥，

牛场端，排在第六，

关尾端，兰岭、水昂。

虽借端②，天下太平，

虽借端，年成财旺。

……

端节从水历十二月至新年二月上旬（阴历八月至十月），按逢亥的日子分期分批过端，也有部分村寨以午、未、酉、戌日为端节的，整个端节从头至尾要分七批过完，第一批主要是都匀市的奉合、阳和、基场和丹寨的天心水族地区；第二批主要是三都水族自治县的拉佑、水东水族地区；第三批主要是三都水族自治县的恒丰、中和、廷牌及独山县、榕江县、丹寨县、雷山县等水族地区；第四批主要是三都水族自治县的塘州及榕江县等水族地区；第五批主要是三都水族自治县的三洞、都江及榕江县、从江县部分水族地区；第六批主要是三都水族自治县的牛场水族地区；第七批主要是三都水族自治县的九阡水族地区。整整49天，

---

① 借卯借额：水语，即吃卯、吃额，过卯节、额节。

② 虽借端：水语，即水族过端。

水族为何会有如此奇特的过节方式，如今我们已无从考证，或许将欢乐无限地延长，将幸福无限地扩大，才是水族先民最初的意愿吧。

节日文化的稳定性是相对的，而它的发展变化却是绝对的。在社会经济发展缓慢的旧时代，节日文化的稳定性表现得较突出，但在改革开放的现今社会条件下，突飞猛进的经济发展，却明显地影响到节日文化的发展变化。水族端节的形式不会永远停留在昨日，而会与时间一起奔涌前行，厚重的文化内涵是节日的精髓，鲜活的时代表达让节日充满生命力。水族端节内容丰富多彩，随着历史的变迁，特别是随着近年来经济社会发展步伐的加快，水族人民庆祝节日的习俗也在逐渐改变。节日形式在保留传统的基础上，提升为村、镇、县等政府组织的端节大型节庆活动，而且水族端节还是黔南布依族苗族自治州重点打造的节庆文化品牌。

在三都水族自治县的移民社区，还举行水族歌曲演唱、对唱，水族铜鼓、长号表演、篮球赛、拔河赛等活动欢度水族端节，成为社区各族群众交往交流交融的平台，培养搬迁群众集体意识和荣誉感，让水族群众有了家的真实感觉，"记得住乡愁"，更传承和弘扬了水族端节文化。

卯 节

第一卯，水利卯，

第二卯，洞坨卯，

第三卯，水扒、水浦卯，

第四卯，九阡卯。

九阡宽，吃卯殿后。①

这首水族卯节顺序歌世代相传，男女老少皆会吟唱，耳熟能详。前三批卯节在荔波县境内；第四批卯节，除三都水族自治县的九阡、水各、周覃外，荔波县的岜鲜、水维、永康等地区的水族人，也在这最后一批卯日过节。

夏季里，大好风光，
油菜熟，夏粮入仓。
雨水好，满载满插。
施足肥，禾苗青壮。
水族人，卯节隆重，
节日到，准备繁忙。
男人们，杀猪宰鸡，
妇女们，缝新衣裳。
节日里，亲朋满座，
祝丰收，欢聚一堂。
山寨里，敲锣打鼓，
铜鼓声，响遍山岗。
卯节天，举行赛歌，
亲友们，来自四方。
小伙子，穿节日服，
姑娘们，佩戴银装。

---

① 贵州省民族宗教事务委员会：《水族文化大观》，贵阳：贵州民族出版社，2020年，第140页。

卯坡上，人山人海，

一个个，喜气洋洋。

歌手们，自找对手，

庆佳节，放声歌唱。①

卯节，水语称为"借卯"，也称"歌节"，又誉为"东方情人节"，于每年水历十月（阴历六月）辛卯日举行。卯节的日期是依据水族历法来推算的，流行于贵州省三都水族自治县和荔波县部分水族村寨，节期为四天。按古老的遗俗，以水历九月、十月（阴历五月、六月）的卯日开始，按不同地区先后分四批逢卯日轮流过节。水历十月，水书记载为"绿色生命最旺盛的时节"，辛卯日被称为"最顺遂的日子"，是过节的上吉日。水族民间认为，过节逢辛卯就预示风调雨顺，人寿年丰。2005年，水族卯节入选贵州省第一批省级非物质文化遗产代表性项目名录。

初夏时节，树木葱茏，鸟语花香，田地山野，到处呈现出一片生机勃勃的景象。水族人民选定这一个季节来过卯节，其内涵是预示民族旺盛的生命力，如水族民歌唱道："老小健，健如山杉；男女健，健如苍松。"② 意思是说，男女老少像苍松、翠杉那样具有旺盛的生命力。

节日当天，青年男女打着伞，手拿花帕到卯坡唱歌、跳舞和游玩。晚上，人们汇集在村寨广场，击铜鼓、敲皮鼓、吹唢呐、演出传统的花灯剧等，还邀请亲朋好友一起来娱乐、饮宴。

民族节日的形成不是民族产生之时就有的，而是在民族发展的过程

---

① 黔南布依族苗族自治州文研室、三都水族自治县文史研究组：《水族民歌选：岛黛瓦》（内部发行），1981年，第153~154页。

② 贵州省民族宗教事务委员会：《水族文化大观》，贵阳：贵州民族出版社，2020年，第140页。

中，以其发生的某一些难忘事件之日作为永远纪念而后逐渐形成节日，每一个节日都有一定含义和来历。卯节文化来历，民间传说诸多，主要是庆祝夏收夏种完工，预祝年岁丰稔。

卯节的起源来自一个神话故事：传说远古时候一支水族的祖先来到荔波定居，初始时，田里的禾苗忽遭严重虫灾，人们束手无策，眼看颗粒无收。这时，陆铎公从天而降，指示人们扫除屋内烟尘并撒在禾苗上，终于除了害虫。人们为了庆祝胜利，杀猪宰牛祭祀陆铎公，大家饮酒欢歌，之后世代沿袭便形成了卯节。关于卯节的来历，水族地区流传下来的还有另一种传说：九阡地区水族的远祖拱恒公带领子孙们在这片土地上过着日出而作、日落而息的田园生活。但是，有一年，祸从天降，宁静美丽的田园生活被打破，大批蝗虫把他们的庄稼吃光了，人们一筹莫展之际，拱恒公在夜间遇见六鸭道人，六鸭道人传授他灭虫灾之法。第二天，他连忙吩咐子孙们打扫屋宇收集灰尘撒到田里，结果蝗虫成片死掉，庄稼又长出了新芽。为表达对六鸭道人的敬仰和感激之情，人们决定在每年辛卯这天都要备好酒肉祭祀他，以后就逐渐变成卯节了。

水族卯节有三祭。一是祭祖树。一般以家族或一个村寨为单位集体祭祀，其目的主要是祈求树神保佑全体家族或全村寨风调雨顺、五谷丰登。二是祭稻田。过去一般是以家庭为单位进行，活动地点都在自己家的田边。现在，"千名妇女祭稻田"成为卯节一道亮丽的风景线，场面宏大壮观，气势磅礴。同时把几十只鸭子也放到田里，由一群青壮年争先恐后跳到水田里争抢，谁捉的鸭子多，谁当年就有很多福气。水族祭稻田已入选三都水族自治县非物质文化遗产代表性项目名录。三是祭山坡。上卯坡对歌之前，有寨老主持隆重的祭祀土地神仪式，之后众人方可上山唱歌，既祈求土地神保佑，庄稼苗壮成长，秸秆粗壮，谷穗饱满，又期望保佑卯坡对歌活动顺利进行，平安无事。

　　卯日是节日活动的高潮。新年初一的卯日盛行着赶卯坡青年男女对歌的习俗。卯坡是经过多年遗俗选定下来的，专让青年男女以对歌的形式进行广泛社交活动的场所。一般选在一个依山傍水、地势较宽，能容纳数万人且平坦的坡顶上进行。其中以三都水族自治县九阡镇的卯坡最有名。届时，不仅过卯节的村寨青年人要上卯坡对歌，就是不过卯节的外寨和毗邻各县的男女老幼也会赶来参加盛会。有些经商者也来摆摊设点，出售各种食品和日用杂货，会使得整个卯坡人声鼎沸，热闹非凡。开始对歌前，先由一位德高望重的老人当众宣布对歌场上的规则：只准未婚青年男女参加对歌。并预祝对歌的后生们能在歌声中寻找到自己的意中人。于是，在一片吆喝嬉笑声中，青年男女三五成群各自寻找自己对歌的对手，在卯坡的树丛中、草地上、山石旁，或站或坐，撑起各色花伞遮住脸对起歌来。

　　水族青年男女因"卯"认识，以"卯"为媒，对歌对上眼了就开始交往，然后牵手步入婚姻的殿堂，过上幸福的生活。在九阡有三个卯坡：寅坡、卯坡、辰坡。寅坡是男女相会认识的平台，卯坡是谈情说爱的乐园，辰坡是谈婚论嫁的阵地，凡事皆有起因、经过、结果，这三个地点则是男女相识相爱相亲的起因、经过、结果。卯节男女对歌，首先在寅日那天赶寅坡是男女见面认识，以对情歌的形式来投石问路，若是彼此之间在几经对唱之后有些默契，接着就相互约定第二天即卯日赶卯坡继续以对歌方式进行深入"交谈"，如果彼此情意真切，第三天赶辰坡，就情定终身，男方择吉日提亲。过节是促成青年男女婚事的日子，过去水族受到封建礼教的束缚较深，平时男女青年的社交活动受到一定的限制，即便私下里有了相爱的对象，也不能自由往来。只能在必要的时候，托自己的熟人，如家中的姐妹等去暗地传递一定的相爱信息。而在卯节这一天对歌却不受限制，青年男女都可自由选择自己心爱的人去对歌。只要两人唱得合心合意，事后只要由男方带着猪、酒、糯米等定亲礼品前去定亲，选好了婚期便可成婚，一般家中很少干涉。水族民间流传：

卯之为言也，

言万物茂也。

卯，茂也，

谓阳气生而蘗茂也。[①]

水语中的"卯"字还有开发、启动之意。水族嫁女发亲和起房造屋甚至发丧出柩多选择卯时，缘由于此。节日的时间选择在水历的九、十月间，这与人类的繁衍和禾稻的分蘗都是有着重要关联。自古以来，稻作农业一直是水族最重要的支柱产业。在生产力很低的情况下，人们征服自然、战胜自然的能力十分有限，为了得到神灵的保佑和帮助，抑或用供品祭拜神灵，抑或想方设法取悦于神灵。所以卯节活动中的卯坡对歌自然成为卯节活动的主旋律。卯坡对歌，年轻人是当然的主角，年轻人互唱情歌，以歌取悦于神灵，目的在于祈求神灵保佑秋天的收获，甚至通过卯坡的对歌活动场面，还可以预示秋天的收获情况。如今，水族民间还流传着这样的歌谣："看卯坡，哪边人多，人多那边，人旺物丰。"

卯节之时，卯坡上人山人海，歌声此起彼伏，热闹非凡，"情歌的海洋"就是对卯坡的誉称。傍晚时分，人们总是感到意犹未尽，夜晚还

[①] 贵州省民族宗教事务委员会：《水族文化大观》，贵阳：贵州民族出版社，2020年，第140页。

要在村寨的歌堂继续对唱，女歌手和伴音姑娘坐在房间里，男歌手与同伴、听众坐堂屋中，欢歌达旦，甚至连绵数昼夜。以歌为媒、以山为证、用歌传情，所以说"卯节是年轻人的节日，卯坡是年轻人的媒娘，歌声是年轻人交往的桥梁"。

水族卯节是一种综合文化现象，不仅有物质的内容，更有丰富的精神内涵。它强烈地反映着水族人民的共同心理素质和外貌特征，许多水族习俗的精华、多彩的歌舞、服饰、饮食、体育等文化传统都在卯节活动中展现得淋漓尽致。既为取悦被祭祀者，完成自己美好的愿望，也为取悦自我，取悦民众。水族利用卯节进行水族传统文化的表演与传统的教育，使水族传统文化在水族生活中得到延续与加强。水族传统文化有时隐藏在生活的背后、隐藏在寨老、族长们的思想深处，水族选择卯节具体特殊的时间将它表现出来，使水族青年一代通过卯节的各种节日活动，在耳濡目染中自觉理解、接受水族传统文化，增强水族文化自觉和文化自信，从而实现水族传统文化的传递与继承。

拜 霞

水族历史研究表明，水族源于古代百越族群中骆越人的一个支系。从水族的物质生活和精神文化方面来考察，水族还保留有不少骆越人的遗俗。水族的民间传说《霞节的由来》间接反映了水族从骆越母体分流迁徙的场景。据说，水族原来居住在一处叫隔鸟河的地方，当时还没有民族之分，人们和睦共处，一直靠捕鱼为生。后来人口增加，河里的鱼虾越来越少。一天，一位长者又到河里捕捞鱼虾，他捞了很长时间，除了一块石头外什么都没有捞到。他把这块石头扔掉后，又到别的地方去捕捞，结果还是捞到这块石头，老人觉得很奇怪，端详才发现这块石头形状与众不同，很像人形。于是他把石头带回家给大伙看。突然，这块石头开口说话了，它说："现在你们靠捕鱼已经不能维持生计，大家必须各奔东西，迁居到其他地方，才能生存下去。"人们听从了石头的话，分头离开了隔鸟河。水族的祖先顺着河往上游迁徙，找到了土地肥沃、雨水充沛、鱼虾丰富的好地方，过上了富庶的农耕生活。十二年后，人们都很怀念故土，不约而同地回来看望，结果发现隔鸟河已无影无踪，人们见面，已互不认识，原来大家的衣着不仅各式各样，而且所说的话也不一样了。为了感谢石头的指点，人们决定每隔十二年举行一次盛大的祭典，把这块石头当作水神来供奉。于是就形成了敬霞节。2009年，水族敬霞节入选贵州省第三批省级非物质文化遗产代表性项目名录。

拜霞，也称敬霞节，是水族传统节日。水语"拜"，意为"祭祀"，"霞"，为一个类似人形的岩石，水族视之为水神，又代表有血缘关系的家族组织。

拜霞前要先做好几项前期的工作：一是由各霞组织所属各股集体凑钱购买一头肥猪，以及米酒、糯米若干。二是驯导公鸡。这是一项十分重要的准备工作，它直接关系到拜霞的成败。这项工作在拜霞前几个月就开始，先用绳子把公鸡脚拴在竹篾上，之后慢慢地用一根竹竿支起来，逐渐升高，使之习惯，每天到未时拉绳逗公鸡啼叫三声，一两个月后交给水书先生继续进行站高训练，直至正式拜霞为止。三是用竹篾编成长四五尺的两条彩色纸糊成的彩龙。四是有的霞组织还要用纸给菩萨做衣服。五是请水书先生割蛋，根据水书推算，选定拜霞的日子。

拜霞分两次进行，第一次为祭真霞，要秘密进行。由各股寨老、水书先生到埋霞之家祭拜。第二次，在指定的霞坡举行。各股寨老在两名水书先生带领下，各股抬着祭品、铜鼓等，唱着节日来源的歌先到霞井边祭拜。在井边石岩下放一个假霞菩萨，井旁立一根带叶的长竹竿，将训练过的公鸡站立在竹竿顶，将母猪放在井边。到午时，拜祭开始，首先用井水在供祭物四周淋一圈，由水书先生念唱，每股有一青年男子站立在供肉旁，不时用剪刀剪肉给水书先生和寨老们吃，以吃得多为好。到了未时，水书先生呼风唤雨，让公鸡啼叫三声，将母猪杀死，让猪血任意流在井边。这时水书先生喊道："下雨了，雨下得越来越大！……"传说，待公鸡啼叫三声后，尽管是晴空万里，也会突然骤变而刮风下雨。顿时整个霞坡的群众闭伞脱帽欢呼，接受雨水的惠泽，若谁不关闭雨伞，旁人立即将伞撕破。随后，各股轮流用酒洒淋霞菩萨，并说道："菩萨醉酒了，菩萨打滚了！"一直淋到霞菩萨倒地为止。祭后，男女对唱，祈祷风调雨顺，预祝丰收。青年男女唱情歌，已婚男女也可参加。申时，各股将肉、酒、糯米饭等供物分到各户，祭祀结束。各户都邀请亲友回家宴饮，有的霞组织人数之多，达几千甚至上万人，热闹非凡。各霞皆有霞田，耕霞田者不交公粮，不交租，只备祭拜时的割蛋开支以及一只母猪。

乡土文化是中华民族得以繁衍发展的精神寄托和智慧结晶，是区别于任何其他文明的特征之一，是民族凝聚力和进取心的真正动因。费孝通教授在名著《乡土中国》中，对传统乡土社会有过经典论述，提出了一系列影响深远的概念，代表性的有差序格局、血缘和地缘、礼治秩序、长老统治等。水族社会是一个典型的乡土社会，水族敬霞节是三都水族自治县九阡地区及其毗连地区水族特有的节日文化。在这一带，水族民众人人皆知拜霞的来历和传说，人人都参与过节日活动。敬霞节具有明显的秩序性、地缘性、血缘性和礼治性等乡土性的核心内容，是水族人民精神生活的一个重要组成部分，也是这一带水族区别于其他地区水族的一个标志。

节日作为一种强有力手段割裂了时间连续性，调味了人们平淡无奇的生活，丰富了人们的精神世界，成为人们生活中不可缺少的部分。节日集会是社会与民族发展的必然结果，同时民族的发展赋予节日更加丰富多彩的民族文化内涵，是民族文化发展的产物，具有特殊的功能和价值。水族的敬霞节就是水族社会与水族文化发展的产物，是水族重要的节日活动之一，是传承水族文化的载体。同时，一次次的敬霞节凝结了水族的民族精神，成为水族民族情感认同，民族心理塑造的平台。在现代化的氛围之下，水族敬霞节文化正以前所未有的速度和幅度经历着变迁，因此，对其文化特征的关注、保护和研究势在必行。水族在历史长河中创造了属于自己的独创的民族文化体系，需要长期维持和发展自己民族的节日文化，就要坚持民族节日文化的守正创新。这是文化多样性的要求，是民族自信的要求，同样，也是我们努力的目标。

沐　浴

独山县玉水镇内有自然温泉，位于温泉村。泉水从山石缝隙中流泻出来，水质类型属碳酸钙镁水型，可作矿泉饮水，宜沐浴。自古以来，在玉米成熟的时候，每逢阴历六月初六，当地成千上万的水族群众都要到这里来洗浴，以此日洗温泉澡为吉，久而久之，形成了多姿多彩而又有独特民族风情的水族洗澡节。

每年"六月六",独山县玉水镇温泉一带的水族群众,从头一天晚上开始,便有人陆续从四面八方赶到温泉来,露宿在水边坡脚。第二天天刚亮,人们便在曙光中,下到温泉里去洗澡。洗完澡的青年男女换上节日盛装,三五成群地在温泉附近的草地或树丛下,席地而坐,倾心畅谈,或互相对歌,嬉戏打闹,尽情欢度愉快的一天。第二天人们把随身带来的葫芦、竹筒、水壶、坛子等盛水用具盛满温泉水带给那些年老有病的老人和幼小的孩子,为他们送去安康和吉祥,以求得心灵和躯体的圣洁。这一天洗澡的人,少则数千,多则上万,情形动人,场面宏大。

传说,古代在温泉这个地方,有一个姓韦名勤哥的后生,父母身染一种"干疙瘩"的病相继去世。一天,他上山砍柴,看见一位老人阿牙正在小路上找她失去的簪子,他就帮着去寻找,踩茅草、钻刺蓬,从坡上到坡脚,找到太阳落山都没找着。他安慰老人家说:"阿牙呀,不要焦急,我明天一早再帮你找,找到后我给你送去。"第二天天刚亮,他又去踩茅草、钻刺蓬,从早上到下午,终于在太阳落山前找到了一枚金簪子,他不禁高兴地大声喊起来:"阿牙,快来呀,簪子找到了!"喊声刚停,小路上走来一位俊美姑娘,对他说:"谢谢大哥,这是我妈妈的簪子,她不能来,叫我来取,还叫我拿五十两银子谢谢你。"勤哥把簪子交给姑娘,说:"我们水族人帮忙,是不要谢礼的。"他坚决不收银子。姑娘只好道谢离开。在回家的路上,勤哥又遇见阿牙。阿牙对他说:"小伙子,你人品不错,我把宝贝姑娘许配给你。"勤哥婉言谢绝了。阿牙对他说:"你什么都不要,我过意不去。你有什么需要帮忙的?我可以满足你。"勤哥想了一会儿,说道:"我们寨上的人,常染上'干疙瘩'这个病,不知能否帮我们治好这种病?"阿牙拔下那枚金簪子,对他说:"这事不难。天亮前,你用它在岩石上划几下,就会有热水从岩石里淌出来，一年四季可以洗澡，身上的各种病症都可以治好。"勤哥照阿牙的话做了，果然冒出一口热水井（温泉）。之后，人们只要身上有病，到温泉洗个澡就会好了；有了灾祸，到井边一求神，就可以灾消难免。

勤哥为大家做了好事，大家都感谢他、关心他，纷纷来为他提亲，他都谢绝了。后来，到了"六月六"这天夜里，大家看见他和一位俊美的姑娘在一起对歌，然后手拉着手向月亮山的方向飘飘飞去。为了纪念勤哥，每年"六月六"这天，附近的人都到温泉来洗澡、对歌。勤哥的事越传越远，每年来的人越来越多，就成了今天的洗澡节。

每年六月初五，各家各户要泡糯米，初六天不亮就将糯米饭蒸好。女性梳妆打扮，身穿镶有"栏杆"的衣服，脚上穿非常考究的绣有马尾绣的尖钩花鞋，头上佩戴银制（或木制）梳子，全身佩戴的银饰品应有尽有，如银花、银叉、银项圈、银压领、手镯、耳环、吊牌等。有小孩的妇女还将小孩打扮得更漂亮，用自己绣的花背带背小孩。男性穿着崭新的手工水家布缝制的对襟衣，包青色头帕，提着装有糯米饭、红糖、香钱纸烛、三个小酒杯等物品的篮子，身背两个葫芦，一个准备装"神水"用，还有一个装着酒，怀揣谢神的银毫或铜圆及洗澡用的物品。

"六月六"这天，周围数十里地前来赶场的女子，无论老妇或姑娘，都喜欢来沐浴，享受泉水的温馨，一洗身上的汗腻。这天清晨，各家提着食物带着孩子赶温泉，饱饮泉水，然后灌满一葫芦泉水带走，在附近山坡野餐。中午，男女开始争相入泉内洗澡，每次二三个人，按男女性别轮流洗。若见岩石上挂着有花边的衣服和围腰，表示正在沐浴的是女性，男子就不能入内。岩石上挂的是包头帕就表示是男性在沐浴，女性就不能入内。同时，还有数百名青年男女分散在小溪两岸山坡上对歌。

各群男女以一人为主，其余为衬腔。双方各显其能尽情歌唱。漫山遍野歌声悠扬，情意激荡。小伙子唱输了便在哄笑声中悻悻离去。姑娘如果唱输了，对小伙子有好感，可以择其为配偶，随他而去。小伙子的父母宰杀满双月的小猪一头，表示已行婚礼，当晚二人便可以结为夫妻。三日后，一边宴请本家族与新娘一一认亲，一边请人告知姑娘父母。姑娘父母若同意（一般"生米已煮成了熟饭"，多数没有异议），三天后送新娘回娘家暂住，待农忙或过端节再接回来长住夫家。少数不同意的人家，男方多次请人前往疏通，待姑娘家人气消以后，再送新娘回门。这种通过"洗澡节"男女分群沐浴，对歌择偶，不求门当户对、不需多次交往、不被父母干涉，只要情投意合的非同宗男女即可结为夫妻的习俗一直延续至今。

　　高占祥在《民族文化的盛典》一文中总结说："中国文明的博大精深育化出丰富多彩的民族节日……节日文化是以文化活动、文化产品、文化服务和文化氛围为主要表象，以民族心理、道德伦理、精神气质、价值取向和审美情趣为深层底蕴，以特定时间、特定地域为时空布局，以特定主题为活动内容的一种社会文化现象。它是人类文化的组成部分，是社会文化的一个重要分支，是观察民族文化的一个窗口，是研究地域文化的一把钥匙。"[①] 水族洗澡节文化具有时间性和周期性、社会性和群体性、地域性和民族性、综合性和丰富性、稳定性和变异性等我国民族节日的普遍性特征，但具体的表现和形式又别具一格。洗澡节的各种习俗，是随着生产发展、民族繁衍而变化的，既有明显的纪念性和祭祀性，又有男女青年社交的节日性。男女青年既是洗澡，又为唱歌交往。洗澡节的唱歌形式与其他歌节有所不同，唱歌要在中午前后，人们

---

① 高占祥：《中国民族节日大全》，北京：知识出版社，1993年，第1页。

都来后，大家先取水，洗澡和唱歌同时进行。对歌以寨为单位，男女在对歌中寻找有情人。这美好的习俗，一代一代传承至今，并得到不断发展。特别是2017年，独山县玉水镇在温泉村举办水族"六月六"洗澡节，这也是该镇以"为'和美玉水'点赞系列活动"为主题的文化旅游活动之一，旨在打造美丽乡村旅游休闲胜地，迎接第十二届贵州旅游产业发展大会，展示和美玉水魅力。2023年，在温泉村举行的"六月六"洗澡节民俗活动上，捕鱼"大战"、赛马狂欢、山歌对唱、铜鼓表演等活动精彩纷呈，各族群众趣味互动，其乐融融，促进了各民族交往交流交融，为玉水打造成"民族特色小镇"提供了精神文化动力。

第五章　指尖技艺

木楼古歌

　　建筑是工程技术和建筑艺术的综合创作，是以空间作为直接对象的特定的文化活动，既有设计者的主观塑造意图，又有享用者的心理反馈。建筑文化是指一个民族的历史、文化背景以及所属地区的地域特征等对群体或个体建成环境的反映。建筑作为人类最重要的文化现象之一，具有两个明显特点：一是普遍性，即每一个人从生到死都要时时与建筑打交道，在建筑物内、建筑群内或建筑文化的氛围里生活；二是复合性，即建筑既要满足人们的物质生活需要，又要体现政治、经济、科学、技术、哲学、宗教、美学观念等方面的要求，还得满足不同时代、不同地域、不同民族的生活方式、生产方式、思维方式、风俗习惯、社会心理的需要。建筑有巨大的艺术容量和强烈的艺术表现力，它能映射某一文化环境中的群体心态。

　　水族建筑作为中华建筑文化的重要组成部分，其内涵同样是深厚丰富的。它为水族历史和文化研究提供了大量生动可靠的材料。水族的建筑文化以民居建筑最有特色。水族民居反映了水族的民俗文化，是物质文化和精神文化结合作用的结果,它直接敏锐地表现出人们的生活需求、风俗习惯、思想情趣,具有鲜明的特点。

唱起了,洪荒远古,
那时候,一片光秃;
土坡上,未生茅草,
大地上,不见树木。

烈日晒,皮肉烫破,
冰雪厚,寒透筋骨;
暴雨袭,全身淋湿,
野兽猛,伤害人畜。

远祖人,心里惊慌,
没奈何,洞内居住;
燕子洞,又深又黑,
编幅(蝙蝠)洞,岁月难度。

远祖母,时刻染病,
远祖父,忧虑满腹;
莫非要,坐着等死?
就不能,自己造福?

仙雀鸟,含来树种,

播种子，到处忙碌；

枫树种，撒在坡头，

松杉种，播在山麓。

……①

这首水族古歌《造屋歌》反映了水族木楼建筑历史、风格和技艺，呈现了历史上水族祖先生活的状况及劳动的喜悦和安居的幸福。

水族是农耕民族，村寨大小根据耕地面积而定，耕地集中面积大，则村寨大，耕地分散面积小，则村寨小。老寨大而新寨小。勤劳勇敢的水族人民世代依山傍水而居，村寨按姓氏聚族而居或同血缘成片聚居，一般由数十户或上百户组成一个村寨，村际间的道路曲折迂回，村寨周围或修竹成林或杉、松、枫、柏等参天古树环绕，山泉叮咚，清溪长流，虫鸣鸟语。金秋时节，近处肥美的田养鲤鱼不时跃出水面，远山金黄的稻浪尽收眼底，一派鱼米山乡的田园风光。这首《水族木楼院》就生动地展现了水族木楼的美景：

木楼院外山连水，

窗外传来叫子规，

檐晒柱脚攀紫葳，

坐在上面看鸟飞。

村落毗连紧相随，

泉水溅泼向河归，

---

① 黔南布依族苗族自治州文研室、三都水族自治县文史研究组：《水族民歌选：岛黛瓦》（内部发行），1981年，第66~71页。

四面鱼塘把村围，

塘内清清影燕飞。①

水族人民的住房属于越人的干栏式建筑。在水语中，"干"是"楼"的意思，"栏"是"家"或"房"的意思，合称即"楼房"之意。这种建筑一般为两层或三层，楼下圈养牲畜，楼上住人，适宜于潮湿多雨和虫蛇危害较大的环境。早期的干栏"依树为巢而居"。此后，即"依树积木，以居其上"。随着生产的发展，出现"人楼居，梯而上"的面貌。宋代周去非《岭外代答》载："民编竹苫茅为两重，上以自处，下居鸡豚，谓之麻栏。"麻栏即干栏式建筑的雏形。这时候，还出现了酋长所居的"楼屋战棚"，并有竹栅护卫。明代邝露《赤雅》记述，当时水族地区的住宅为"人栖其上，牛羊犬畜其下"的格局。可见，干栏式建筑已经普及，并逐渐定型下来。到清代，干栏式建筑已是水族最普遍的居住形式。今天水族聚居区三都、荔波等地保存完好的水族干栏式石屋墓就可印证这一点。水族干栏式建筑营造技艺已入选三都水族自治县非物质文化遗产代表性项目名录。

现在，水族的干栏式住房一般是两层，多者四层，仍保持"人上畜下"的样式。房屋多用杉、松或枫树建造，用瓦片或杉树皮覆盖。整栋房屋的建筑不用一颗铁钉，但十分牢固。修建时，先按地形用块石安稳柱脚，在地面立起五六尺高的底架，作为上层的承重部件。底架多用粗大的圆木为柱，柱身榫眼用穿枋纵横连接，每排砥柱上端再扣粗大的原木作为横梁，梁与梁之间铺着垫木，俗称"楼枕"，枕上铺着宽厚的楼板（多为松树或枫树解成的板子），构成平整的楼面。上层屋架，一般

---

① 黔南布依族苗族自治州文研室、三都水族自治县文史研究组：《水族民歌选：岛黛瓦》（内部发行），1981年，第133页。

每排为五柱四瓜（或称十一檩水步），也有五柱六瓜（或称十五檩水步）。木楼为穿斗式结构，在柱与柱之间用穿枋组成网络。特别是上层屋架柱脚扣枋为鱼尾式的斗角衔接，是水族木工在干栏建筑中最出色的创造。柱脚扣枋的这种鱼尾式"斗角"结构，牢牢固定每根柱子的方位。顶上再用檩子卡住各排柱头和瓜头，各部衔接处都是齿榫卯紧，使建筑物整体性强，十分稳固。下层的底柱和横梁与上层排架必须对应，俗称"柱顶柱"，这使木材抗压的性能得到了充分的发挥。这种房屋也有不少外加挑枋竖长瓜，盖成重檐。重檐下作为走廊并设有栏杆，有的还在长瓜上凿眼穿上横条作为晾晒糯米、苞谷、豆类等农产品的支架。

水族民居内部一般分为三层，楼板以下为"地层"，顶棚以上为楼层，中间层为居住层。从使用的情况来看，人们将地层修起来喂养牲口，置放用具等杂物，有的还在此设置厨房和碓房。楼层通风干燥，多是贮藏室，若是家中人口多，未婚儿女的卧室便设在这一层。中间层是住宅的主要空间，以五间房最常见，少则三间，多则七间或九间。明间为堂屋，家庭的主要活动在此进行，正对大门的墙壁上供有祖先牌位等，俗称"神龛"，其余次间是家长及家庭主要成员的卧室，并要留出一间用以设置火塘。就如此的分配格局而言，水族的民居基本上是以堂屋为中心向四周辐射的圆形空间模式，它鲜明地体现了水族家庭的凝聚力和向心力。

水族住宅的营造，从宅基地的选择到动土的日期时辰，从上梁的时间到乔迁新居的日子等，一切都由水书先生根据水书来确定。上梁前，要用一张正方形的大红布对角包裹在梁正中央，有条件的家庭甚至用能驱邪的白银薄片包裹。上梁之日，全村人都来帮忙，时辰一到，众人肩扛手举送梁上房，此时工地人声鼎沸，鞭炮齐鸣。大梁安装稳妥后，主人还要用一匹一丈多长的青布垂挂于大梁上，以此象征家庭和睦，福泽绵长。有的还从房梁上往下撒梁粑，供人食糯米饭。当天，主人杀猪大宴宾朋，以示答谢。房屋建成之后，搬入新居择定吉日也很重要，否则会招致灾祸。此外，夫妇二人还要在正式搬家之前举行"敬火"仪式，多选在夜间，意在把阳气带到新家，以期日子红红火火，幸福安康，是水族人民追求安乐吉祥的心理寄托活动。

水族的家庭主人自始至终参与整个房屋的设计和建筑过程。因为房屋依山而建，地形条件又比较复杂，有附岩、跨沟、倚台等高低错落的地势，所以，水族人民在遵循房屋的基本建筑模式的基础上，根据具体形势，实施各自住房的设想和意图。水族的房屋很多都采用架空与悬挑的技术，形成"占天不占地"的剖面；有的做断层处理，形成"天平地不平"的剖面；有的则采取叠落和错层，形成"天地均不平"的剖面处理。这样一来，水族村寨的住宅自然各具风采，显得错落有致，很有层次感。同时，水族建筑的穿斗式结构技术的采用，能够做到小材大用，各种构件可以分别预先制作，届时在现场拼装，因而保证了施工质量和材料运输的方便。整体看来，水族的建筑美观大方，结构严谨，具有浓厚的民族气息。

都柳江畔不乏林木，房子前后，竹木葱茏，日照时间相对较短，晾晒谷物有所不便。惜土如金的水族人民，在房前屋后怪石嶙峋之上搭建干栏晒台，很有民族特点。有些晒台搭在鱼塘上，台上晾晒谷物，台下喂养鲤鱼，一派丰收景象。晒台光线充足，农闲时，常有水族妇女坐在晒台上绣马尾绣。水族人民的贮粮方式，五花八门，有的贮藏于室内，有的贮藏于室外；有的贮藏于地上，有的贮藏于地下。凡此种种，除因受地势限制不得不因地制宜修建粮仓贮藏粮食外，还与水族人民的生活习惯、传统习俗有关。室内贮粮者，有的贮藏于楼上，有的贮藏于楼下；室外贮粮者，有的贮藏于池塘边，有的贮藏于水面上；地上贮粮者，有的修建粮仓，有的编织囤箩；地下贮粮者，有的横向挖洞穴，有的竖向打地窖。有的地窖，开挖在住室内，其上覆盖一口大铁锅，万一不慎发生火灾，地窖内的粮食可保无恙。为了粮食安全，有的将粮仓修在水池边，甚至水面上。修建在水池、水塘、水田等水面上的干栏粮仓，有较好的防火、防潮、防鼠、防盗等功能。这种仓库具有许多优点。首先，它建在池塘边、水田上，且同住房保持较大的距离，有利于防火；其次，粮食存放在离地一人多高的仓楼上，有利于防潮；最后，粮仓的每根立柱上都安装有防鼠装置，无论老鼠怎样狡猾，就是爬不上去。普通人家，一户一小仓。大户人家，修建大粮仓，开间很多，联成一体，习称"联体仓"。兄弟毗邻而居，粮仓毗邻修建，形制、体量相当，如同一母所生，称之为"姊妹仓"。上下粮仓，用独木梯，是其特点。水族群众挑着上百斤谷物，不用手只用脚，上下独木梯，如履平地，功夫了得。

水族人建房是一个家庭的大事、喜事，其习俗内涵也丰富多彩。主要特点有：择地择日动工。建房之前须择地，取地形及坐向。《水书》认为地理风水，阴阳有别，"阴打尖峰阳打坳""活则居其阳，死则葬其阴"。尔后水书先生根据房主的生辰八字，按天干地支来推算建房日子。动工时先砍行挑，打好榫头及榫眼，然后立房梁，盖瓦，最后装修房板。整个住宅建筑不用铁钉。

祭鲁班。开工之初要祭鲁班，在屋基后面，用晒席搭一个棚子，上面撑一把黑伞，中间摆一张桌子，桌子上放一尺蓝（或红）布、一只公鸡、一升米、一刀肉、三炷香，点桐油灯（或煤油灯、菜油灯）供祭。既尊重木匠鼻祖鲁班，也保佑房屋建造顺利美好。

立房。水族人立房一般在凌晨两点，并在屋基的中间房供祭祖宗，用簸箕摆上一升米、酒、肉、鱼，请年岁高的长者先吃，并把鱼蛋撒向屋基四周，预示子孙像鱼蛋一样多，兴旺发达。然后木匠师傅用公鸡来碾煞，口中念叨："此鸡此鸡，不是非凡鸡，是王母娘娘孵出的，下了36个蛋，孵了36只鸡，别人拿它无用处，我拿它当碾煞鸡。"意为保佑上梁平平安安。

上梁。上梁也要选吉时，同样根据房主的属相来推算，一般在中午十二点。立房梁须放梁炮。梁炮是水族人的镇宅物。梁炮系一幅八卦形图案，用一块大洋制成，先钉在一块红布上，布内要包上两支毛笔、墨、没有图画的字书等物，然后包在房梁上。这时要摆上一张桌子，桌子上摆肉、豆腐、酒、一只雄鸡，房主先喂雄鸡酒、肉、豆腐，然后把雄鸡捆在梁中间，这只鸡不能卖，也不能杀吃，要喂至它老死，俗称"子孙鸡"，卖或杀吃都预示子孙不发达。房梁两边各系三捆谷穗，各系一块蓝布，一边为房主家准备，一边为娘家送来，然后众人齐用力，抬梁扶柱，递椽架椽。

进新房。立房的日子是一个好日子，房主也是这天进新房。这时帮建房子的人全部走出房屋，由房主夫妻二人进行，夫妻二人双双进房，丈夫背一床棉被，上挂一束谷穗，棉被内插一把刀，手中牵一头牛，妻子提一个水罐，罐内盛满新鲜井水，水里放两条鲜活鲤鱼。还拿米斗、锅、碗、瓢、盆，然后支一个三脚架，烧火，煮鱼吃，吃完后走出房屋，帮忙建房的人又继续建房。

钉大门。大门由房主自己做好，钉大门也要择吉日。钉大门这天，亲友云集，送被子、送钱粮、送镜屏、放鞭炮……前来祝贺。大门钉好后房主关门，客人来后对四言八句，房主问："你来我家做什么？"客人答:"我来你家开财门。"然后开门请客人进屋。办新房酒招待,酒过三巡,客人当中的歌手,常常会在祝贺声中唱起赞美、祝福的歌谣。

随着社会的发展,水族民居发生了一些变化。有些民居因地势所限,往往在坡度较大的地方或水塘边建造房屋,但为了增加建筑面积,于是因地制宜,顺着山势,建造既牢固又别致美观的"吊脚楼"。所谓吊脚楼,屋基大致分前后两级,前低后高,房屋靠山的一面是平屋,前半部柱长,伸至一级屋基,是为前半部的楼下一层,上铺楼板,成为半边楼,同后半部的地基一样高。楼上及后半部平房住人。后半部多作炊室(厨房和餐厅)、磨坊、舂碓之用。前半部正间作客厅,两头为卧室。前面底楼供豢养牲畜和储藏农具之用。这种建筑,既有干栏的特点,又具有平房的特点。有些人家还在正房前半部一侧或两侧,修建吊脚厢房,走廊相通,支撑挑檐,高低参差,纵横呼应,结构严谨,造型雄伟稳重,美观大方。

20世纪80年代以来,有的水族群众在建造新房时,已经改变了"人居其上,牲口畜其下"的传统,采用人畜分居的建筑布局,房屋结构也有所改变,由原先的全木结构向砖木结构演化。改革开放以后,水族村寨也涌现一批钢筋混凝土结构的楼房。院内设有天井和走廊,房子装上细木格子窗棂,也有装上铝合金窗、卷帘门的,这些都是随着时代的变化而不断演进。

水族的木楼建筑凝聚了水族人民智慧的精华,是水族人民在漫长的历史过程中精神文化和物质文化的积淀。木楼建筑风格表现出了水族人民鲜明的个性特征,及对周边社会环境和自然环境的适应能力,并且与水族的社会制度、经济形态、生产和生活方式、家庭结构、婚姻习俗相适应。作为水族传统民居建筑的一个重要类型的木楼建筑,是水族古代建筑中民间建筑体系的重要组成内容，是我国古代建筑遗产中的一份宝贵财富，也是当今建造新民居时可资借鉴的源泉，值得进一步保护、传承、弘扬和研究。

马尾绣

刺绣是水族地区最负盛名、历史悠久的手工技艺。水族妇女精于刺绣，具有独特的民族风格和技巧。刺绣工艺包括绣花、挑花、补花、梭花等，针法有平绣、打子绣、乱针绣等。其工艺品主要是小孩的背带、帽子，妇女的花鞋和围腰等。背带刺绣非常精美，有用红、黄、绿颜色丝线，绣上龙、凤、花、草、虫、鸟、鱼等图案的"腊巴"背带，有用彩色丝线绣成各种条格花纹的"万字格"背带，有用青、蓝线绣制各种动植物图案的"歹腊亚"背带。童帽帽顶也绣以花卉、动物，两边和后部均绣以云纹、水纹。鞋面图案多为花卉，以蝴蝶、鸟、鱼绣于鞋头居多。围腰上的刺绣图案美丽感人。水族刺绣技艺精巧、色彩调和、纹饰大方，通常用于服饰、帐檐、门帘、被面、背带、枕套、头帕、荷包、鞋面等，品种繁多，价廉物美，具有纪念性和观赏性，深受各地游客欢迎。尤其是水族马尾绣，工艺精致，令人赏心悦目，游客争先抢购。

一、以马尾为原材料的特殊刺绣技艺

水族马尾绣，是水族女性世代传承的以马尾作为重要原料的一种特殊刺绣技艺，是现存极其古老且具顽强生命力的传统艺术，被誉为中国刺绣的"活化石"，极具民族特色，是研究水族民俗、民风、图腾崇拜及民族文化的珍贵艺术资料。

关于马尾绣技艺的起源，传说是龙女骑着鱼化成的白马到水族地区传授的。鱼是水族的图腾，马是水族社会重要的牲畜。马尾绣与水族图腾息息相关。

水族马尾绣工艺主要用于制作背小孩的背带、女子的绣花鞋、服装的局部、围腰的胸牌和边沿及童帽、幼儿胸兜、荷包、男性服饰的点缀等。

作为礼仪载体，马尾绣制品在水族社会婚育生活中体现着特殊的意义。水族女子生育第一个孩子，娘家人（主要是孩子的外婆或舅母）在满月探视时，一般会赠送马尾绣背带（水语称为歹结）和马尾绣银佛童帽，寓意富贵吉祥、健康成长、长命百岁等美好祝愿。娘家送这些东西还表达了希望该女婚姻幸福、夫妻白头偕老的愿望。

马尾绣图案的题材很广泛，最常见的主体图案貌似展翅的蝴蝶，呈中轴线对称，圆润饱满，也有人解释为水族地区常见的梯田；另有大量造型别致的花、鸟、虫、鱼、蝙蝠、葫芦等动植物的变形图案，还有龙、凤、麒麟等水族人民崇拜的图腾以及太阳、铜钱、云纹、水纹等图案，有的绣品上还绣有水书。

水族马尾绣的制作过程通常分为七个步骤：第一步，制作马尾线。先取马尾三、五或七根（一般是奇数，但仅是习惯，并非硬性规定，也有例外如二根等）作芯，用手工将白色丝线紧密地缠绕在马尾上，使之成为类似低音琴弦的预制绣花线（马尾线）。第二步，固定框架图案。以制成的马尾线为线条按传统刺绣或剪纸纹样在布面上设置（相当于描绘、勾勒）图案，同时不断以同色细丝线跟进固定关键点（细丝线通过针的引导穿到布的另一面并从马尾线的另一侧穿回，如此反复马尾线就被牢牢地绑在布上），属于暗线订，针迹隐匿。关键点（拐点、接点、端点等）抓住后，图案则成形，但还得考虑绑点的合理密度（涉及牢固问题），需均匀补上更多的绑点（约隔一厘米订一点）。第三步，填充图案。第二步工作仅勾勒出图案轮廓（外框），内部是空白的，需要填充。可用扁形彩线填绣，扁形彩线由六至十二根彩色丝线编结而成。也可以用长盘针法、打籽绣、锁绣等技法将较粗的各色丝线直接绣入。第四步，镶边。对于由多个绣片组合而成的马尾绣制品，用扁形彩线围绕每个绣片的边缘镶嵌。第五步，订"金钱"（铜片）。在绣品上以红线订上光泽闪亮、中间有圆孔的圆形铜片，使绣品更加光彩夺目。铜片在马尾绣片上的分布是随机的。并非所有的马尾绣制品都订铜片，铜片主要用在背带和小孩帽子上。第六步，补充完善。用常见的平绣、挑花、乱针、跳针等刺绣工艺绣出其余部分。第七步，装订组合，完成制作。由于马尾绣制作工序烦琐细致，并且每一步都是纯手工制作，为了方便操作，常将绣品分解成若干小片分别制作，各小片制作完工后，通过排列组合将它们按设计好的图案结构组装，再用针线订连在一起。例如，马尾绣背带就由近30片部件组装而成。在马尾绣背带的绣片周围，还要用通经断纬的方法挑织细带做边，以分割背带结构、界定绣片轮廓。这七道工序完工后，一件完整的精巧别致的马尾绣工艺品就制成了。

这种以丝线缠裹马尾制作刺绣原材料的方法，有较为明显的优点：一是马尾质地较硬并且富有弹性，使用马尾为芯制作的绣线勾勒出的纹样轮廓圆润流畅，张力十足，转折处棱角分明，对比强烈，并且不易变形；二是马尾不易腐败变质，经久耐用，如马尾绣背带传用多代是很常见的；三是马尾有油脂成分，利于保养包裹它的丝线并使之保有光泽。

马尾绣不同于四大名绣。但正是由于这种不同成就了马尾绣独特的艺术特点。一是装饰性，刺绣具有超前的设计理念，工匠们自觉不自觉地融入了许多几何等现代设计元素；二是抽象性，纹饰中各种物象被抽象概括在小小的绣品中；三是浮雕感，独特的视觉效果更加让人赏心悦目，增添无穷的生活情趣。另一个重要特点是其纹饰与古代青铜器纹饰极其相似，虽采用材料与制作工艺不同，却有异曲同工之妙。其纹饰有兽面纹、龙纹、凤纹、虎牛象纹等动物纹及太阳纹、月亮纹等，形式多样。

二、物与人美美与共的传承发展

水族马尾绣广泛应用于日常生活用品中，是水族人民对于美的最直接的体现，具有强烈的审美个性和广泛的社会性。

2006年，水族马尾绣列入第一批国家级非物质文化遗产代表性项目名录，并涌现了水族马尾绣国家级代表性传承人宋水仙、韦桃花，省级代表性传承人韦引妹、潘小艾、石玉翠、韦应丽、潘勉，州级代表性传承人吴晓愿、吴红秋、王玉蕊、王金花、韦妹、潘小敏、潘晓菊、杨小秧、韦小面、韦娘、潘晓翠。她们与水族马尾绣的传承发展融为一体，不断行稳致远，一次次摘冠、一批批获奖，一场场展演、一趟趟远行，手把手教绣、肩并肩谋富，都在诉说着马尾绣与代表性传承人的一个个感人而精彩的故事。

2006年8月，来自三都水族自治县中和镇三洞社区的韦桃花在2006"开磷杯"多彩贵州旅游商品设计大赛、能工巧匠选拔大赛总决赛上凭一幅精美的马尾绣作品夺得"贵州名匠"特等奖，位列100名"贵州名匠"之首。2008年8月8日，韦桃花代表水族到北京奥运村参加《中国故事》大型文化展示，向全世界展示水族马尾绣的非凡魅力。2011年4月，韦桃花带着200余件作品参加了在意大利举行的手工业及工艺礼品国际博览会，作品中除了有马尾绣绣片、马尾绣衣服、小孩肚兜以及马尾绣帽子等常规制品外，还有马尾绣高跟鞋、马尾绣领带和马尾绣钱夹等充满现代气息的制品，充分展示了独具特色的神秘水族文化风情，作品得到了国外人士的好评。近年来，在党和政府的帮助下，韦桃花工作室、桃花马尾绣艺术品制作有限公司发展得越来越好。作为马尾绣国家级代表性传承人，韦桃花以传承、保护、发展、推广水族马尾绣为己任，把水族马尾绣发展成为三都民族文化手工艺品中的支柱产业，使优秀的民族文化不被时代埋没。2023年8月，"天才妈妈"公益项目在韦桃花的公司正式挂牌。扶持韦桃花建立起梦想工坊，翼支付将联合第三方平台进行马尾绣产品研发，并在翼支付第三方应用程序上线"天才妈妈"贵州马尾绣非遗手工艺品专区，以7000万月活用户链接起更大众的市场。

同样是来自三都水族自治县中和镇三洞社区的宋水仙，2008年获三都水族自治县"多彩贵州"旅游商品能工巧匠选拔大赛二等奖；在国家开发银行资助的"手牵手"行动中，获得比赛的二等奖；2010年，参加上海世博会，现场展示马尾绣制作工艺；2011年，赴中国台湾参加在台北举办的"2011文化民俗观光博览会"，在现场展示水族的马尾绣。2010年，她建立了第一家水族家庭民间展览馆，为水族文化保护和传承提供了研究基地；2012年，宋水仙成立公司，拥有了自己的品牌和马尾绣产品研发生产基地，建立了马尾绣电商销售平台，带动水族马尾绣产业的快速发展。40余年的坚守，让宋水仙成为马尾绣产业发展从无到有的见证者和先行者，也成了依靠马尾绣脱贫致富的杰出代表及第十三届全国人民代表大会代表。2019年1月23日，宋水仙的梦——马尾绣传承保护展示中心在三都水族自治县开馆。2021年2月26日，2020"中国非遗年度人物"推选结果在北京揭晓，有10位当选

2020"中国非遗年度人物",宋水仙就在其中。2024年1月16日,在劲霸男装高端系列KB HONG"玉礼四方"主题的时尚大秀中,KB HONG将宋水仙手工绣制的绣片,通过服装载体和当代设计进行融合创新,重新诠释这一古老的精湛技艺,同时又展现出了现代摩登的风格,可谓是为世界非物质文化遗产如何在发展中保护,在保护中发展这一课题,交上了一份漂亮的"中文答卷"。

还是来自三都水族自治县中和镇三洞社区的韦应丽,2010年在贵州省黔南布依族苗族自治州第三届旅游产业发展大会暨中国水族文化旅游节水族马尾绣技艺大赛上荣获二等奖;此后,又荣获了中国贵州国际民族民间工艺品文化产品博览会妇女刺绣大赛的优秀奖;被授予"贵州民族刺绣工艺大师"等荣誉称号。2011年,她成立了杨柳村马尾绣协会,2012年更名为三洞社区马尾绣协会,并创办了应丽马尾绣贸易有限公司。2016年6月,成立了马尾绣产业发展农民专业合作社。2018年,第25届阿拉伯旅游市场展在阿联酋迪拜开幕,她带上自己的马尾绣作品应邀前往迪拜参加展览,向国外展示中国传统独特的艺术魅力,把友谊的种子播撒在美丽的迪拜土地上。2019年,韦应丽获贵州省文化产业"十佳人物"。2023多彩贵州旅游商品大赛,韦应丽的马尾绣耳环获金奖商品,在传承中绽放新时代的生命力。

2007年,三洞社区另一位水族马尾绣能人潘小艾成立了全国第一家"水族民间博物馆",水族马尾绣是馆中重要的展品。2011年4月,她应邀带水族马尾绣作品参加了"2011义乌文化产品交易博览会",博览会上,潘小艾的作品销售一空,还与不少商家达成合作意向。与潘小艾同村的潘正永,也是一位水族马尾绣工艺传承人的后起之秀,2017年,注册成立了三都嘉庆民族工艺品发展有限公司,在2019年参加第五届贵州省妇女特色手工技能暨创新产品大赛，获得了特等奖。

数以万计的水族马尾绣传承人怀着一颗对民族文化执着的心，充分整合利用社会各方资源，找准事业发展定位，依靠当地政府扶持，引进更多的设计理念，让传统元素融入现代设计，通过对马尾绣的持续挖掘、传承、转化、创新，古老灿烂的马尾绣技艺及其文化在传承发展的道路上越走越宽。

三、传统技艺与时代命题的完美结合

改革开放前，尤其是没有网络的时代，马尾绣属于"藏在巷子中的好酒"，几乎难觅踪迹，只有极少地方用作收藏。传统的马尾绣背带以其独特的刺绣技艺、特有的图案造型以及精美的色彩搭配，成为水族区别于其他少数民族最显著的标志之一。今天的水族马尾绣已不仅仅是一项传统技艺、一个非物质文化遗产，而是水族妇女脱贫致富的珍宝、三都水族自治县的优势产业。

近年来，三都水族自治县大力推动民族产业发展，在全县成立了多个水族马尾绣培训基地和马尾绣生产加工、创意销售企业，无论是基地还是企业，根据市场需求，引导广大水族妇女将马尾绣技艺创意地运用到特色服饰、精美饰品、旅游商品等产品中，让民族元素与现代元素相互融合，吸引了许多海内外客商，带动了许多水族贫困家庭脱贫致富。2016年，全县马尾绣产品共签约1.88亿元，成为三都水族自治县经济发展新的增长点，走出国门，走向世界。

随着越来越多规模化、专业化的手工技能培训，群众在提升自身技能的同时，拓宽了思路，逐渐意识到产品走出去的必要性，越来越多的人像宋水仙、韦桃花、韦应丽、潘正永一样成立了自己的公司，通过品牌来让马尾绣文化走得更好，走得更远。

2017年，宋水仙的三都水族自治县水仙马尾绣有限公司共接到三都水族自治县成立60周年庆典服饰及民族服饰进机关、进学校的水族服饰订单3000多套，带动100多名绣娘参与指尖上生产制作服饰而增收，公司也走上了原始积累向规模化发展的第一步；仅2018年，宋水仙的马尾绣文创产品销售额达到300万元，比2017年翻了一番；2019年1月至5月她所在的公司已经接到200多万的来自上海、深圳、武汉、北京等各大城市的订单。2021年，在非遗文化与乡村振兴结合上，宋水仙也有自己的想法："结合乡村振兴，我就是想把非遗和乡村旅游结合起来，让来我们贵州的人不仅能够游山玩水，还要带走我们的非遗技艺，让更多的人爱上我们的非遗，让我们的非遗越走越远。"

韦桃花的三都水族自治县桃花马尾绣艺术品制作有限公司已在三都水族自治县中和镇三洞社区开发建成720平方米水族马尾绣生产、展示和培训基地，并在县城万户水寨设立了940平方米的集生产、销售、体验于一体的水族马尾绣生产示范基地。2015年以来，韦桃花的公司开展马尾绣技术培训，培训绣娘2000余人，每人年均增加收入5000元以上。韦桃花继续组织开展了近30期培训，参与人数达2000多人，她以实际行动推进巩固拓展脱贫攻坚成果同乡村振兴有效衔接。如今，韦桃花还努力推动三都水族自治县网联会的发展，以此多形式宣传水族文化、水族马尾绣、三都水族自治县特色产品。

为期五天的第十五届中国国际文化产业博览交易会于2019年5月在深圳会展中心闭幕，三都水族自治县展出的水族马尾绣文创产品收获不菲，交易金额突破10万元。马尾绣是藏在深山里的一个宝，越来越多的绣娘加入马尾绣产业，用自己灵巧的双手"绣"出美好新生活。龙年新春将至，含有"龙元素"的马尾绣绣品深受市场喜爱，三都水族自治县水族绣娘们正在赶制来自全国各地的订单，理线、穿针、落针，她们不仅在各种文创产品上绣出了活灵活现的"龙"，更"绣"出了新春的美好祝福。

水族马尾绣在抢救、保护、传承和弘扬的同时，提升了民族文化自信，促进各民族交往交流交融，助推民族文化产业与旅游产业协同发展，实现了民族文化产业转型升级，助力脱贫攻坚和乡村振兴，为实现"中华民族一家亲，同心共筑中国梦"而阔步前进！

剪纸艺术

剪纸是一种镂空艺术，其在视觉上给人以透空的感觉和艺术享受。其载体可以是纸张、金银箔、树皮、树叶、布、革等片状材料。剪纸是我国历史悠久、流传很广的一种民间艺术形式，是我国众多民间美术形式的浓缩与夸张。剪纸，顾名思义就是用剪刀将纸张剪成各种各样的图案，如窗花、门笺、墙花、顶棚花、灯花等。这种民俗艺术的产生和流传与我国的节日风俗有着密切关系，逢年过节抑或新婚喜庆，人们把美丽鲜艳的剪纸贴在雪白的窗纸或明亮的玻璃窗上、墙上、门上、灯笼上，节日的气氛便被渲染得非常浓郁喜庆。

2014年，水族剪纸入选第四批国家级非物质文化遗产代表性项目名录。剪纸应用范围较广，如平时婚嫁当中装饰用的喜花，丧事活动中有祭奠用的剪纸人物、送葬用的纸幡、祭祀用的神灵之化身的剪纸形象、祭奠焚烧用的各种剪纸替身，还有平时摆放在神龛上，用于表达对祖先的缅怀的象征图像剪纸等。但更多的还是作为服饰刺绣底样,有衣袖花、衣肩花、背扇花、围腰花、鞋花、童帽花、兜花等花样。剪纸生活气息浓厚,风格朴实,多用于马尾绣和拼花贴绣,前者以流动曲线为主,构成对称纹样;后者则显得简略、粗犷、刚健。剪纸在构图上讲究工整、对称、平衡、严谨。妇女绣鞋上饰有波浪纹和野花纹,多作为纪念其先民涉水生活习俗和沿河岸迁徙历史的记忆。马尾绣的背扇花剪纸基本是以流动曲线为主组成对称纹样,主花多为方形,以蝴蝶形构图为主,风格轻盈、潇洒。从水族传说中可以知道,蝴蝶是吉祥的象征,绣在背扇上以庇护孩子健康成长,手法上用浪花似的曲线连接起来,布满整个图案,给人仿佛在水面的视觉效果,这也是对于祖先的经历与迁徙历史的纪念。

　　水族剪纸作品的内容有美妙动人的神话传说,有众所周知的爱情故事,也有现实生活的真实写照。如喜欢用龙、凤等虚拟祥瑞动物,日、月、房舍、山水、林木等大自然的各种奇异景观,飞禽、走兽、鱼虾、花草、果蔬等生活常见动植物,还有人物和各种几何图案都可以作为创作素材,特别是展翅欲飞的凤凰和奔驰中的骏马,最受剪纸艺人的青睐,显示了水族人民强悍、奔放、英勇无畏的民族性格。它所表现的事物与生活有着密切的联系,可谓是包罗万象。然而,水族的民间剪纸所反映的题材,多数不仅是体现事物或生活现象的本身,而且通过特定形象及多种形象的组合,赋予更深刻的内涵。例如,鱼是水族重要的崇尚物,因此在水族的剪纸图案中,无论是背带、围腰胸牌、枕套,还是鞋帮、帽子、小孩口水围兜等,都有表现鱼的图案;再说围腰胸牌、背带及鞋类上剪有鱼的图案,则期冀如愿以偿生下可爱的孩子等。

　　在水族剪纸中我们还可以看到:蝙蝠,反映的是福;鸡,是吉;喜鹊，"喜喜"，有双喜之意；牡丹，是富贵；石榴，为多子。如一张剪纸当中，同时出现有梅花、喜鹊，那就意味着"喜上眉梢"；如有莲花、鲤鱼等组合，含义就是连年有余；等等。采用这些具有喜庆意义的花、鸟、草、虫等生机盎然的动植物图形，通过一定的组合来构成画面，用隐喻、象征等手法来表达吉祥寓意，耐人寻味。

水族剪纸，呈现出一种古朴典雅、美观大方的艺术魅力。比如剪纸艺人将鸟的翅膀和花枝的叶子进行组合，或将石榴果和水中的鱼儿进行组合……剪出来的花样，整体感强，富有丰富的想象力。有的看似枝叶，仔细一看，却是鸟的翅膀；有些看似含苞待放的花苞，但认真一看又是鸟的尖嘴儿，甚至有些看过去，像只自由自在飞着的小鸟，但认真瞧瞧，却是花枝的藤蔓绕来绕去，在似与不似之间，使你眼花缭乱，叫你有猜不着、摸不透之感。这些图案剪纸，再经过艺人们整理加工，做成背带、围腰或花鞋等，使图案的花草鱼蝶获得生命，栩栩如生，令人赏心悦目。

水族剪纸图案制作有剪和刻两种，多为先在纸上画稿再剪、刻，剪纸艺人以女性居多，而且善于推陈出新，能与现代社会融会贯通，形态逼真，立体感强。如都匀市归兰水族乡的水族民间剪纸艺人韦帮粉，自幼心灵手巧，现在是"水族剪纸"省级代表性传承人、贵州现代民间剪纸的杰出代表之一，曾获"全国十大金剪刀"称号。30多年来，她和她的水族剪纸作品走出偏远的大山，走进北上广、南港澳，乃至漂洋过海到联合国会议大厅。现在，她在都匀市石板街有自己的工作室。她的3个儿子及儿媳，5个孙子及孙女都在跟着她学习剪纸，尤其是儿子的手艺已超过了她，他一叠纸一次性可以剪10多幅同样作品，水族剪纸后继有人。

韦帮粉的父亲是一名匠人，有雕琢墓碑、修建房屋的手艺，母亲是当地的刺绣艺人，主要是做刺绣或为孩子们缝补衣裳。韦帮粉自幼没有机会上学，只是从小拿起普通的剪刀和草纸、树叶及布料，随母亲及寨邻长辈学习刺绣、剪纸。家乡的风土人情、自然风光、吉庆活动、农耕劳作等，成为韦帮粉剪纸的创作源泉。她的剪纸作品多取材于她熟悉的日常生活或水族的文化习俗、民间故事。如作品《多彩水寨》就把她身边的自然生活状态表现得极其生动美满，远处的山，近处的树木、房屋、花草，活动的人，耕作的牛等，布局精巧、错落有致；水族人民的婚嫁习俗、节庆活动都在作品中活灵活现。龙和凤也是她剪纸作品关注的重要题材，这与水族的传统习俗有关。在水族文化中，龙象征风调雨顺、农业丰收，凤象征和平、自由和美丽，这些美好的寓意，在她的作品中有多个侧面的表现。此外，如鱼、蝴蝶、泥鳅、耕牛等动物，植物中的荷花、菊花、牡丹花、刺梨花等花卉，在水族传说中，都有丰富的内涵和象征，也是她作品表现的重要内容。她的作品富于浓郁的本民族特征，记录和传承了本民族的文化习俗，成为水族人民生活与想象、历史与现状的艺术写照。

韦帮粉曾剪出别出心裁的剪纸作品《水族农家乐》和《水家新农村风貌》，其中《水族农家乐》由24个"小镜头"组成，主要内容反映水族地区的纺织、农耕、对歌、婚俗、吹芦笙、赛马、斗牛、斗鸟、斗鸡、祭祀和恋爱等。《水家新农村风貌》则主要反映的是新农村建设给水族山乡带来的可喜变化。此作品已被外国友人高价购买收藏。她的作品多次参加省、州，甚至全国的民间工艺美术展，并多次获奖。报纸、杂志多次发表她的作品并撰文介绍她的剪纸艺术成就。她还多次应邀到亚欧等国家和地区进行文化交流。剪纸不仅给她带来了快乐，也在改变着她的生活，她的作品平时除了国内外游客现场购买外，还有许多人慕名订购，每年都能带来数万元的收入。

三都水族自治县周覃镇廷牌社区的韦求英，剪纸技艺娴熟，图案丰富，造型精巧，不落俗套，生动活泼，富有时代感。她的剪纸作品除了在当地热销外，还销往荔波、独山、丹寨、榕江等地。贵州省文化馆、黔南布依族苗族自治州民族博物馆以及三都水族自治县文化馆等都收藏有她的作品。

现在，国家和贵州都很重视非物质文化遗产的传承。2006年以来，贵州通过实施"多彩贵州"旅游商品"两赛一会"，即旅游商品设计大赛、能工巧匠选拔大赛和展销大会，促进民族手工艺品发展，同时通过政府多渠道筹措资金，推进民族手工艺品特别是非物质文化遗产的保护和传承工作，刺激了贵州民族民间手工艺品市场，也促进民间艺人收入不断增加，水族剪纸也在这样的氛围中不断得到传承、弘扬和发展。

银　饰

银饰，是贵州各少数民族喜爱的装饰品。在他们的传统观念里，银饰可以避邪恶、保平安，有吉祥与幸福的寓意，并且以大为美，以重为美。除了重量和体量之外，他们还会在银饰上面錾刻纹样，表达他们对先辈的敬仰以及美好生活的向往。银饰工艺流传至今，已有很多工艺堪称绝活，很多图案纹饰只在贵州尚存，可以说是银饰品中的"活化石"。华贵而典雅的银饰，成为少数民族服饰的重要组成部分，具有独特的、民族文化的美学价值。

贵州各少数民族都有自己独特的银饰，水族姑娘的银饰是水族"佩在身上的图腾"，被视为美好的标志，勤劳和富有的象征。如水族婚事，新娘以银饰品为嫁妆，男方以银器为礼金。每逢水族过端节、卯节等，年轻女子会以银饰装扮自己，有的佩戴银饰较多，重达10千克以上，全身银光闪闪，花样各具特色，配以五彩衣裙，绚丽夺目，美妙绝伦。水族银饰不论是造型风格，还是制作工艺，在我国少数民族中都是比较突出的。2015年，水族银饰制作技艺入选贵州省第四批省级非物质文化遗产代表性项目名录。

一、水族银饰的类别

（一）头饰

银簪 未婚女子盛装时将发髻盘于头顶，用银簪束发，状如船型，再用七件套银饰装扮：一是龙头，插在发髻前端；二是定海针，位于龙头右侧；三是船帆，插在发髻中上部；四是中下部的揽素桩；五是防盖，插在发髻尾部；六是船桨，左右横插在发髻的上沿；七是一只展翅欲飞的凤凰，斜插于发髻的左侧。已婚妇女除上述龙头、定海针、船帆、揽素桩、防盖、船桨、展翅凤凰银饰外，还要佩戴银丝及银片做成的孔雀银饰，十分华丽。

银角钗 呈三叉状，颇似牛角。水族是水稻民族，他们很早就掌握了种植水稻的方法，而耕牛是种植水稻的重要劳力。因此，耕牛图形在水族银饰中常常出现，如新娘出嫁佩戴牛角状的银钗，意味着要像耕牛一样勤劳而善良。牛角银钗主要流行于三都水族自治县水族地区。

银花 这是水族妇女较为独特的饰品。一套银花有多件，一般在盛装时插满发髻，银花由若干花丝工艺做成的花形或动物纹样构成，并在其中以银丝绕圈做簧形并串以彩珠，走动时颤动不已，并缀以多串银叶和银铃而成，做工精湛，变化丰富而细腻，使得佩戴的姑娘摇曳多姿、美艳动人。银花还是新娘出阁时专用的银饰。

银佛帽 亦称银罗汉，仿效人形打制，一般为八仙形象，专门钉于小孩帽檐。水族的幼童，无论男女皆戴。童帽一般有两种，一种是"凤凰帽"，其顶部绣有花卉，两侧绣以凤身，前端绣似凤头，后配飘带，如凤尾。另一种就是比较常见的"八仙帽"，帽形似虎头，前端中部饰以一尊银制"观音盘莲"，两边排列"八仙"银制塑像，此外上方还有两排"帽佛"。正中"帽佛"有拇指长短，两边的"帽佛"如小指般大小，第一排为九个，第二排为八个。帽顶上环绕一圈梅花形饰物，两端缀以圆形浮雕太极八卦图银片，后部悬吊无数银铃，铸成花蕾、牛角、鱼鸟、鸡、螺蛳、铜鼓等形状。每个银铃下端均悬吊银片，之间用银环相连，可自由摆动。另一种只有一排"帽佛"。两侧各配有一轮明月，后部挂有几组小响铃，每组三只。水族银佛帽制作技艺入选三都水族自治县非物质文化遗产代表性项目名录。

银耳环 可分为有吊子和无吊子两种。吊子银耳环，上面錾刻有一个蜜蜂式花草图形。

银梳 以银片包木梳而成，并非整个梳子均是银质。

（二）颈胸饰

银项圈 大小不一，大的项圈重量超过 1 千克，小的重 100~200 克。按形状可分为四棱项圈、扭丝项圈、圆丝项圈、圆项圈、空心錾花项圈和银丝项圈等多种类型。四棱项圈，即项圈上有四条长棱形状。扭丝项圈，即将四棱项圈旋扭成麻花状。圆丝项圈，项圈上錾刻着细小条的圆形项圈。圆项圈，即整根项圈横截面都是圆形的。项圈上錾刻着字或梅花、牡丹等花草。水族女子喜欢佩戴大小不等的数个银项圈，项圈上多有精细的花纹装饰，一般排在前面的项圈较粗，后面的则细。前面的项圈或为月牙形，或为麻花状，并挂着银链和银锁，银光闪耀，富丽堂皇。已婚妇女一般佩戴三条以上的项圈。

银压领 也称胸排花，水族女子披挂在胸前的大型银饰品，是水族最有特色、工艺最精湛的银饰。形状像锁，大约26厘米长、16厘米宽，一般重三四百克，中间空，上焊双龙戏珠或飞凤和鸣的立体焊件，中间镶有彩珠，旁边配有鱼、虾、麻雀、白果、瓜米和山水等，并吊缀各种银花、银铃等，配以银链而成，琳琅满目，工艺精湛，造型素雅端庄，大方美妙，神情兼备，具有十分强烈的装饰效果。银压领是水族妇女的传家宝，长女出嫁时母亲若有银压领则将之作为嫁妆，如此代代相传，故银饰压领无形中成为水族祖传的贵重珍宝。

银扣 用银制成的空心球形纽扣（袢套扣）。

（三）首饰

银手镯 大小不一，小的重50~75克，大的重100~150克。按形状可分为六轮镯、扭黄鳝头手镯、龙头手镯、滚珠手镯等。

银戒指 可分为透明戒指、泡戒指两种。前者多是方形，上面刻有各种花纹，有的还刻有"福"字和"喜"字。后者两边刻着双丝扭条纹，中间錾有珠子形状。

（四）腰饰

女性盛装要配以围腰，在围腰上方（胸部）有梯形丝绣蝴蝶、花卉、凤凰及几何图案，两角各缀一只银雕花篮。两侧配有两条绣花带，带子的尾端吊有八挂三十二束用白银制成的各种饰物，围腰链为银制，用银条制成花状环扣相连，两端悬挂雕花银牌，繁简得当，整体大方。围腰也是水族比较典型的服饰，流行于贵州三都、荔波等地，一般以黑色土布作料，有的围腰钉上银泡作为装饰。另外，在背带上也装饰有银制吊子。

水族如此众多的银饰在佩戴上因地区差异而不同，主要分为两种类型，一种是三都型，一种是都匀型。二者最为显著的区别体现在少女盛装上，三都型以银饰直接插于发髻之上，以银牛角为特征；都匀型则把银饰插于头帕上，不戴牛角，以银钗见长。

（五）制作工艺

水族银饰至今仍全部手工制作，并形成铸炼、锤揲、錾刻、焊接、花丝、洗涤、镀银等一系列独特的工艺。制作工具主要有风箱、铁锤、丝板、花纹模具、铜锅、錾子等。水族银饰精美无比，至于如何创造作品，银匠大都会说"怎样好使怎样做，怎样好看怎样做"，充分体现出水族银匠"适宜合用"的理念。

花丝工艺 水族银工艺中最有特点的当属花丝工艺。银匠把细如发丝的银丝搓成麻花状，弯成各种造型焊在银片上，并顺着造型边缘剪下，做成各种平面和立体的图案纹饰，用以装饰发钗、压领等物件，造型立体、形象生动，可分为拉丝、搓丝、掐丝三个过程，尤其值得一提的是用做花丝的银丝。

錾花工艺 錾花工艺是在银子正面錾出图案，錾线是阴线。既可单独在平面银片上錾出花纹，也可在已经用模具冲压好的凸起银片上做细微的刻画。通常的做法是，先用铜片打制成大致的模型，再用模型灌成锡模，为阴阳两模。把银片淬火，即放在木炭火炉中烧至暗红色，这道工序必须注意火候，使银片均匀受热。淬完火的银片放在阴阳模中间，用锤敲打,把银片打制成浅浮雕形状,再用錾子刻出花纹。

(六)纹样特点

水族银饰纹样大致可分为动物纹、植物纹、人物纹三种类型,出现频率较高的有鱼纹、龙纹、凤纹、花草纹等。水族银饰纹样的一个突出特点在于意境,以线为主要造型手段,线条自由不羁,开合有序,形成了完整的、饱满的、单纯的外形,而其类型变化仍不显单调,可见水族银饰纹深谙中国绘画"以线造型"之道。

银饰品加工工艺在水族地区占有显著地位,是一种民族风采极浓的传统工艺。水族的银器,都是水族工匠所作,多为男子所擅长。水族把银加工成银器,主要用作装饰。许多水族妇女身上佩戴的项圈、手镯、耳环、别簪、银扣、压领、银梳、围腰链以及儿童帽子上装饰的银佛、银狮、银铃、银片等,既是审美的需要,也是富有的标志。水族妇女在盛大节日或婚嫁等重要场合,戴上华贵的银饰,穿起多彩的衣服,走起路来环佩叮当,光彩照人,透出一种端庄、妩媚的风韵。从装饰美学的角度看,一套水族盛装,也体现了水族独特的审美意识。做民族盛装的布料,多为自织自染的青色土布,上面缀上有色彩鲜艳的刺绣,另外再佩戴上各式各样闪闪发光的银饰,加上发声的银片、银铃,打破了青色衣裙的单调感,而呈现出鲜艳斑斓、有静有动、有色有素、有声有光的综合效果,充分展现了水族在服饰上丰富的想象力和艺术创造才能。

华彩霓裳

水族服饰,既是水族文明的产物,又是水族文化的重要载体。作为文明的产物，水族服饰既需要满足人类调节体温、保护身体的基本生理需求，又需要满足水族彰显社会地位，调节社会关系，寻求情感慰藉的精神需求。作为文化的载体，水族服饰同样表现并记录着水族在物质和精神两方面创造的财富的总和。因为水族服饰是水族的物质创造品，这一点等同于其他物质财富。但是，水族服饰经过水族的创造之后，不只是单独存在，而是必然要与水族融为一体，构成水族服饰形象，在得到社会认可的同时，标志着水族自身的民族特性。水族人对服饰的选择，都是约定俗成的，是有规矩的，不同的地域、不同的年龄、不同的场合都有不同的要求，不同的服饰代表着不同的含义，服饰文化的内涵非常丰富。水族服饰在水族文化中的地位和影响较为突出，值得重视。2007年，水族服饰入选贵州省第二批省级非物质文化遗产代表性项目名录。

男子服饰，"丈夫衣服有衫袄，大口裤，以锦绣及布为之"。水族服饰与此记述大致相同或相似，其发式"男女椎髻，以绑束之"。在清代以前，男子亦留满头长发，绾结于顶，穿和尚领无扣的长衫。清代时受强化改装的影响，年长者剃发留辫，多数戴瓜皮帽，身着大襟无领阔袖的青蓝色长衫，内衬白布短褂，下装为青蓝色宽筒便裤，脚穿猫头鞋或翘尖布鞋。冬天穿棉长衫和夹裤。青壮年亦剃发绾辫盘结于顶，用青白布包头，上身穿大裾无领短上衣，少数穿长衫，下身穿直筒便裤，脚穿布袜和元宝盖布鞋。辛亥革命之后，绝大多数男人剃去发辫，衣服大多改用布纽扣。中青年多穿对襟便服，年长者多穿无领的布扣长衫，多用青蓝头帕包头。这时期的服饰与汉族、布依族大体相似。此后短衣盛行，同时戴马尾帽、遮阳帽也较普遍。从20世纪40年代起，水族男装与周围汉装无大区别。

水族妇女的服饰富有特色。晚清时，年长妇女多绾发结于顶，用青方布包头，多穿对襟无领阔袖银扣的短上衣，下装多为百褶裙，有的还扎裹腿，并且在前后系上两块长条腰巾。长衫上装、便裤下装逐步推广。脚穿翘尖鞋。中年妇女大多把长发梳成一把盘绕于顶，外包青白布长条头巾，盛装时常绕结于顶并插上各种银饰品。脚穿翘尖鞋、穴花鞋、元宝盖鞋或布绣花鞋。翘尖鞋是水族传统的鞋式，鞋形似船，鞋头尖而后勾，鞋面用马尾绣绣上各种花纹图案，生动美观，立体感极强。

现在，水族的传统女装较过去有了变化。三都及独山等地女子身着蓝色大襟半长衫，靛青色长裤，衣身衣袖收缩，较为贴身，衣裤边缘不作任何装饰；胸佩绣花长围腰，围腰以银链挂于颈，用提花飘带系于腰；脚穿翘尖绣花鞋或元宝盖绣花鞋；长发梳向右侧，绾成一把横掠向左额前，右侧发际斜插木梳一把，外包青白布头帕，显得淡雅素洁，开朗明快。已婚妇女在衣服袖口、环肩至衽口及裤脚等处均镶上斜面青布大绲边，外缘又镶上两条棉条，绲条外再镶上花边作装饰。这类服饰是现今水族妇女服饰的代表。与这类服饰相近的是居住在榕江、雷山、三都都江等地的妇女服饰，只是衣袖、裤脚幅面较窄，摆岔高，头包白头巾扎于颈后，发髻盘于顶，外罩花格方巾。都匀市内外套的妇女喜穿右衽短上衣，拴绣花短围腰，用长帕包头，外用一匹白毛巾横扎。年长女性穿青蓝布加绲边、绲条和栏杆花边的及膝长衫，衣身、衣袖和裤脚较肥大。而三都九阡、荔波等地的妇女多穿紫色半长无领右衽大襟衣，戴素净长围腰，上有精致银链和绣工讲究的飘带。已婚女子不挂围腰，束长方形紫色腰巾。这种装束典雅、古朴、庄重。

节日和婚嫁的服饰与平时大有不同。新娘往往被打扮得花枝招展。婚礼女装上衣的肩部一圈及袖口、裤子膝弯处皆镶有刺绣花带，包头巾上也有色彩缤纷的图案。姑娘头戴银冠，颈戴银项圈，腕戴银手镯，胸佩银压领，耳垂戴银耳环，脚穿绣花鞋。银花、银钗是新娘出阁时专用的银饰。簪于发端的银钗呈三叉状，很像牛角。这些精美光耀的银饰是水族对素色服装的补充和美化，显得富贵而欢乐，平常很少佩戴，只有节庆、婚嫁或走亲访友时，才盛装亮相。

水族服饰的发展、演变在一定程度上受其地理环境的影响。当地理环境相对封闭时，服饰则保留其传统模式；当地理环境相对开放时，则会发生由量变到质变的飞跃。水族深居高山地区，高山险地往往成为本地区的天然屏障，他们与外界交往较少，其服饰受到外界的影响也较少，主要通过群体相互学习、父母传授等方式使本民族服饰得以保留和传播，水族姑娘一般从七八岁就开始学绣花，十二三岁便能上机织布。长大后，个个会挑花，人人会织布。所以在水族的传统观念中，常把做针线活的好坏，作为评价一个姑娘是否聪明机智的标准。这种封闭、隔绝的状态，使其服饰保留着传统的文化特征。但随着生产力的发展，经济发展步伐的加快，他们的服饰原料由多为自纺自织的棉布转变为经过再加工的棉布、绸缎、呢绒、化纤等原料了。

现在，水族服饰文化与其他民族服饰文化的相互影响、相互交流在加深，水族服饰在变化。这是民族间交往过程中必然要产生的文化渗透现象。水族大多与苗族紧邻而居，因此服饰有很多相似之处。其实，历史上各民族服饰文化的交流也是普遍存在的。当今水族的服饰，在保持自身独特风格的同时，又不断改革和创新，使之更加简便、美观、大方。过去都是自制自用，现在多成为商品，并通过展销、展览等形式，使水族服饰走出水族文化圈子，而成为全人类的或观赏、或收藏、或馈赠、或使用的共同财富。

雕木刻石

雕刻，是指把木材、石头或其他材料切割或雕刻成预期的形状。历史悠久、技艺精湛的各种雕刻工艺，如象牙雕、玉雕、木雕、石雕、泥雕、面塑、竹刻、骨刻、砚刻等，是中国工艺美术中一项珍贵的艺术遗产。牙雕、玉雕等工艺由于材料昂贵，做工又十分的精细，所以逐渐从实用品转变为观赏品，因此被人们称为"特种工艺"。木雕、石雕、泥雕、面塑等工艺，则大都流传在民间，具有浓厚的乡土气息。

水族的雕刻工艺十分发达，许多水族村寨，有"十户人家八把锤"之誉。不少水族男子，只需一锤一钻，便能将一块粗糙的石头凿成狮、虎、龙、凤等各种动物，或卧或扑、或立或跃，神态活现。水族的雕刻，主要有木雕和石雕两种，牛角雕也久负盛名。雕刻题材非常丰富，有人物、花草、动物，姿态活泼、富有动感、栩栩如生，其树木花草富有灵气、精美逼真，具有较高的艺术价值，是极负盛名的工艺品。

水族的石雕工艺，主要反映在墓碑、石桥的装饰上。水族的石雕可分为圆雕和平雕两大类。圆雕，往往利用石头的自然形状，寥寥数笔，略加刻饰，就表现出了物象的性格特征，且具有质朴的装饰效果。平雕，有平面阴刻、平面阳刻等几种。平面阴刻即在平面上阴刻出线条，用线表现物象动态。平面阳刻是保留物象的线或面，而将空余的地方凿去，艺术性较高。例如，在三都水族自治县荣耀村水族的画像石墓中，就有许多形象逼真的石雕画像。早期的画像石墓，有铜鼓、水族人物形象，有弓、箭、刀、枪等，没有铭文。晚期的画像石墓，除有碑文外，还有许多内涵极为丰富的刻像,如出行图、逃难图、射猎图、耕牛图、牧牛图、牵马图、八仙过海、二十四孝、花鸟、麒麟、白象等。画像石墓反映了水族的石雕工艺已经达到了较高的技艺水平,一座座石墓就是一件件艺术杰作。

木雕 水族木雕包括建筑木雕、家具木雕和祭祀木雕。主要用在屋宇檐口、窗户和桌椅、卧床等家具及神龛、佛像等器物上。所用的材料大多是樟木,因为樟木能防虫,又含樟脑油,纤维也较紧密,雕刻时不容易开裂,又含有一股香味,特别是水族地区土质又适合樟木生长,樟木自然而然给木雕艺人提供非常方便的材料。此外,用梨木雕刻也比较多,梨木质地又紧密又坚硬,能精雕细刻较为丰富的图案,因此也深受木雕艺人和水族老百姓的喜爱。目前,在水族地区所留存下来的木雕作品,除了上述的樟木、梨木外,也有红木、黄杨木、花梨木、红豆杉、紫檀木等。

雕刻工艺主要有镂空透雕、浮雕、圆雕和斜刀平雕等多种手法。如建筑木雕,图案多半是花鸟、人物、鱼虾、蔬果及万字纹、海棠纹、灯笼框、井字口,以及双鱼(太极图)、二龙戏珠等,纹样比较粗犷、疏朗、大方,制作时相对来说就比较轻松一些;家具木雕则精雕细刻,使其作品形象逼真,而且生动有趣,图案也大多是表现当地劳动人民现实生活,内容丰富多彩,如耕种、收获、纺纱、捕鱼、狩猎,也有与人们息息相关的相伴相随的牛、马、猫、狗、鸡、鸭、鹅、鸟等,更有水族人民喜闻乐见的双狮、双鱼及五谷丰登、龙凤呈祥、平安如意、福、禄、寿等吉祥图案。

如独山县影山镇甲定村韦得富家的亮窗,所雕刻的图案多数是牡丹花,花姿层出不穷,千变万化,形态妙曼多姿,丰富绮丽,花朵形式结构如葵、如莲、如绣球，形态各异、姿态万千。有些图案还有几只蜜蜂飞来飞去，那真是静中有动，真有"无声胜有声"之感。

又如丹寨县金钟镇蒙金荣家的窗格心，多是以反映人物为主。窗格心刻画一个妇女身穿民族服装，背着包袱，体态矫健婀娜，手牵着一个小孩，步履轻盈，还不时扭头往回瞧瞧；小孩手里拿着鲜花，天真、活泼、可爱，加上不远处的吊脚楼、青山、绿水……仔细一看，吊脚楼面前还有一人在招手，似乎感到这母女俩要回娘家的喜悦，使人感受到有情有义，甚至还有血有肉，真是活灵活现。

特别值得一提的是，三都水族自治县中和镇塘州社区王高家的神龛柜，分上下两层，前十幅雕刻的图案中有喜鹊登枝、一路连科、福瑞天降、花开富贵、竹报平安，还有八仙过海、衣锦还乡、平步青云，更有多子多孙、前程万里的图案，犹如连环画，可以说是水族地区家风民俗的真实写照，加上图案周围用不同的花形簇拥着，柜子前面的左右两只"脚"一边雕龙，一边刻凤，给人以龙飞凤舞之感。

纵观水族地区的木雕作品，基本上都是以点线面为造型基础，艺人们以线为骨，以点面为肉，以达到骨肉丰满的效果。如榕江县水尾乡潘旁家的太师椅，椅背上的图案，就采用不同的刀法表现不同的对象空间，如仕女、小孩等，人物采用的是圆润流畅的细线条，线面结合，以达到表现小孩的稚嫩和仕女的柔媚的目的，而后面的山石和树干等，则采用刚劲有力的粗线及板块，以表现山石树木的挺拔坚硬；加上椅背边框用流云卷草纹作边饰，在带状图案的构图中，利用疏密关系、对称及流动的二方连续纹样，使布局的圆点又起着花蕊的作用，让线条简练而流畅，单纯中求变化，使观者得到一种美的享受。

三都水族自治县周覃镇廷牌的罗顺宁有"水族鲁班大师"之称。20

世纪60年代，罗顺宁发明用钢丝穿木板、木柱凿孔雕刻浮雕锯花技术，提高了水族建筑木雕技术水平和速度，并且推广到中国古代文物建筑的修复工程建设中，荣获中国建设工程鲁班奖。

由于地域原因，水族地区木雕艺术呈现出百花齐放、百家争鸣的艺术效果。如三都水族自治县的水族木雕，就有一种远古遗风和奇幻的艺术情趣；荔波、独山等地的水族，因与其他民族杂居，风格有的洗练夸张，有的乡风浓郁；都匀地区的水族木雕，由于与城市较近，因而呈现出强烈的装饰效果。

石雕 水族石雕主要有浮雕和圆雕、透雕和阴刻、彩绘和装饰、抽象与象征等工艺。2015年，水族石雕入选贵州省第四批省级非物质文化遗产代表性项目名录。

水族典型石雕艺术主要分布在黔南布依族苗族自治州三都水族自治县、荔波县、独山县、都匀市和黔东南苗族侗族自治州的榕江县等地的墓葬群落中。这些墓葬主要为土堆立碑墓葬或石构墓葬，墓碑形式多种多样，既有雕凿详细碑文的墓碑，也有无字墓碑，还有象征性的墓碑样式。水族石雕艺术涉及内容很广，花鸟虫鱼、人物动物、神话传说，甚至其他墓葬极为罕见的男女裸体形象和以生殖器为主题的内容等都应有尽有。水族墓葬的石雕规模、墓葬建筑样式及结构方法和墓碑建筑造型特点，甚至包括石雕保存的完整性都可以说是西南少数民族墓葬中比较罕见的。

黔南水族古墓群有三都水族自治县中和镇水龙社区引朗石板墓11座、九阡镇水懂村大寨石板墓1座、九阡镇水板村上水达古墓45座和荔波县水浦古墓300座，其中水浦古墓群于2006年清理并复原墓葬9座。几处墓地虽然分属两个县，但集中在一个范围内，形成一个不可分割的统一整体，2013年列为全国重点文物保护单位。

许多水族墓葬在地表各层仿石棺外壁和墓碑上雕刻有神兽、祥瑞、花草、动物、传说、历史故事、战争场面、车马出行、杂技表演、民族乐舞、阴阳八卦、铜鼓鼓面纹样等图案，既有水族特有的题材内容，也有汉族墓葬中经常表现的一些内容，成为展现水族历史文化和民族融合的百科全书式实物遗存，具有极高的历史、科研和文物保护价值。

水族墓葬石雕是建筑结构造型和石材雕刻装饰的综合体。水族墓葬与居宅几乎都能相互印证，说明我国各个时期许多地区的墓葬建筑设计基本都是按照死者生前居住房屋的功能和形式来建造的。水族石板墓大量模仿了水族典型木构建筑干栏式的建筑样式，体现了生前生活样式在墓葬中的延续。

从另一个角度来看，水族墓葬又是抽象的石雕组合体，在大量的石材结构组合形式中，首先考虑了造型的因素，运用了雕刻的建筑造型语言。这些墓葬构造形式主要分为石板墓、石碑墓、土堆墓几种。水族地区墓葬的发展演变是从干栏式石墓到长方形石墓，再到圆形石墓。干栏式石板墓是模仿水族木结构建筑构造原理的结构方法而建造，有一层和多层结构。多数石板墓几乎没有雕刻任何图形，一般也没有碑文，只有少量的石板墓雕刻了一定生活场景或象征吉祥的画面以及很少见的装饰文字，极少数的石板墓雕刻了个别水族文字和比较抽象的象征意味图案或民族崇拜符号。

总之，水族石雕艺术内容可谓包罗万象，反映了生活的方方面面，蕴藏着丰富的民俗内容。

牛角雕 水族牛角雕是用水牛或者黄牛的角为原材料，将这些角打磨光滑之后在上面雕刻各类图案及水书文字。其雕刻工艺流程为：锯边—

刨平—磨光—布置线条—设计图案—粗雕刻—精雕刻—抛光—成品—包装。牛角雕是水族人民在长期生产生活中利用其聪明才智用牛角雕绘的一种工艺品。2019年，水族牛角雕制作技艺入选贵州省第五批省级非物质文化遗产代表性项目名录。

牛角是水族先民为抵御外来入侵和作为生产生活中传递信息需要的一种号角，在水族人民的发展过程中占有极其重要的位置。为了便于甄别各宗族的牛角号，水族先祖们最先在牛角上刻画一些简单的图案作为印记。在长期的生活积累中，水族在牛角上刻画本民族崇拜的各种吉祥图腾物，以表示对本民族文化的崇拜和敬仰。雕刻在牛角上的图案风格各异，文化内涵、技巧、艺术包装各有特点，凡人物、花鸟、鱼虫等图案，皆取自本民族身边之物，而且雕刻的工艺越来越复杂，做工越来越精细。因此，牛角从号角发展成为雕刻精美的民族工艺品，被游客所接受和喜爱。

水族牛角雕的艺术风格和其他民族不一样，用牛角立体雕刻的鸳鸯、鸡、小鸟等，是以全浮雕的艺术手法雕刻，刀工细腻，形象逼真，生动活泼。

三都水族自治县中和镇水维村板告村民韦家贵是水族民族工艺品雕刻的佼佼者，是水族牛角雕制作技艺省级代表性传承人。他不断对牛角雕刻工艺进行改进和完善，创新出自己独具特色的牛角雕刻工艺，其观赏价值和文化底蕴得到提高，而且越来越适应市场需求。如人寿年丰、龙凤吉祥等10多种牛角工艺品在省内外市场深受游客青睐，在旅游商品市场上供不应求。2006年在"开磷杯"多彩贵州旅游商品设计大赛、能工巧匠选拔大赛上，韦家贵雕刻的《牛角雕》获三都赛区第一名、黔南赛区二等奖，参赛的10多件产品都被客商抢购一空，黔南布依族苗族自治州电视台还对牛角雕刻工艺进行了专访，引起了省、州赛区各级各界人士的高度赞扬和重视。同年，韦家贵雕刻的《牛角雕》还作为贵重礼物送给著名影星成龙留念。

水族雕刻艺术的制作，多为男子所擅长，艺术性较高。这些精美绝伦的雕刻饰品，经过长时间的发展演变，形成了今天独特的民族风格，体现了水族人民的心理、愿望和气质。2015年在北京民族文化宫举办的"生态之州　幸福黔南"——黔南布依族苗族自治州60周年成就展上就专设了牛角雕等民族工艺展示区，向全国各族人民奉献了水族的匠心和文化。这些艺术之所以有如此强大的生命力，在于它有着广泛的人民性和民族艺术的传统性。

杏林春暖

我国民族众多，在数千年的文明发展中，各民族医药也随之发展，除了汉民族的中医药外，其他如苗族、蒙古族、藏族等少数民族也发展了灿烂的医药文化。少数民族医药中主要有苗族医药、傣族医药、维吾尔族医药、藏族医药、彝族医药和蒙古族医药。其中，苗族医药和藏族医药已经形成产业，规模日益壮大，其他几种民族医药通过国家和民间的保护也得到挽救和发展。

民族医药是我国传统医药的宝贵财富，水族医药是其中一个不可分割的组成部分。丰富多彩的水族传统医药，是勤劳、智慧的水族人民在长期的生产和生活实践中，逐渐认识积累而形成的具有民族特色的经验总结和智慧结晶，它具有鲜明的民族性和地方性，是中华民族博大精深的传统医药的重要组成部分。2007年，水族医药入选贵州省第二批省级非物质文化遗产代表性项目名录；2024年，水族草医（骨伤治疗）入选黔南布依族苗族自治州第六批州级非物质文化遗产代表性项目名录。

水族主要聚居于贵州省黔南布依族苗族自治州三都水族自治县及其邻近地区。这里处在云贵高原南端，山地沟谷纵横，江河溪流奔腾，年平均温度为18摄氏度，年平均降雨量为1384毫米，气候温和，雨量充沛，土地肥沃。尧人山、月亮山、更顶山、老王山、同马山耸立其间，具有垂直生物气候带特点，使得在海拔1400米以上的山地分布有中亚热带落叶阔叶林与常绿阔叶混合林，海拔700米以下有明显的南亚热带常绿阔叶林分布。因此，水族聚居的地区生物资源十分丰富。这为水族人民开发、利用中草药资源，进行防治疾病，提供了丰厚的物质基础。

水族地区中草药具有种类多、蕴藏量大、分布广的特点。据《三合县志略》卷四十三"动植矿"条记载，药类有黄草、金钗、山药、麝香、樟脑、石笋、吴萸（吴茱萸）、雄黄、五倍子、柴胡、桔梗、紫苏、车前、薄荷、血藤、火麻仁、杏仁、山楂、厚朴、泡参、菖蒲、松香、茯苓、金银花等。此外，还记载了谷类12种、豆类10种、瓜类13种、蔬菜类28种、果类27种、菌类12种、花类29种、草类15种、藤类6种等共计218种其他植物，其中有不少也是药用植物。潘一志先生的《水族社会历史资料稿》中也记载："山药，各地皆有，产量亦多。杜仲，栽五六年，可砍伐一次，九阡地区姑农一带，每次砍伐，可得杜仲皮数千斤。茯苓，九阡地区扬拱一带，每年产几百斤。其他地区也有。……樟脑，野生樟树，早年曾制过樟脑。吴茱萸，俗称米辣子，各地都有。黄柏、前胡、小茴香、石菖蒲、茯神、天门冬、麦门冬、黄精（俗称山姜）、通草、山桅、紫苏、车前、薄荷、血藤、火麻仁、桃仁、杏仁、陈皮、蓖麻、沙参、何首乌、益母草、金银花、仙茅、厚朴、牵牛（俗称马鞭草）、金钗、山楂、松香、香附子、乌梅、大枣、红枣、芍药、丹皮、阴阳果……都有出产。"[①]据《三都水族自治县志·卷七·科教文志（初稿）》记载，1966年县野生植物普查办公室在收购的中草药和民间草医中查出中草药605种。1983年县农业区划委员会畜牧组在调查中查出中草药资源近1000种。据统计，水族群众常用的就有520余种中草药。随着水族人民对中草药价值认识的进一步提高，医疗卫生事业及经济社会的发展，杜仲、天麻、麦冬、川芎、桔梗、板蓝根等已逐步人工栽培，既有力地促进了群众增收，又促进水族医药的快速、健康发展。

水族使用中草药防治疾病的历史十分悠久。水族医药以草木和矿物质为主。水族民间医生往往根据病人的症状，结合个人经验，去寻找所需要的药物（包括动植物药和矿物质药）为病人治病。问病发药是水族民间医生诊疗的主要传统模式，药物剂量视其年龄、身体强弱等情况而定。水族医药对病因的认识是很纯朴的，认为环境卫生、气候、病从口入、过度劳累、房事不节以及意外伤害六个方面均可致病。出现什么样的症状，则用什么样的药。根据这一原则，按疾病的主要症状来命名成为水医疾病命名的主要特点，如大便不下、白带多、产后抽筋、大脖颈病等。中华人民共和国成立后水族医药才出现了现代医学用语，以及借用中、西医病名为自己所用，如毒蛇咬伤、水火烫伤、癫痫、疔疮、小儿疳积等。

水族医药的起源，最早源于"巫医"结合。"巫医结合，神药两解"是水族先民通用的诊疗方法，从中可了解到源远流长的水族医药史。

---

① 潘一志：《水族社会历史资料稿》（内部刊行），1981年，第54页。

水族医药具有悠久的传承性、突出的民族性和地域性。水族民间医生传授医技多"单线"往下传，且"传内不传外"，采用师带徒式的传授方法，多数传给儿子，也有不传给自己家人，而只传给最亲的外人，如传给外甥等。他们多采用当地的药物，采取赶场（集）天摆摊设点，或在家等病人上门求医，或病人请出诊等治病方式。主要治疗农村中的常见病、多发病或中、西医难以治疗的各种疑难杂症。

水族民间医生通过"望、闻、问、触"的方法，以及弹诊、手诊、甲诊、舌诊、耳诊、眼诊、面诊、脉诊等获取症候，进行辨证求因，审因论治。针对某一症状用药，就可以达到治疗的目的。水医把人体看成气、形、神的统一体，通过望、闻、问、触探求病因、病性、病位，分析病机。望、闻、问、触是水医传统的诊察疾病的基本方法，通过望、闻、问、触对病人的情况进行全面的了解。在诊病方法上，水医除了望、闻、问、触外，还注意辨证、辨病、病征相结合，使传统的水族医药具有科学性，从而达到立竿见影的效果。

在水族医药中，药物内服除单纯水煎外，尚可用水酒煎，或将药物泡酒，或将药物研成粉末或烧成灰用水或酒送服，还可将药物与鸡肉、鱼肉等同炖服用。此外，水族民间常采用药物外用治病，药物可煎水外洗；也可捣烂取其浆汁，或捣烂包在伤处或穴位上；也有将药置于水或酒或醋中研磨，用药液涂于患处；或将药物置入酒或醋中浸泡，将浸出液涂于患处；视病种类别所需或与茶油、菜油、桐油、芝麻油调匀敷于患处。药物外用应用范围很广，剂型多种多样，是水医治疗疾病的一大特色。

药浴是水族人民的祖传秘方。长期以来，药浴成为水族人民集防病、治病、强身健体于一体的习惯。从古至今，每年端午节，家家户户都有上山采药或购买草药拿来炖、煎、煮、煨服用和外洗、挂大门边或卧室等的风俗习俗，这是防治流行病的有效方法，特别是对儿童和老人起到了很大的保健作用。水医以防为主、防治结合、养治兼并，这对于防治传染病和疑难病，提高人民健康素质和生活质量极具现实意义。

中华人民共和国成立以来，党和政府高度重视少数民族传统医药文化，制定政策措施，抢救、保护、传承、扶持、发展民族医药，使水族的医药事业有了当前的大好局面，已形成医疗、科研、教育、新药开发基本配套和水医药互相促进发展的格局。为了继承和发扬民族医药，保护和发挥民族医药特色和资源优势，促进民族医药事业发展，《黔南布依族苗族自治州民族医药保护发展条例》2018年8月1日实施；又为继承和弘扬民族医药优秀传统文化，深化医药卫生体制改革，建立具有自治州特色的医药卫生保障体系，促进民族医药事业依法有序发展，2019年10月1日制定《黔南布依族苗族自治州民族医药保护发展实施细则》。《三都水族自治县自治条例》也规定：自治县的自治机关重视民族传统医药的发掘、整理和利用，鼓励民族民间医生合法行医。先后出版了《三都水族自治县中草药验方选编》（内部发行）、《水族医药》《中国水族医药宝典》等重要著作。其中，1997年王厚安著的《水族医药》系统地收集、整理了水族药物182种，单验方395个。全书包括水族医药简史、水族医药基本理论和治疗方法、水族药物、水族单验方选四个部分，较全面地反映了水族民族医药状况，填补了水族医药无文字记载的空白，对继承发掘民族文化，开发利用水族医药资源具有重要意义，从而标志着水族医药理论的基本形成。2007年《中国水族医药宝典》问世，书中共收集、整理了216科1068种水族药物标本，总结出医治各种疾病的配方200多种。该书对每种药的药物名称、水族药名、形态特征、生长习性、性味、功用、如何采集加工等都进行了详细描述，是一部比较全面系统地反映水族药物资源和总结医治各种疾病经验的药物书籍。该书收集的药物品种和验方具有鲜明的民族性和地方性，为解决水族农村防病治病提供了方便和科学依据。

随着科学文化及医学水平的普及与提高，水族人民已有了自己的初、中、高级医疗卫生事业人员，加之各民族之间的相互交流与学习，医药知识的相互渗透，水族医生也将学到的中、西医方面的知识融汇到自己的民族医疗实践之中，因而在他们诊治疾病的过程中，往往可见到这种影响的存在。随着市场经济的发展，一些水族医生也已经开始走出村寨，办理执照行医看病，还有一些具备一定技术专长的人员，开办了富有民族特色的诊所、医院，这对水族医药的发掘、整理、总结、提高和发展产生了积极的推动作用。改革开放以来，特别是进入21世纪以来，民族的医药卫生事业，特别是水族医药事业的发展进入了历史上最好最快时期，这为提高人民群众的健康水平、促进水族地区的经济建设和社会进步发挥了重要作用，给各族人民带来了实实在在的利益，让各族人民得到了真正的实惠。

第六章　文学艺术与体育游戏

开天地、造人烟

在长期的生产和生活实践中，水族人民创造了丰富多彩的文学艺术，成为祖国丰富文化遗产中的一个重要组成部分。2019年，水族古歌入选贵州省第五批省级非物质文化遗产代表性项目名录。其中，有许多创世古歌，反映了开天地、造人烟的内容，如造天造地古歌、造日月与射日月古歌、人类起源古歌、洪水潮天再传人烟古歌。

造天造地古歌　造天造地古歌是水族最早的文学作品之一，这些作品涉及的题材重大，影响深远，一直流传到今天。造天造地古歌的主要作品有《开天地造人烟》《开天辟地》《恩公开辟地方》《开天地调》等。这些作品中的牙巫和拱恩，是神化了的人格形象，这些古歌几乎都是围绕着牙巫和拱恩展开故事情节。牙巫是水族古歌中本领最大，威信最高，无与伦比的权威女仙。如《开天地造人烟》这首古歌：

初造人，上下黑糊，

初造人，盖上连下，

初造人，黑古（咕）隆咚。

第六章 文学艺术与体育游戏

　　天连地，不分昼夜，
　　地靠天，连成一片。
　　哪个来，把天掰开？
　　哪个来，撑天才得？
　　牙巫来，把天掰开，
　　牙巫来，把天撑住。
　　她一拉，分成两半。
　　左成天，右边成地。
　　……①

开天造地之后，天还在倾斜着，容易倒塌，牙巫就急忙去铸造铁柱和铜柱来撑天：

　　造铁柱，撑住两边。
　　炼铜柱，撑天肚囊。
　　撑头次，高七万丈。
　　撑二次，天层开朗。
　　……

在水族的创造歌里，拱恩（即恩公）踩拓凡间占有重要位置。古歌《恩公开辟地方》古朴地描绘了拱恩踩拓凡间的情形：

　　古恩公，开辟天下，
　　不用锄，只用脚掌。

---

① 黔南布依族苗族自治州文研室、三都水族自治县文史研究组：《水族民歌选：岛黛瓦》（内部发行），1981年，第43~44页。

头一脚，踩得很猛，

脚力重，地面下降。

山坡少，平地无边，

四周开成田，

中间让水淌。

……①

拱恩凭着自己魁伟的身躯和超人的力量，把大地踩拓成海洋、田地、山川和河流。拱恩虽然脚踩累了，但他仍然不辞辛劳地努力踩着：

恩公累，拄着拐杖，

脚杆软，气力不旺。

脚步稀，平坝就少，

踩少了，多出山岗。

古恩公，造地辛苦，

古恩公，恩德无疆。

……

拱恩和凡人一样，也会感到辛苦和劳累。虽然他在后阶段造的平地少，山坡多，但人们依旧怀念和感激这位拓荒的英雄。

造日月与射日月古歌 在《开天地造人烟》《造人歌》《造天造地》和《天地开辟歌》中，都有造日月与射日月的描述。古歌《开天地造人烟》在叙述了牙巫开辟天地之后，又来造日月星辰。可是，牙巫性急，

---

① 范禹：《水族文学史》，贵阳：贵州人民出版社，1987年，第42页。

她用掰开天地和支撑蓝天的那股蛮劲去锻造太阳,一下子就造了十个。由于不断地劳动,她的手臂酸了,一甩臂膀,手中的宝贝就撒遍天际,这样就出现了满天闪烁的星辰。接着,这首古歌就对牙巫性急造十个太阳的危害作了如下描述:

造一个,天边透亮,
放三个,亮了四方。
出五个,亮十二国,
放七个,树木枯黄。
造九个,烫脱皮肉,
放十个,实在难当。
造累了,牙巫甩手,
小亮块,撒遍天上。
吹口气,变成星罗,
每一个,发出亮光。
太阳多,不能生活,
热辣辣,泥土变砖,
烫乎乎,岩石化浆。
……①

众多的太阳,晒溶了岩石,晒死了庄稼、树木,晒干了江河湖海。野兽受不了,人们在哭泣。牙巫终于动了怜悯之心:

哭送仙,仙给铁箭。

---

① 黔南布依族苗族自治州文研室、三都水族自治县文史研究组:《水族民歌选:岛黛瓦》(内部发行),1981年,第45~46页。

169

哭送王，王赐铜箭。

……

人类从牙巫那里得到了铜箭和铁箭，于是开始了征服太阳的壮举：

取头个，还滴石浆。

射三个，依旧难挨。

落五个，水还滚烫。

人也哭，兽畜也求。

射八个，留下一双。

一个变月亮，一个变太阳。

这类古歌与汉族的神话《后羿射日》十分相似，与布依族、侗族、壮族的射日神话也有共同之处。反映了水族先民对日月形成的朴素认识，也反映了他们征服自然的美好愿望和坚忍意志。

人类起源古歌　有《旭济·金昆鸟》《旭济·造人》等。《旭济·造人》就直接唱道：

初造人，有个牙巫。

牙巫造，四个哥弟（兄弟）：

头一个，是个"母头雷"，

二一个，就是蛟龙，

三一个，才是老虎，

小满崽，是我们人。

……①

---

① 范禹：《水族文学史》，贵阳：贵州人民出版社，1987年，第49页。

这首《旭济·造人》古歌，是水族创造歌中人、雷、虎争天下的一段，因雷被烧上天之后，心中记恨人类，于是寻机报复。这时，对于雷在天上的活动，古歌描写得十分细腻：

雷在天，冷冷清清，
看地上，尽牙巫孙。
那个雷，越看越火，
气不过，要发大水，
淹地方，整牙巫孙。
……①

从这首古歌可以看出，人类都是牙巫孙。同样，在《旭济·开天立地》中，叙述了人与兽群相处在一起，和雷称兄道弟，之后唱道：

到后来，牙巫才分，
将愚蠢，留给兽类，
把智慧，留给人群。②

这首《旭济·开天立地》古歌，肯定了人类的祖始是牙巫，并赞颂她在繁衍人类过程中，逐步把同源的人和兽分开，把文明智慧教给人类，而把愚蠢无知留给野兽。由此可以看出，水族人类起源与牙巫有众多的关联。人类起源的神话即是牙巫造人的神话。不管是剪纸造人，还是与风雨神交配生下十二个蛋孵化成人，牙巫都是造人的英雄。

洪水潮天再传人烟古歌　这类古歌在水族地区流传较广，有《造人

---

① 范禹：《水族文学史》，贵阳：贵州人民出版社，1987年，第49页。
② 范禹：《水族文学史》，贵阳：贵州人民出版社，1987年，第49页。

歌》《开天地造人烟》等。洪水潮天的古歌以《开天地造人烟》最具特色。这首古歌在叙述兄妹俩种下瓜种之后，瓜种几天工夫就长成像谷仓大的葫芦瓜。接着就出现了天灾：

不当对，连年下雨，
涨大水，漫天茫茫。
兄妹俩，凿开葫芦，
钻进去，当作住房。
飘（漂）呀飘（漂），淌到花散，
喊救命，惊动仙王。
仙王听，放水老鼠，
钻地洞，让水流淌。
等水平，落到花术，
大地上，一片泥浆。
普天下，绝了人丁，
兄妹俩，痛哭悲伤。
……①

得仙人指点并促使兄妹俩成婚之后，竟生下一个"没头没颈"的"磨石子"。兄妹俩气极了，把它剁烂抛到荒野，想不到三朝过后奇迹便出现了，山梁、海滨到处是人烟。人类就是由这"磨石子"不同部位的肉及骨演变而成的。

那年头，破磨石子，

---

① 黔南布依族苗族自治州文研室、三都水族自治县文史研究组：《水族民歌选：岛黛瓦》（内部发行），1981年，第52~54页。

第六章 文学艺术与体育游戏

散（撒）肉块，乌鸦帮忙。

靠乌鸦，发展人类，

新一代，散（撒）满八方。

古仙王哈喂！

古仙王哈喂！

当兄妹把剁烂的"磨石子"肉抛在荒野，乌鸦就来叼走。由于肉味太酸，乌鸦吃下去便"啊哈""啊哈"地呕吐起来，因此肉块扩散到天下各个角落，到处都是人烟。

在水族创世古歌中，尤以《开天地造人烟》最为典型。全篇共八章、265 行，世代传承，众口皆碑，成为水族发展的史诗和社会生活的"百科全书"。

《开天地造人烟》是一部具有浓厚原始神话色彩的水族创世史诗，是水族远古时期的社会产物。在生产力极端低下的远古时代，水族先民对自己周围诸多的自然现象缺乏科学的认识和理解，而远古时代的薄弱经济基础和贫乏的知识决定了水族先民认识世界的水平。水族先民在长期的实践中，总想突破这蒙昧与无知，去认识自然界。正如茅盾在《中国神话研究初探》一文中所说："原始人的生活很简单，却喜欢去攻击那些巨大的问题，例如天地缘何而始，人类从何而来，天地之外有何物等。他们对于这些问题的答案，便是天地开辟的神话，便是他们的原始哲学，他们的宇宙观。"[①] 从中我们可以感受到水族先民征服自然的强烈愿望和不屈意志，从而展示了先民在远古社会的生活面貌，为研究水族的社会、历史、民俗、美学、哲学以及自然科学提供了难得的珍贵资料。

---

① 转引自范禹:《水族文学史》, 贵阳: 贵州人民出版社, 1987 年, 第 33 页。

造棉歌

　　古代水族人民，在长期的劳动生产中，创造了反映劳动生产的歌谣，这些歌谣对劳动生产的叙述，为我们展开了一幅幅古代水族人民从事劳动生产的壮丽画卷。它使我们从中看到古代水族人民从事各种生产劳动时的生动景象和有关劳动生产发展的历史，并反映着他们艰苦奋斗、改造客观世界、创建家园的崇高理想和美好愿望。

　　生产歌主要有叙述一年四季农业生产过程的《造五谷歌》，还有叙述各种生产劳动的《造棉歌》《造屋歌》《种树歌》《造酒歌》等。历史上，水族是一个以自给自足的自然经济为主的农耕民族，男耕女织一直是水族社会家庭的主要经济形态。过去，水族民众一家人所穿的服饰，大多由水族妇女自种的棉、麻自纺纱线，自织土布，自裁衣料，自己缝制而成。现在，水族传统服饰面料仍以棉居多，土布仍然是水族服饰的主要质地，只是在服饰的装饰材料上，大量的毛线、腈纶线取代了原有的棉质或丝质色线，成为挑花、刺绣的色线材料。《造棉歌》在水族生产歌中最为典型。

　　《造棉歌》13节、110行，以时序先后为重点叙述棉花的生产过程，从水族的远祖母上天得来棉花种子，到种植棉花、纺纱织布、裁衣做鞋等。远古时，"远祖人，树叶当衣"，然后"远祖母，找到天仙，得来了，棉花种子"的情景娓娓道来：

　　　　混沌初，造天造地，
　　　　土地上，长什么呢？

混沌初，造天造地，

土地上，长满树子。

天地分，造男造女，

远祖人，穿什么衣？

天地分，造男造女，

远祖人，树叶当衣。

芭蕉叶，穿起很冷，

棕树叶，冰凉透体。

远祖母，找到天仙，

得来了，棉花种子。

棉花种，又圆又黑，

一颗颗，珍珠难比。

……①

歌中描述割掉茅草，劈开荆棘，平整土地，精选棉种，种下棉籽之后，便是辛勤地耕耘：

春雨洒，棉苗青青，

女匀苗，男的松根。

粪水淋，枝粗叶嫩，

拔野草，花蕾结匀。

秋天到，棉桃开花，

---

① 潘朝丰、陈立浩：《水族民歌选：凤凰之歌》（内部发行），1981年，第12~16页。

一朵朵，象（像）似天星。

摘棉花，笑满田间，
挑回家，一路心甜。
晒楼上，阳光洒满，
摊开花，正好晒干。

摘完棉花，制好轧花机、弹花弓、纺车、织布机，并完成轧花、弹花、纺纱后，开始织布、染布：

……

织布女，端坐机上，
手穿梭，响声唧唧。
妈妈问："你织啥布，
为什么这样细密？"
姑娘说："织花椒布①，
细密好，男人满意。"
九月间，艳阳高照，
园地头，蓼兰长高。
割兰叶，制成蓝靛，
上山岭，挥舞镰刀。
化香叶，纷纷割下，
蕨子叶，落下纷纷。
堆成堆，点火焚烧，

---

① 花椒布：水族最珍贵的菱形彩纹布。

青山上，烟火腾腾。

将灰水，倒进缸里，

把靛青，加酒拌匀。

《造棉歌》对织布、染布不仅仅是简单工序的描写，还有编织花椒布及制作蓝靛的详细叙述。布染好后就开始晾布：

寨坝上，个个染缸，

树丫上，竹竿搭放。

布染好，晾挂竿上，

好一幅，秀丽风光。

红日下，蓝布飘摆，

绿树间，青布荡漾。

这是一幅多么美丽动人的画面，"红日""蓝布""绿树"，今天现代社会的水乡山寨，时时处处都呈现这样的情景，这不仅仅是"乡愁"，更是水族群众的生活所需，水族文化的传承所系。织布、染布、晾布等工序完成之后，妇女们开始捶布和裁衣：

明月夜，软风拂面，

妇女们，捶布连连，

一捶捶，响彻静夜，

一声声，传到月边，

布捶好，光滑如月，

捶的布，比风柔软。

……

劳动创造了物质财富，生产的发展改善了人们的生活。在《造棉歌》里，人们披荆斩棘付出艰苦的劳动以后，获得了劳动的成果，同时也享受到了劳动带来的欢乐：

后生们，访亲过节，
穿新衣，包新头巾。
姑娘们，访友出嫁，
穿花鞋，围新蓝裙。
一个个，有说有唱，
一寨寨，无比欢腾。

《造棉歌》主题鲜明、语言淳朴，反映内容广泛，通篇洋溢着劳动者的自豪感，充分体现了水族人民热爱劳动的感情，渗透在水族人民的各个生活领域，具有多功能性，它与其他少数民族的歌谣一样具有实用价值、科学价值和艺术价值。《造棉歌》作为水族生产歌的一种文化形态，有着丰富的内涵，在水族人民的精神文化生活中发挥着独特的作用。其社会功能表现如下：

娱乐功能 娱乐功能是水族歌谣的最基本、最显著的社会功能。《造棉歌》就是水族人民在种棉、收割、轧花、弹花、纺纱、织布、染布、晾布、捶布、裁衣和穿新衣、包新头巾时唱的歌……歌唱者在自身的演唱中，找到了快乐；听歌者也沉浸在愉悦中，获得了享受。这正是歌谣娱乐功能的具体表现。

历史功能 《造棉歌》不仅渗透着丰富的内涵、深刻的思想，而且体现出水族历史年轮的轨迹，具有积极的历史作用。在目前我国各民族社会历史研究中，缺少文字记载民族的古代历史，主要依靠口传的民间文学作品来编写。《造棉歌》就反映了水族的造棉、纺织历史，为研究水族农耕史提供了可贵的资料，也对考证民族源流有一定的参考价值。因此，民间歌谣对于一个没有完整文字记载自己历史的水族来说，无疑是可贵的史诗。

寄托功能 作为观念形态的水族歌谣，是水族社会一定政治生活和经济生活的反映，它不仅印刻着时代的年轮，而且寄托着缅怀祖先、继往开来、憧憬幸福生活的愿望。历史上，水族地区生产落后、交通不便、精神生活贫乏，歌谣是他们寄托感情和愿望的最好方式。植物多样性对人类未来具有不可估量的价值，维系着地球上生命系统的和谐发展，《造棉歌》就寄托了水族人民对先辈开疆扩土、保护物种、延续农耕的追忆和敬仰，对保护身体、维持生命的渴望和希冀，对传承工艺、弘扬文化的守望和执着。同时，《造棉歌》也淋漓尽致地体现了水族妇女把打扮自己和丈夫、子女作为一种艺术竞争，炫耀自己的手艺、炫耀家庭的富有，寄托了对亲人的关爱、对真挚感情和幸福生活的追求和向往。

教育功能 《造棉歌》的传唱，群众在潜移默化中学到选种、种棉、收割、轧花、弹花、纺纱、织布、染布、晾布、捶布、裁衣的知识和技能，受到启发和教育，既符合生活本身的内在逻辑，又真实生动。同时，总结了生产劳动经验，传授了劳动知识和技能。这就是民间文学实用价值的重要一面。水族人民运用歌谣进行传统的道德教育，对于民族性格、民族精神的形成，起了良好的作用。《造棉歌》反映了古代水族人民不屈不挠地战胜重重困难，积极创造社会物质财富的生动情景，充分体现了水族人民热爱劳动，不怕吃苦的崇高美德。教育人们赞美劳动、歌颂劳动、热爱劳动，认识勤劳的品质最可贵。

艺术功能 第一，《造棉歌》注重押韵，靠韵来组合诗歌，有"无歌不有韵、无韵不成歌"之说，唱起来朗朗上口、铿锵有韵，听起来和谐悦耳。第二，《造棉歌》的语言简练、通俗、质朴有力，集中了水族语言艺术的全部智慧和创造，无论是直抒胸怀，还是叙事传情都有一种朴素清新的流畅感。第三，《造棉歌》和各族民歌一样，对于比兴、拟人、夸张等各种艺术表现手法都有所应用，其中在比喻的运用上，除使用明喻来烘托表现的内容外，还能结合本民族的心理、性格特点，善于用与水族人民生活相关的暗喻来加强艺术感染力。《造棉歌》不但具有巨大的艺术欣赏价值，而且还有一定的借鉴价值。它的艺术风格对文学的创作、文艺的创作值得借鉴。因此，既要借鉴《造棉歌》的艺术传统，又要发扬《造棉歌》的民族特色，还要珍惜其艺术价值。让以《造棉歌》为代表的水族歌谣这一社会精神财富华彩纷呈、发扬光大，为后世所传颂。

旭 早

"旭"为唱歌，分为"旭早""旭挤""旭虹"等，"早"是双或对的意思，因此，汉语译为"双歌"。组成双歌的每一首歌虽有相对的独立性，但不能单独成篇，须问和答组成一个偶数的音乐结构。在实际的流传中，双歌形成了礼俗型双歌和叙事说唱型双歌两种类型。对于寓言性的双歌，则分为说明和吟唱两个部分，吟唱的是诗歌的主体部分。组成双歌的每一组歌，尽管内容有相对的独立性，但是都不能单独成篇，而必须组合在一起，相互配搭联系，才能完成歌者所表述的完整主题。2007年，水族双歌入选贵州省第二批省级非物质文化遗产代表性项目名录；2021年6月，水族双歌旭早入选第五批国家级非物质文化遗产代表性项目名录。双歌的演唱也是比较突出的，要两人或多人来打和声。这种和声是一种衬托，与川戏的帮腔差不多一样，所以也叫帮腔。帮腔是在歌的后句上重复时加上"哈——喂——"这个衬词来作为和声。旭早在演唱前，常常由演唱者与席间的人齐唱起和声"腊——业喂，——腊——来唷——喂——"或"流嗨——业喂，流嗨——唷喂——"前者为妇女的和声，其意思是："所有你的亲戚朋友喂！所有我的亲戚朋友喂！"这是旭早起歌的和声，其目的既是引起听众的注意，烘托场面气氛，又使演唱者得到舒缓、回旋思考的余地。

旭挤，"挤"是单、奇的意思。这是与双歌相对而言的。它可以一人唱，也可以多人合唱。对唱时，每次只需唱一首，不需要像旭早那样唱一组。旭挤吟唱的题材十分广泛，演唱的场所不受限制，什么场所都可以。它适用于情歌、生产歌、苦歌、逃荒（难）歌等各方面。尤其在情歌上，有时可以即兴而起，一时叫对方难以回答，把歌的演唱推向新的高潮。

旭虹，"虹"是水语一兜、一蓬、一丛的意思，汉语译为"莬歌"。旭虹的内容取材广泛，文学比兴手法多样化，主要为群体的演唱，且不拘人数的多少、不拘歌体的单双、不拘演唱的场合，一事多叙，一情多咏，你一首我一首合成一组，就像一蓬蓬吐蕊的山花。旭虹的音乐形态与单歌、双歌相同，故也有"莬单歌"和"莬双歌"之称。水族莬歌、单歌入选三都水族自治县非物质文化遗产代表性项目名录。

正因为水族民间长期以来将这种民间文学作品称之为旭早、旭虹，而相关民间文学研究者亦随之将其汉译为双歌、莬歌，于是长期以来便一直将其归入水族民间歌谣之中而未将其归为水族的民间曲艺。关于水族这种独具特色的说唱艺术兴起于什么年代，历史文献上并没有留下任何记载，因此，我们只能从至今尚在广为流传并具有一定代表性的作品所反映的内容上，和民间歌手对某些作品的源流附注里，粗略地推断出它们大体的产生年代。

水族文学在封建社会历史背景下，为适应水族地区经济的不断发展，更好地反映其社会生活的广阔面貌，便以水族歌谣为基础，借助其他如寓言、传说故事等的表述方法，于是产生了水族所独有的双歌与苋歌这种说唱文学。毋庸讳言，除了水族文学自身的歌谣形式给水族双歌和苋歌提供了这种说唱文学发展的基础外，各民族文化上的互相影响，尤其是随着城镇经济的逐步发展，书院、义学的建立，汉族说唱文学相继流传到水族地区，这对于水族这种亦说亦唱的双歌和苋歌的发生与发展，无疑也起到了一定的推动作用。仅从内容上看，水族双歌中就有不少受到汉族传说故事及其书面文学影响的作品在广为流传。

水族的双歌和苋歌，在形式上一般都包括说白和吟唱两个部分。说白部分只是一个引言，它往往通过一个富有寓意的短小故事，把吟唱部分中的主要角色（人或拟人化的动植物）介绍出来。因此，双歌和苋歌的吟唱部分，只能是说白中所介绍的角色之间的吟唱，但是它们的演唱场所和演唱的方式又有某些不同。双歌多在庄严热烈的酒席上进行，因此，也有人称它为酒歌或大歌，并且还常常带有一种对歌比赛的性质。苋歌却不拘任何场所和环境，如人们在消遣闲谈，或青年男女谈情说爱时，都可以根据当时的气氛和各自的感情即兴演唱。在演唱方式上，除了每一组歌的说白和吟唱部分都由一人来承担外，在唱双歌时，每一方还必须要由两名以上的同伴帮腔伴唱起歌的和声句和最后的和声句，在此情况下，一问一答、一唱一和地展开对唱。而一方所唱的每一组歌，除了只能在开头部分有一次说白外，吟唱部分可根据内容的需要，由演唱者同时去扮演其中的两个角色，去演唱两首歌或四首歌、六首歌不等，同时也可扮演更多的角色和演唱多首歌。尽管双歌的每一首歌都有它相对的独立性，但是它不能单独成篇，只有将每一组歌的几首歌合在一起才能表达一个完整的主题。并且不管对唱的双方所唱的每一组歌有多少首歌，最终都必须要构成偶数，这也即是双歌得名的主要原因。《白鹤与乌鸦》和《麻雀与画眉鸟》是一对完整的旭早。《白鹤与乌鸦》是出歌，《麻雀与画眉鸟》是对歌，可以看出水族旭早这种说唱文学形式的基本特色。

说白：乌鸦碰见白鹤，想与它交个朋友，但又怕白鹤瞧不起它，乌鸦就唱了这首歌。

乌鸦：毛洁白，如雪一样，
　　　脚杆长，嘴鼻红亮。
　　　你白鹤，非常高贵，
　　　谁个不，把你夸奖。
　　　我个儿，又矮又小，
　　　穿一身，黑色衣裳。
　　　想与你，交朋结友，
　　　又恐怕，太不配当。
　　　白鹤呀，你若不嫌，
　　　愿伴你，飞向远方。
　　　我的白鹤友啊！
　　　我的白鹤友啊！

白鹤：听你唱，我脸发红，
　　　你乌鸦，受人尊重。
　　　你和我，羽毛不同，
　　　交朋友，最要心忠。
　　　你乐意，我没话说，
　　　有缘分，才会相逢。
　　　同飞行，遨游苍穹，
　　　结伴友，登上天宫。
　　　我的乌鸦友啊！
　　　我的乌鸦友啊！①

　　这是唱旭早的出歌者以白鹤比喻对方，以乌鸦来比喻自己。在说白之后，同时扮演了两个角色所唱的两首歌，意在表示自谦，想和对方交朋友。答歌者听了之后，应根据出歌的内容，结合自己的思想感情，选择一组相应的旭早来回敬。下面是答歌者将自己自谦地比作麻雀而唱的一组《麻雀与画眉鸟》的旭早。

　　说白：桃红柳绿，百鸟歌唱。一天，画眉鸟正在尽兴吟唱，看到麻雀高高兴兴欢跳在身边，就称赞它聪明伶俐。麻雀却说画眉鸟歌声好听，想同它交朋友，但心里又有顾虑，于是以歌唱达其情。

　　麻雀：画眉鸟，歌声悠扬，
　　　　　你美名，传遍四方。
　　　　　我对你，十分敬仰，

---

① 潘朝丰、陈立浩：《水族民歌选：凤凰之歌》（内部发行），1981年，第68~69页。

今日里，幸运碰上。

见你面，感情激荡，

听你叫，牵动心肠。

我心想，在你身旁，

想上前，心里又慌。

我的画眉友啊！

我的画眉友啊！

画眉：你的话，也很偏颇，

你听我，细细叙说。

我自个，常被捕获，

关笼中，多不快活。

你比我，聪明灵活，

想问题，心计甚多。

麻雀你，飞遍山岭，

屋檐下，你可做窝。

你和我，喜来相遇，

我的歌，越唱越多。

我的麻雀友啊！

我的麻雀友啊！①

水族双歌与蔸歌以它特有的亦说亦唱形式反映着广阔的社会生活，内容十分丰富，题材多样。从古至今，从人及物，从天到地，大到宇宙日月星辰，小到鱼鸟花虫等，都可把它们编成双歌与蔸歌，借以表达某

---

① 潘朝丰、陈立浩：《水族民歌选：凤凰之歌》（内部发行），1981年，第69~71页。

种主题去演唱。我们若将那些广为流传、语言生动、形象感人的双歌与蔸歌，从内容和表达手段上划分起来，大体上可以分为寓言式和非寓言式两大类。其中尤以语言含蓄、情趣幽默的寓言式旭早更为绚丽多彩。

20世纪60年代，燕宝到三都水族自治县采风，对这种集说、唱、演于一体的水族民间文学样式非常感兴趣，特别是当他发现了水族民间艺术家潘静流先生耗费数十年工夫以水语音译整理而成的《"旭早"歌书》手抄本，如获至宝，遂与潘静流合作，花了数月工夫，边听边译边记，终于完成了用汉语翻译的《水族双歌单歌集》一书，并于1981年8月在贵州《民间文学资料》第46集铅印出版，这一独具民族特色的水族民间文学样式的风貌方才展现在世人面前。然而，令人遗憾的是，此阶段，这一独具水族特色的民间文学样式仍被人们视为民间歌谣。

20世纪80年代，范禹在《水族文学史》一书中已提到了水族民间文学样式不仅有歌咏演唱，还兼有说白表演，并辟出专章冠以"民间说唱文学——双歌与蔸歌"之标题进行论述，该章指出"水族的双歌与蔸歌，在我们祖国多民族的文学园地里，是一种别具特色的说唱文学"，并对其思想内容及艺术特色进行了分析，但仍未将其明确认定为水族民间曲艺。20世纪70年代末，在文化部（今文化和旅游部）、国家民委、中国文联的组织领导下，全国各地普遍开展了"十部文艺集成志书"工程编撰工作。贵州省文化厅（今贵州省文化和旅游厅）、文联及黔南布依族苗族自治州文化局（今黔南布依族苗族自治州文化广电和旅游局）、民委、文联组织相关专家、学者深入水族地区采风调查，研究论证，最终认定这一独具特色的水族民间说唱文学为水族民间曲艺，并尊重水族长期以来的命名，将其称之为"水族曲艺旭早"。其研究成果均收集在《水族曲艺旭早研究》一书中，内收罗文亮、肖自平、范禹、石尚彬、刘世彬、潘朝丰、姚福祥、石国义、李继昌、岑玉清、李国忠、杨有义、燕宝、康成等水族及其他民族专家学者专题研究论文 14 篇，从文学、音乐、表演、源流等多个方面论证了旭早乃是水族民间由来已久的独具特色的曲艺品种。此外，该书还收入 10 篇旭早作品，使学界和社会各方人士得以清晰准确地认识水族曲艺旭早的社会价值及艺术价值。

请看下面这篇水族旭早《李子和枇杷》：

说白：枇杷和李子相遇，李子对枇杷说："你又香又甜，人人喜爱；我又酸又涩，不如你呵！"枇杷合不拢嘴地笑道："哪里哪里！你客气什么呀！谁不晓得你比我好呵！等我说句话你听吧！"

枇杷：咱果类，你比我好。
　　　出得早，三月结果。
　　　结得多，四月黄熟。
　　　亮晶晶，甜赛蜜糖。
　　　我枇杷，骨多肉少。
　　　涩又酸，有谁肯要。
　　　李子熟，人人爱尝。
　　　家族大，有百廿样。
　　　有酥李，有栽秧李。
　　　有蜜李，有七月黄。
　　　春到夏，名传四方。
　　　我金子一般的李友呵！
李子：莫夸了，你比我好。

　　　　　李子酸，李枝多刺。

　　　　　苦掉泪，哪个敢吃。

　　　　　你枇杷，又香又甜。

　　　　　男子得，连皮吞下；

　　　　　女子得，剥皮细嚼。

　　　　　香喷喷，人人欢心。

　　　　　我的枇杷友呵！

　枇杷：你莫犟，听我再讲。

　　　　　李子甜，人拿送礼。

　　　　　赶场天，个个动嘴。

　　　　　男和女，都说饿李。

　　　　　有的人，用篮子装；

　　　　　有的人，拿衣襟兜。

　　　　　带回家，闷了有吃。

　　　　　蜜酥李，最是金贵。

　　　　　我的酥李友呵！

　李子：金枇杷，家住园篱。

　　　　　男和女，把你来围。

　　　　　枇杷香，空肚吃甜。

　　　　　集市上，购者争抢。

　　　　　你比我，高贵得多。

　　　　　我金子一般的枇杷友呵！　[①]

---

　　① 潘朝丰、陈立浩：《水族民歌选：凤凰之歌》（内部发行），1981年，第82~83页。

这是一篇早期的水族旭早作品，演唱者即是潘静流老先生，记译者为燕宝先生。从这首歌里可以看出水族姑娘相互之间的赞美，借用人们普遍喜欢吃枇杷和李子这个特点，在说唱中以"我枇杷，骨多肉少。涩又酸，有谁肯要。李子熟，人人爱尝""李子酸，李枝多刺。苦掉泪，哪个敢吃。你枇杷，又香又甜"来对比，通过这样的铺垫最后引出"蜜酥李，最是金贵"，"枇杷香，空肚好甜""你比我，高贵得多"来赞美对方。从通篇所反映的内容来看，通过对枇杷和李子互相称赞对方，它不仅只是反映着她们谦虚待人的美德，还寓意着赞赏对方的美丽，深受很多年轻后生的爱慕和追求，以此去表达对对方的称赞。早期的旭早中此类作品甚多，如《白鹤与乌鸦》《麻雀与画眉鸟》《阳雀与布谷鸟》《斑鸠与白竹鸡》《野鸡和锦鸡》《孔雀和金科鸟》《画眉鸟与凤凰》等，均是通过拟人化手法，首先以简短的说白引发吟唱，而后通过一出一对的唱段互相夸赞，唱词生动活泼，形象传神，具有较高的文学艺术价值。

一出一唱之间，既活跃了酒席气氛，增进了主宾感情，更体现出水族人民热情质朴、谦逊好客的性格特征。

水族旭早中亦有不少反映爱情婚姻生活的佳作。如《蜜蜂和桃花》：

说白：春天来了，桃树枝头冒出了许多红红的花苞，太阳出来，正欲开放，蜜蜂远远飞来，桃花苞高兴地说："小蜜蜂，你去哪里？"蜜蜂答道："向你讨花戴。"于是桃花苞含羞不语。

蜜蜂：为寻花，不怕路远，
　　　过了水，又登高山。
　　　越高岩，不怕艰险，
　　　过江河，不惧深滩。

逢朋友，我都打听，
哪个村，花朵最鲜？
遇腊梅，她已抱子，
见石榴，未开睡眼。
随春风，翻山越岭，
才来到，你的身边。
你一身，红装素服，
玉婷婷，好似天仙。
花瓣下，粉红鲜艳，
闻清香，透人心田。
我早就，把你爱恋，
到今日，才有机缘。
见到你，我真幸福，
采花蕊，尝到甘甜。
我的桃花友喂！

桃花：春日来，风和日暖，
巧打扮，步入人间。
过一春，好比一世，
艳阳天，正好游玩。
小蜜蜂，不远万里，
为采花，飞越千山。
你是个，快乐歌手，
走一山，唱到一山。
身虽小，伶俐勤俭，

从不说，半句怨言。

　　论品行，花蝶难比，

　　为采花，情长意坚。

　　我有花，千枝万朵，

　　任你采，任你挑选。

　　远来的蜜蜂友喂！①

蜜蜂采花酿蜜，桃花艳丽芬芳。这篇旭早便巧妙地将寻芳采花的蜜蜂喻之为为了寻找心仪的姑娘而"越高岩，不怕艰险，过江河，不怕深滩。逢朋友，我都打听，哪个村，花朵最鲜"的年轻男子，而将"你一身，红装素服，玉婷婷，好似天仙。花瓣下，粉红鲜艳，闻清香，透人心田"的桃花喻之为青春焕发，美丽动人的姑娘，适逢春景烂漫，春光无限，两人怎能不春心荡漾，互相倾吐爱慕之情呢？

青年男女的相爱相恋是极其自然而又非常甜蜜的，然而，倾心相爱的青年男女，却往往因为种种原因而不能结为伉俪。于是就有了不少有如《蜻蜓与幼虫》这样的作品：

　　说白：从前，有两只蜻蜓的幼虫，相亲相爱地生活在水里。后来一只变成蜻蜓飞走了，另一只还未蜕化，孤独地守在老地方。有一天，蜻蜓偶然来到旧地，幼虫和它唱起这样的歌。

　　幼虫：当初我们俩，

　　　　　生活在碧绿的水塘。

　　　　　没有一句逆心话语，

---

① 黔南布依族苗族自治州文研室、三都水族自治县文史研究组：《水族民歌选：岛黛瓦》（内部发行），1981年，第223~225页。

恩爱相依话衷肠。

想不到你变成蜻蜓飞上天空。

我守住你的脱壳暗悲伤。

你远走高飞了,

我却孤身守着冷浸的老地方。

如果我也能变成蜻蜓,

我俩就能比翼飞翔。

如果我也能变成蜻蜓,

就能陪你飞到天上。

我哀叹自己,

还是一只不化的幼虫,

零(伶)仃孤苦,

无限悲伤。

蜻蜓:当初我们俩,

生活在水田的一角。

真挚相爱慕,

谁都不伤害对方的自尊心。

偶然的相逢,

让我们共叙别后的深情。

我何尝愿意离开你,

只因仙人造就参差的命运。

仙人叫我飞上蓝天,

入了青云心神也不安定。

亲爱的幼虫啊,

第六章 文学艺术与体育游戏

别羡慕我变成蜻蜓，

长空万里没有我落脚的地方，

东奔西荡，

风雨飘零。

多么留恋我们昔日生活，

相依为命，

笑语盈盈。①

这篇作品，哀怨缠绵，忧伤悲戚，既反映出一对恋人真挚相爱的一往情深，也刻画出他们被封建礼教活活拆散的无奈与痛苦，同时表现出他们对美好幸福的爱情婚姻的无限向往。他们无力亦无法冲破封建礼教的桎梏，只好把希望寄托于虚无缥缈的"来世"。此类作品，哀婉深挚，听者无不为之动容，既唤起人们对此类青年男女的无比同情，同时亦对造成无数婚姻悲剧的封建礼教产生极大的愤懑，因此具有很高的社会价值与艺术价值。

在长期的社会发展进程中，水族曲艺旭早亦有了长足的发展。其说白大量增加，不仅要用在开头，起到交代故事背景、人物等的作用，而且大量运用到各首唱段之间，往往起到补充故事情节、承上启下及刻画人物心理等作用。演唱时采用水族民间乐曲，其曲调为水族人民所喜闻乐见。其表演形式亦甚为灵活，可以是一人多角，单独演唱全篇作品，亦可按其中角色的不同而相互对唱，一出一对，前后对答，相互呼应。听众往往要参与在歌头、歌尾的唱和呼应之中一起放声高歌，故而演唱时气氛热烈，听（观）众情绪高涨，产生了很好的艺术效果。

---

① 黔南布依族苗族自治州文研室、三都水族自治县文史研究组：《水族民歌选：岛黛瓦》（内部发行），1981年，第181~182页。

中华人民共和国成立以来，根据水族说唱曲艺旭早的形式改编和创作的水族题材新作品较多。第一个推上舞台的水族曲艺节目是黔南布依族苗族自治州文化局（今黔南布依族苗族自治州文化广电和旅游局）、三都水族自治县文化馆利用旭早形式，创作的《造铜鼓》，在1986年参加贵州省曲艺调演，演出时还有乐器伴奏，为水族曲艺的发展迈出了可喜的第一步。之后最具影响的作品有杨胜超编剧，杨胜超、蒙汐濛编曲，中国文联"朝霞工程"三都水族自治县水族受助学生表演的水族《朝霞情缘》，该节目2004年获中央电视台全国校园迎春晚会节目二等奖；都匀市歌舞剧团编剧演出的《水寨除魔》，2010年7月获第四届全国少数民族曲艺展演一等奖，2010年8月该节目又获中国曲艺最高奖"第六届中国曲艺牡丹奖节目奖"，实现了黔南乃至整个贵州曲艺未获得过国家级大奖的零突破，2012年12月再获贵州省第五届文艺奖荣誉奖。2019年9月，水族双歌说唱曲艺《第一书记》亮相2019全国非遗曲艺周，并于2021年在第十五届"杜鹃书荟"曲艺大赛上荣获三等奖，更好地展示近年来水族曲艺旭早的保护成果。2023年，三都水族旭早《勉睢单娅》在"2023全国非遗曲艺周"舞台精彩亮相，并获2023年多彩贵州歌唱大赛三等奖，不断激发着三都水族自治县旭早传承人群的积极性和活跃度，对提高水族曲艺旭早的保护与传承起到积极作用，丰富了人民群众精神文化生活，推动了三都水族自治县文旅融合发展、曲艺与人民生活更加密切结合，曲艺类非遗传承与保护成果与人民共享。

诘俄伢

诘俄伢，也称诘歌，是水族一种说古谈今，带有历史性、哲理性和地方习惯性质的文学体裁，分为明辨是非、解决纠纷的"辩诘"和传授知识、讲解古理的"史诘"等。诘歌通常是在宴席上由德高望重的长者或者擅长此技的艺人念唱，最后于篇末吟唱几句作结。诘歌的句式长短不一，句数有几十句至数百句之多，一般是两人对阵唱诵。历史上，水族地区处理民间纠纷，便常请称为"补诘"的理老去调解，方法就是结合事实自如地运用诘歌去驳倒对方或说服对方。清代末期以后，由于社会政治的剧变，这种民间习惯法逐渐被法律所取代，于是诘歌已渐渐演变为一种特有的民间艺术，以水族礼仪风俗歌的形式流传至今。诘俄伢已入选三都水族自治县非物质文化遗产代表性项目名录。具有代表性的有婚嫁《诘俄伢》和丧葬《诘俄伢》。

婚嫁《诘俄伢》[①]，是一首长达三百余行的婚姻习俗的礼仪歌。这种歌常常是在酒席上请两名德高望重的长者，或者擅长此技的艺人，双方以主、客，嫁、娶对阵的方式展开一问一答的吟唱。歌中就水族婚姻习俗的形成，由浅入深地作了较全面的叙述，并具有浓厚的民族特色。首先由主人家吟唱设宴待客的缘由：

古酒才是亲戚的酒，

好酒才是客人的酒；

---

① 潘朝丰、陈立浩：《水族民歌选：凤凰之歌》（内部发行），1981年，第110~118页。

今天是吉日良辰，
今天利于万物生长；
今天才喝酒陪客，
亲戚连亲戚来到。

彩虹出现在天上，
是因为龙出了深潭；
万花开遍了山原，
是因为降临了春天；
选下了好日子，
叔伯们才来与我们打亲家；
择好了美时光，
叔伯们才来与我们作客[①]；
吉日良辰，
万事幸心。

接着主人以赞美的言辞，叙述客人馈赠的礼物。除了夸赞"大小项圈拿上门""美酒白米几十担"的富有之外，还通过茶淡酒少、姑娘笨等的描述去表达自己谦虚好客的诚挚感情。

看不完，数不清，
叔伯们带来好金银；
看不完，数不清，
大小项圈拿上门。

---

① 作客：打亲家。

叔伯的家庭多富裕,

送礼的队伍连成串;

拿来的猪要四人抬,

美酒白米几十担。

眼见亲家好气派,

我们惭愧难开言;

我们是苗家的楼脚,

我们是汉族的胸前;①

我们待客很简慢,

我们地方贫穷多干旱。

像我们这样的穷亲家,

敬客没有美酒,

待客缺少香茶;

没有凳坐难留客,

缺乏菜肴礼节差。

我们的姑娘很笨,

我们的女儿很傻;

我们不会教,

姑娘空长大;

做不成家务事,

---

① 苗家的楼脚、汉族的胸前：均属自谦，意思说自己比不上别人。

绣不出五彩花。

承蒙叔伯们不嫌，

看得起才来打亲家。

是不是这样呵。亲戚们哪！

尔后，男方首先对主人家的热情款待表示感谢，然后溯本求源地接着吟唱：

做好酒，做醇酒，

做给贤良的祖宗，

做给家里的活神①，

做给两边的亲戚，

做给双方的嘉宾。

良辰才走亲吃肉，

吉日才喝酒访亲。

古老时，造下了人烟，

在发亮的天脚，

在发亮的中天下，

在湛蓝澄碧的天上，

上开天堂、下开人间。

选出了十二种谷，

造下了十二种人，

---

① 活神：指已去世的祖先。

第六章 文学艺术与体育游戏

十二种谷养活了天下人。

杨令祖^①又来分天下,

十二个人分住十二处:

第一种人住冈溪口;

第二种人住里坪地区;

第三种人住汪向;

第四种人住当坑;

第五种人住中和;

第六种人住雄里;

第七种人住水龙;

第八种人住九阡;

第九种人住拉旦;

第十种人住塘州;

第十一种人住阳安;

第十二种人住三洞。

十二个地带,

十二个方向,

十二个"都"^②,

十二个父亲。

在唱完十二种人分住在十二个地方之后,紧接着就把宗族立下的十二个法桩的地名一一唱了出来:

---

① 杨令祖:指水族神话中开天辟地的神。
② 都:水语,指人口聚居的地方。

人们安住下，

住下须立法。

若是不立法，

山要崩，地要塌；

地方混乱难管辖。

苗族立法用规石，

汉族立法用牌印；

水族立法用木头，

立下了十二个法桩。

水尾、三洞立法桩在博兰；

塘州、塘乃立法桩在仲晓；

延牌、那吴立法桩在子场；

水坪立法桩在中寨；

拉佑、独寨立法桩在塘瓜；

庞寨立法桩在莽洞；

水龙立法桩在弧阿里；

底勒立法桩在得本；

显立法桩在慕鲜；

中和立法桩在桥头；

贵因立法桩在古用；

甲化立法桩在巳场。

然后，再把可以互相开亲的缘由及其地名也都一一作介绍：

立法有规定，

同宗不开亲。

我们同祖又同宗，

怎么来开亲？

后生找媳妇，

翻山又越岭，

姑娘去婆家，

抬腿出远门。

路途遥远难行走，

带的饭菜都冷硬。

后生唉声叹气，

姑娘哭得伤心。

开亲太困难，

人人伤脑筋。

老祖宗在阳坳找到一头黑母牛，

牵到廷塘杀了祭祖宗。

祭罢祖宗分牛肉，

好肉送给头人旦，

一部分牛肉送给"岩"[①]和"嘎"[②]。

肝脏送给苗族，

肠子留给自家。

---

① 岩：水语，即布依族。
② 嘎：水语，即汉族。

这样才破了法桩，

这样才相互开亲。

祖宗们又在门昂找了一头白母牛，

牵来杀了祭祖宗。

祭罢祖宗吃牛肉，

吃过牛肉订（定）新规；

冈肖才与德令开亲；

围才与镇义开亲；

细才与亥场开亲；

榔才与阳柳开亲；

德柳才与贞纳开亲；

隆夏才与卯岗开亲；

叵康才与仡溪开亲；

羊里才与英柱开亲；

拉由才与独寨开亲；

三洞才与甲化开亲；

水尾才与尼开亲；

岩底才与隆开亲；

周覃才与累开亲；

谷硾才与赘开亲；

莫欢牤才与散开亲；

便乃才与秀开亲；

仲阿痕才与九阡开亲；

巴郎廷才与塘乃开亲；

甬窑才与安塘开亲；

伢兰、伢贵才与林桥开亲；

等美海才与尼嫌开亲；

邑姑粘才与门敏开亲；

堂公、英牌才与庞案开亲；

拉旦才与甲化开亲；

中案才与甲歹开亲。

介绍结束后，接着又以极其喜悦的心情唱道：

我们祖宗是兄弟，

就近来开亲。

隔几条田埂也开亲，

隔个小山坡也开亲。

同是一个根，

结亲亲又亲。

带上了酒肉鸡鸭，

抬来了六户高①的肥猪。

感情深厚，

热闹纷纷。

亲家啊！

古老时传下来的遗训，

---

① 六户高：一户即一拳，六户高是六个拳头摞起来的高度。

今天我们才开亲。

我们开亲像月亮一样光明，

别人开亲只像闪微光的星星；

我们开亲像成片的森林，

别人开亲只像河边芦苇丛；

我们开亲像汪洋大海，

别人开亲只像一个深潭；

我们开亲像石桥般坚牢可靠，

别人开亲只像木桥难永恒；

我们开亲像骑上高头大马，

别人开亲像走路慢吞吞；

我们开亲像水深淹到大腿，

别人开亲像水浅只没到脚跟。

……

摆好了筷子酒碗，

放好了红线绿线；

红线绿线来作凭，

我们结亲永不变。

你说是不是这样。亲家啊！

最后，在酒碗上摆好筷，在筷子上摆上红线绿线，然后交杯喝酒，"红线绿线来作凭，我们结亲永不变"表达了男方对结为亲家的喜悦心情及绝不反悔的坚定态度。

这首婚嫁《诘俄伢》是男方带着彩礼到女方定亲时唱的歌。在这种定亲的酒席上，代表主客双方吟唱婚嫁《诘俄伢》的人，他们不仅要熟悉本民族的历史，而且还要懂得吟唱婚嫁礼俗歌的一套程序。因此，这种人往往会成为定亲酒上的主要角色。从整首歌的基调去看，保持着水族古老婚姻习俗的基本原貌。

丧葬《诘俄伢》是为死者在开控仪式上吟唱的歌。因这类风俗礼仪歌是在哀悼死者时产生的，所以带有比较浓厚的祈祷悼念的色彩。水族俗语："天上雷公大，地上舅舅大。"在母权制向父权制过渡时期，由于母权制旧习俗对父权制新习俗的顽强抗争，许多母权制的遗俗又被沿袭下来。因此，母舅在水族葬礼过程中的作用和地位是很大的。这些都反映了母权制时代的遗风遗俗，而且源远流长，一直影响、延续到现在。

开控时，舅族各家须有一名代表，而其他亲戚则只需共推一名代表即可，然后大家成排坐在灵堂前，开控仪式方才开始。念《诘俄伢》的代表，一般也是在舅族代表中推举。这首丧葬《诘俄伢》是一首长达百余行的丧葬习俗的礼仪歌：

灵堂是龙殿，
肃穆又庄严；
做好酒，做醇酒，
做出美酒一坛坛，
恭恭敬敬供神龛。

坛坛美酒泛紫光，
陈年老酒喷喷香。
灵前鱼成排；

豆腐摆成行；

鲤鱼黄金甲；

草鱼骨架大；

豆腐洁白赛棉花。

灵堂前头一座桥，

如花的云彩桥上飘。

桥上有人在等候，

他们是先祖和先奶。

从前他们生下你，

现在又接你回去。

天上下来的，

仍回天上去。

人间有千万种病，

病分重和轻。

我们的奶奶生的病，

一天更比一天沉，

昏昏迷迷不清醒。

抓住树桩树桩断，

抓住木柱木桩翻；

老人逝世难挽留，

去到天上做神仙。

……

第六章 文学艺术与体育游戏

快来给祖宗梳妆,

快来给祖宗打扮,

手镯戒指戴上手,

再戴项圈和耳环。

莫愁安葬花费大,

奶奶有钱财埋在地下;

三个鼎罐埋在火塘边,

五个鼎罐埋在楼脚下。

奶奶在世时常嘱咐:

"我去时须告诉舅舅家。"

今天是吉日,舅舅们来了。

我们共同去找,

我们共同去挖。

找出来分给子孙们,

找出来送给崽和娃。

今天开控葬奶奶,

积下的钱财该用了。

亲戚们哪! ①

"莫愁安葬花费大,奶奶有钱财埋在地下;三个鼎罐埋在火塘边,五个鼎罐埋在楼脚下。"赞美死者家产多,又勤俭,埋藏了钱财。"我们共同去挖"是水族的习俗,水族老年妇女去世后,她留下的遗产,特

---

① 潘朝丰、陈立浩:《水族民歌选:凤凰之歌》(内部发行),1981年,第118~123页。

别是出嫁带过来的银饰等物品，必须等舅父等母族代表到来后，才能整理出来，再进行分配。

鉴于当时的历史条件，人们也只能用"万物有灵"去解释客观世界，认为人死了以后，灵魂离开了肉体，"到龙殿去做龙王，到天上去做天仙；晚上变成大星星，从天上观看人间；早上变成了晨星，通宵把子孙观看"，到另一个世界上去成了仙。

因此，丧葬《诘俄伢》这类作品从另一个侧面反映着水族古代社会的一定历史面貌，具有文学、历史学、民俗学等方面的研究价值。

铜鼓传说

水族人民世世代代酷爱铜鼓，并视为财富和地位的象征。水族地区几乎每个村寨都有铜鼓，据统计，仅三都水族自治县境内的水族村寨所存的铜鼓就有300余面，而现今贵州省民间所存铜鼓也只有一千多面，仅三都水族自治县就占了近三分之一，所以有人称水族山乡为"铜鼓王国"。

水族历来对铜鼓都怀有一种特殊的感情，所以每当喜歌善舞的水族人民在生活中遇到喜庆的日子或不幸时，都要敲起铜鼓，借以抒发他们内心的欢乐或哀伤之情。水族人民使用铜鼓的较早记载是大约成书于晋代的《广州记》："俚僚铸铜为鼓……悬于庭，克晨置酒招致同类，来者盈门。……后汉书，马骏于交趾得铜鼓，即此物也。"由此可见，在晋代以前，居住在五岭以南广大地区的"俚僚"等民族，就已经有了类似今日尚能在水族地区见到的常在喜庆的日子里击鼓为乐的习俗。另据范成大的《桂海虞衡志》记载:"马骏于交趾得骆越铜鼓,铸为马式。按蛮俗最尚铜鼓,相传伏波所遗。时有掘得者、其制如坐墩,空中极薄面坚,花纹细绘绉精古。四围有小蟾蜍,昂首环向。受击处,平如镜面,叩之鼓咚鼓咚如铜声。盖南方易雨,而铜鼓经霖潦湿露,其声尤清越云。战阵祭享合乐皆用之。"从这个记载看,《广州记》上说的马骏在交趾所得到的那类铜鼓,进一步得到证实是水族先民骆越人的铜鼓,并且还使我们了解到,水族先民,在过去历史上曾在很多方面都使用过这种乐器。从"战阵祭享合乐皆用之"来看,它不仅用于抵御外敌的号召和战阵的鼓动,还用于丧葬和祭祀上,以表示他们虔诚的感情,并在喜庆的日子里,也敲起这铜鼓去抒发那无尽的欢乐。正因为铜鼓和水族人民有着这种广泛而又密切的联系,以及它在水族人民生活中所起到的非凡影响和作用,水族人民才视铜鼓为传世的珍宝。水族人民为了表达对铜鼓的崇敬心情,在历史上曾创作了不少歌颂、赞美铜鼓的传说。

  铜鼓的传说,流传最广的是《端节降龙》。此外,《九仙与铜鼓》《孔明造铜鼓》《斗犀》《虎鼓伏虎》等也流传较广。从这些有关铜鼓的传说来看,由于铜鼓在古代水族人民生活中所起的作用和影响,使水族人民产生了一种崇尚铜鼓的习俗和心理,因此在这些传说里对铜鼓都赋予了一定的神奇色彩。这些传说故事不仅情节离奇,人物可上天入海,而且铜鼓也都有了灵性。铜鼓在《九仙与铜鼓》这个传说里,不仅成了大王赐给人间的可报晓祸福的宝物,而且联系到诸葛亮在水族人民生活中的影响;在《孔明造铜鼓》这个传说里,又把它说成是诸葛亮刻意造成的一个铜球,并且是后来听从了笛告老人的劝告挖空了实心,才造成一个能敲响的铜鼓。这些来历非凡的铜鼓,不但像《端节降龙》那样能战胜水中孽龙,在《斗犀》这个传说里还能帮助主人家翁达老人潜入阴水潭中，征服那桀骜不驯掀浪淹田的犀牛；在《虎鼓伏虎》里，它又成了一个能为人们伏虎的英雄。虽然这些传说都只是人们根据生活的想象创作出来的，但也反映了水族人民崇尚铜鼓的感情，视铜鼓为一种非自然物的化身，从而给予了它一种超凡脱俗的解释。

《铜鼓歌》把铜鼓的来历、样式、功能、敲法娓娓道来：

流海业喂！
流海业喂！
讲神仙，谁都知道，
都说它，天山飘摇。
说铜鼓，人人喜爱，
敲起来，地动山摇。
问它何年造，
问它何人造，
你问我，我也难讲，
问大伙，少有知道。
先人说，它始于秦，
有的说，比秦还早。
有的说，神仙赠送，
发展多，汉朝孔明。

铜鼓两尺长，铜鼓二尺高，
鼓面有太阳，光芒中间耀，
那又叫铜心，同心心一条。

光环一层层，其中有神妙，
旗旗遮天地，海水浪滔滔。

旗一万，万马奔腾，
马一路，狂奔呼叫。
……
俺祖先，又造皮鼓，
打起来，降福除邪。
海业铜鼓喂！
海业铜鼓喂！

今天，铜鼓依然被水族人民视为精神生活的神圣之物，当作珍贵的民族传世的神器和乐器，倍加爱护，不准随意动用，只有到端节或者其他盛大的活动才拿出来使用。如水族端节除夕那天，有铜鼓的人家，要由老人将铜鼓请出擦拭干净，把它摆在祭祀祖先的素席前，洒米酒一碗于鼓上，以示供祭，然后再抹干净，悬于庭中。有的还烧香敬祖先，嘴里念叨："打铜鼓，惊动天地，惊动祖先，请你们来和我们一起过节，保佑子孙吉祥！……"

铜鼓的传说帮助水族认识、了解铜鼓的历史、构造、形式、使用方法和价值功能，表现人们勤劳、勇敢、朴实的美德，同时也表达人们美好的理想和愿望，给予人们美的感受。同时，铜鼓也是水族铜鼓舞、铜鼓调、铜鼓文化的源泉和内涵所在。这类民间文学是启蒙教育的好教材，是各族人民自我教育的最方便、最普及的口头教科书，也是各族人民自我娱乐的工具。过去，各族人民所创作的不计其数的口头文学作品，起着辅助人民的现实生活、哺养他们的精神活动等社会作用。到了现代，他们又在社会和本身生活的要求下，创造了新的民歌和新的传说，它们更广泛、更直接地配合各族人民的生活，反映各族人民的思想，与时代的进步作家的作品互相呼应和配合，起着帮助改革发展和推进社会生活的作用。在当前，那些传统的如同《铜鼓的传说》《岛黛瓦》《石马宝》《猫抓心肠》《怨气全消》《水中月》《简大王的传说》等民间文学作品，一方面仍然以口头的方式在广大民间流传着，继续起着认识、教育、审美、娱乐的各种效用，从侧面记叙了水族古代社会巨变，展现了水族灿烂辉煌的民族文化艺术，反映了水族人生观、世界观及哲学思想的形成，为进一步研究水族语言文字、生活方式、伦理道德、风俗习惯、宗教信仰及社会发展提供了重要资料。另一方面，由于社会、政治、经济、文化和人民的生活、思想等的剧变，民间文学也有新的发展，不同媒介互相影响的地方更广泛，口头、文字、图像、音乐、造型、数字媒介、互联网等都构成新时代民间文学的载体。再一方面，由于学界的重视，对铜鼓广泛地进行抢救、搜集，经过选择和整理，送还到广大各族人民中间去，使它能在当前的社会条件下发挥新的作用。这种作用，往往不是一般的教科书所能够代替的，至少在使各族人民认识自己先辈的历史和鼓励他们的社会正义感情等方面是如此，特别是在提高民族文化自觉、文化自信方面事半功倍，而且对保护非物质文化遗产至关重要。

铜鼓舞

铜鼓作为水族人民崇敬的器物，在现实生活中象征重器和财富。因此，铜鼓是水族最具有代表性、最珍贵的神物，铜鼓舞也是水族地区最具代表性的舞蹈之一。水族铜鼓舞"因击铜鼓而舞"而得名，舞者根据鼓点的缓急交错而舞出不同的动作，无鼓则无铜鼓舞。铜鼓舞历史悠久，表演内容丰富，它源于水族人民的古代祭祀活动，随着时代的发展和人民精神文化的需要，它从祭坛走进实际生活，日渐成为水族人民自娱性的民间舞。2009年，水族铜鼓舞入选贵州省第三批省级非物质文化遗产代表性项目名录。

每逢端节、卯节或稻谷进仓的丰收之日，水族的男女青年们都会跳铜鼓舞来祝贺，铜鼓舞成为今天喜庆日子里人们娱乐的主要内容，整个舞蹈场面壮观热烈。而作为祭祀舞蹈，铜鼓舞庄严而肃穆的气氛在今天的水族生活中，仍广泛应用于丧葬活动和祭祖活动，根据不同的铜鼓音乐而跳祭典舞蹈，以祭奠亡灵。现今的水族铜鼓舞不仅成为水族重要的精神文化生活内容，更具有非凡的娱乐内容与祭祀社会功能。[1]但是，现代文化的注入和现代生活方式的冲击，除一些上年纪的老人外，年轻一代几乎没有人会跳，这种优秀的民族文化已处于濒危状况，急需抢救和保护。在这种环境下，学术界开始重视对水族铜鼓舞的研究。例如，王思民在《水书图象与水族舞蹈关系浅析》表明，根据水书上的乐舞图像，读者看到了水族舞蹈文化的深厚根基及源远流长的历史，为研究水族铜鼓舞的历史源流、发展变化提供了形象化资料，成为水族社会历史的见证和水族历史文化的瑰宝。陈国安、石国义在《水族的铜鼓及社会功能浅论》分析了水族现存铜鼓的分布特征、来源、形制、纹饰及水族铜鼓舞的表演形式。欧光艳在《试析水族舞蹈在水族原始文化中的二极趋向》中认为，水族乐舞文化中分作巫祭之乐和民乡之乐两种文化

---

[1] 韩荣培：《水族铜鼓舞探源》，载《贵州民族研究》1995年第1期。

趋向，并由此产生水族文化的雅俗分流。陈显勋、王思民在《水族踏歌与水族铜鼓舞探究》中通过对踏歌渊源、水族踏歌产生的原因及与铜鼓舞的比对演化的探究，得出水族踏歌与水族铜鼓舞是水族文化传统舞蹈中的两个发展阶段的形态。以上文章从铜鼓舞历史渊源中看到的文化表演方面和乐舞文化以及它的社会功能，相继地为后续了解、研究水族艺术做了铺垫，奠定了一些基础。

水族铜鼓舞作为水族地区民俗活动的产物，随着地域、自然环境、历史、经济生活的影响，不同村镇在跳铜鼓舞时不仅有男女铜鼓舞之分，也有徒手与持道具之别。铜鼓舞的演奏鼓谱（鼓点）仅三都水族自治县就有13种之多，或典雅抒情，或雄浑激越，或哀怨悲伤，或奔放热烈，体现了水族铜鼓舞的生动繁复，地域民族性特征明显。女子铜鼓舞，水语称"丢压女"，主要流行于三都水族自治县三合街道懂术村，是节日迎送亲友，款待亲友时表演的舞蹈，体现了水族人民热情好客的传统礼俗和美德。女子铜鼓舞的动作主要有移步踏地、牵手移步、转圈、抉踢甩脚、背转，大多以实踏颤膝为形象，配之甩肩甩手的上身动作和微摆胯的下身律动，呈现出女子特有的魅力，完全体现了水族地区传统舞蹈的"甩、顺、展"的特点。男子铜鼓舞，水语称"丢压"，主要流行于三都水族自治县都江镇摆鸟村、塔石村、平甲村及三合街道办事处懂术村。男子铜鼓舞的刚美风格尽在净、稳、浪、飘、狂的舞蹈动作，以急促的节奏、饱满的情绪、不凡的气度、奔放的动律、舒展的双臂和欢腾的舞步，表现出一种龙腾虎跃之感，展翅翱翔之势。那双膝略屈坐膝蹲裆的姿态，尽情地踢、跳、转、浪、蹲及奋力甩臂、腰缠、浪步、踹腿等动作充分显示出一种激越奔放，如飞似跃的气势。

铜鼓舞作为一种文化现象，它是水族人民宗教信仰、民俗习惯的载体,也是水族群众生活的需要,体现了民族的精神风貌。如今随着现代化进程的加快,旅游业的不断升温发展,每一次民间舞蹈表演活动,都是一次娱乐的盛会,围观者蜂拥而至,表演者也竭力献艺,团结的氛围无处不在。在卯节,表演者在他们的对手的嫉妒中,在情人的青睐中,在高一阵、低一阵的喝彩声中,心灵充满了自豪,精神得到了满足,情绪得以宣泄。表演者不仅找到了欢愉,而且使表演者忘记了自己在生活中的烦恼,大家沉浸在美的享受之中,充分体现了水族人民通过铜鼓舞而反映出来的求生、求福、祈求丰收、追求美好生活的愿望。同时,对弘扬水族民族文化、发展地域文化、丰富群众文化有着深远的影响。三都水族自治县每年水族端节、卯节等各种重大节日,外来观光游客络绎不绝,这都源于环境与其地方民族文化的丰富多彩,其中铜鼓舞更易吸引观众,宣传之、展示之、开发之,必然取得社会效益和经济效益的双赢。

斗　角

　　牛耕时代在中国延续了几千年的历史。在水族文化中,牛的地位颇为重要,水族人民对牛的感情非常深厚,水族人民为了表达对牛的歌颂之情,便有了斗角舞。2010年,斗角舞、角鼓舞都入选三都水族自治县非物质文化遗产代表性项目名录。

　　斗角舞一般在水族过节、丧葬、祭祀等活动中跳,尤其是秧苗拔节抽穗后,由舞队有威望的头人摘一束稻穗插在芦笙上,表示"芦笙吹涨了谷穗",用舞蹈迎接丰收年。斗角舞对耕牛嬉戏、打闹的形象化表达,表现了水族人对牛的感情，同时也是耕作文明的一种体现。

关于斗角舞的起源，有书籍记载，水族祖先看到毗邻的苗族同胞在过节、祭祀的时候，既有欢快的芦笙舞，又有热闹的斗牛场面，很是羡慕。但当时，水族祖先从外地迁来，没有牛或者舍不得用牛来打斗，于是用竹子、木条做成了牛头，戴在头顶俨然就是"牛"的形象，又在斗笠上装置一对特制的牛角，还镶嵌两面小镜子做牛的眼睛，斗笠下端缀着饰以白鸡毛的花布条，后面钉上一块长绸布遮盖舞者的背部，使道具更加美观。表演时，一般由五把芦笙、五把莽筒伴奏，表演者中一人吹着最小的芦笙在前面领舞，其他表演者边奏边舞紧随其后。另外还有两个男舞者各戴道具"牛头"做半蹲式边斗边舞。五位头插雉尾、腰拴白鸡毛花裙的姑娘和着节拍伴舞。舞者抖动道具，阳光下"牛眼"闪烁发光、鸡毛花布条翻飞摇曳，如瞪起双目、凶猛待斗的牡牛。乐声一起，另一条"牡牛"一跃而起，飞奔而来，两角嘎地一声相碰，然后，或抵或拉，忽高忽低，又闪又转，斗得难解难分，显示了水族人民粗犷奔放的性格。

斗角舞一路走来，从满足水族人民自娱自乐到对外表演、走进校园、亮相舞台、登上体坛，内涵越来越丰富、音乐越来越高亢、动作越来越娴熟、形式越来越多样，影响力也越来越大。1983年，斗角舞在中美洲演出中受到国外观众的好评。作为传统体育表演项目，斗角舞曾在历届全国和贵州省少数民族传统体育运动会上获奖。2010年，在贵州省第七届少数民族传统体育运动会上，水族斗牛获表演项目铜奖。2011年，在第九届全国少数民族传统体育运动会上，百人的水族芦笙斗角舞亮相开幕式，还在民族大联欢舞台上演，淋漓尽致地彰显了水族传统体育的亮丽风采。2018年，水族斗角代表黔南布依族苗族自治州参加贵州省第九届少数民族传统体育运动会，荣获综合表演类一等奖。2019年，在第十一届全国少数民族传统体育运动会表演项目比赛场地，来自三都水族自治县第二中学的学生们，通过模仿牛斗角的动作，或两两对抗，或一对多，向现场观众演绎了一场别开生面的"斗角"，经过紧张激烈的比赛，水族斗角夺得综合类一等奖的好成绩，展现水族儿女良好的精神风貌，表现了努力奋斗的精神，这种精神将激励着水族人民自信自强，奋发有为。相信，在民族文化越来越受关注的今天，不管是生活中的传承还是舞台上的演绎，斗角舞、角鼓舞、芦笙斗角舞等水族舞蹈一定能顽强地生存下去，传播开来。

骑草马

　　人们都知道什么是骑马，但骑草马也许就会令人百思不得其解了。骑草马是水族青少年喜爱的一项竞技的娱乐活动。水族青少年在上山放牛或砍柴时，只要有几个人在一起，就喜爱进行这种活动。骑草马具有比赛的性质，人们通过比赛骑草马，谁输了就要给赢的人干活，如帮赢的人扛柴回家或赶牛回家等，娱乐性很强。同时这项活动具有观赏性，因为骑草马能比试技巧，此外，它还是一项有益于健康的运动，所以水族人很喜欢，拥有很好的群众基础。

　　在水族民间，每逢端节，骑草马也是其中重要的一项活动。在三都水族自治县的中小学，骑草马已经作为民族文化进校园项目引进，很受学生喜欢。2013年，黔南布依族苗族自治州、三都水族自治县经过积极挖掘、认真组织、精心编排和完美表演，在2014年7月举行的贵州省第八届少数民族传统体育运动会的表演项目赛场上，黔南布依族苗族自治州代表团推出骑草马，美丽的水族服饰和独特的文化元素，让观众大开眼界，深受观众的称赞，也获得评委的一致好评，最终以精湛的演技荣获表演项目一等奖。后又于8月代表贵州省参加全国第十届少数民族传统体育运动会，与全国34个代表团178个表演项目在赛场上进行了角逐，经过激烈的比拼，骑草马在表演项目中荣获综合类二等奖和体育道德风尚奖。

中国资深舞蹈艺术家、世界华人舞蹈联合会副主席程黔玲对水族骑草马给予了高度评价："非常好，非常心动、激动、感动和震撼。"并表示有机会将邀请三都水族自治县水灵青年志愿者艺术团到美国、意大利等国家参加世界级比赛。水族骑草马的传承发展之路将会越走越宽，成为参与世界文化交流、与世界文化互动的一朵奇葩。

幂炅

幂炅，水语音译，意为"环刀"。幂炅又名环刀舞、刀沙沙，最初为水族男子群舞，此水族舞蹈在贵州17个世居少数民族舞蹈中独一无二。幂炅主要表现祭祀和水族英雄的故事内容，形式有长刀舞和短刀舞之分，表演的刀法有十余种，舞蹈动作刚健有力，粗犷豪迈，伴奏为铜鼓和大皮鼓。幂炅表现水族英雄潘新简抗清反暴起义，后发展为男子和女子共跳的舞蹈，在三都水族自治县九阡镇、周覃镇一带水族民间广泛流传。

打金刀，跳金刀，

打好金刀保家乡，

打好金刀保部落。

守好家园万万年！

这是幂㲵中的一段唱词。"咚！"一声震慑人心的鼓声过后，幂㲵表演拉开序幕。16位体格健壮的小伙子头戴水族特有的、上面插着雉尾羽的帽子，身着搭肩、下穿"鸡毛裙"，神采奕奕地舞动双手中的环刀，后面摆着一只水族特有的可变音的铜鼓，旁边还有两只大木鼓，4名鼓手用劲地敲击，传出一阵阵激昂的鼓点。只见前面16位队员时而腾空下斩，时而马步斜刺，队形时而圆形，时而方形，整个过程干净利落、刚劲有力。后面的鼓手同样精彩，拴着红布带的鼓槌上下翻飞。幂㲵的动作以刺、劈为主，整体以刚劲的特点著称，具有较明显的攻防技击性质，保持了传统的水族刀术风格，其中的绝大多数动作、造型，如斩、劈、刺、举、甩、撩、击等都来自水族群众平时的生产劳动，融合了水族的祭祀、武术及舞蹈，反映水族人民粗犷、神秘、豪迈和勇敢的特点。幂㲵既可以单独演练，又可以集体演练，既可以作为武术修炼，又可配以音乐加入艺术成分作为体育舞蹈进行表演。

2003年11月，在宁夏银川举行的全国第七届少数民族传统体育运动会上，水族刀沙沙代表贵州参赛，在表演项目比赛中获奖。2006年11月，水族幂㲵代表黔南布依族苗族自治州参加贵州省第六届少数民族传统体育运动会获表演项目金奖。2007年11月，幂㲵代表贵州参加在广州举行的全国第八届少数民族传统体育运动会获表演项目银奖。

水族幂㲵从祭祀和纪念水族英雄的初衷，到今天的进校园、上舞台、登体坛；从男子群舞逐步走向男女共舞，既锻炼身体，又愉悦心情，还传承文化，用现代的表现手段实现水族文化的创新和传播。

赛　马

　　水族传统体育不仅具有较高的竞技性，而且还表现出独特的水乡民间风情。其形式多种多样，内容丰富多彩，体现了水族人民的聪明才智和自强不息的民族精神，是我国民族文化的宝贵遗产。2014年，水族赛马已列入黔南布依族苗族自治州第三批州级非物质文化遗产代表性项目名录。

　　水族传统的赛马比赛没有组织性，并非同时起跑，是随到随跑，随时加入，实际上是一段路程内的随意追逐，和战场相似，战场追杀是没有同时起跑一说的，只有追得上或逃得脱的概念。可见，"非同时起跑，一段路程内的随意追逐"是水族赛马的鲜明特色。

　　传统装备是有鞍的，通过蹬踏鞍的左右马镫，可防止骑手从左右两侧跌落，勒缰绳和抱马脖能防止从前后跌落，双腿夹马防止向上弹开，马竭尽全力奔跑，骑手都很难坠落。近年来，越来越多的骑手骑无鞍马，因而对骑手的技艺要求更高。并且，水族端坡赛马的赛道狭窄陡峭，有些地方通常只能容纳一两匹马同时通过，所以水族的赛马又称为"挤马"。"挤马"之前，寨老先在端坡上进行祭祖仪式，之后便跃上马背先在端坡的马道遛上一圈，随即宣布赛马开始。只听见一声令下，众位骑手扬鞭跃马，争先恐后地沿马道向坡顶冲去，马道起伏不平，马匹相互冲撞，而哪位骑手一旦一马当先地挤出马群首先到达坡顶，就会赢来一阵阵雷鸣般的欢呼声，该骑手便理所当然地成为胜利者。几百匹马在马道上相互拼挤而上的场面形成"挤马"的壮观场景，是水族庆祝端节的一道壮丽景观。近年来，组织的赛马比赛以端坡赛马道的宽度确定马的匹数，集体跑，分段进行。所有的骑手在规定范围内循环往返多次跑马，实行淘汰制和计时制，各组优胜者进行决赛，最后决出名次。也许在专业人士看来，不管是从马匹还是马道，抑或是骑手，似乎都只能用简易来形容，冠军的奖励似乎也是无足轻重，但是水族儿女在这里得到了只属于他们的快乐和满足。可从下面这首《端节赛马场》[1]窥见其壮观场景：

红日照水乡，端坡闹洋洋。
万众着盛装，齐奔赛马场。

铜鼓咚咚响，马铃哐啷啷。
观众肩挨肩，自动筑人墙。

黑花和"杂交"，枣骝和海棠，[2]
一匹又一匹，匹匹皆健壮。

骏马嘶嘶鸣，人语顺风扬：
"都是好骑手呵，谁是强中强？"

"那个老者者，头名有希望。"
"那个小崽崽，骑术更高强！"

---

[1] 黔南布依族苗族自治州文研室、三都水族自治县文史研究组：《水族民歌选：岛黛瓦》（内部发行），1981年，第161~162页。
[2] 黑花和"杂交"、枣骝和海棠：均指马的品种。

"你看那后生，骑得多漂亮！"
"马壮骑术精呀，要数那姑娘！"

正在猜测时，哨子叽哩响；
三马并一排，裁判鸣了枪。

枪响马如飞，万众欢声狂：
"加油快加油！"呼声震山岗。

胜者未下马，亲友早围上。
有的赠红绸，有的放"炮仗"。

日落西山后，惜别声声扬：
"明年今日里，再会赛马场！"

端坡赛马是端节活动的高潮环节。赛马的地点叫"端坡""马坡""年坡"，人们吃过年酒后，便成群结队地从各村寨赶来这里，端坡顿时人山人海。青年赶端坡不但为了看赛马，还把这盛大的聚会看成是寻找伴侣的好机会。这首《相思歌》[①]把水族姑娘对水族小伙子的盼望、向往之情描绘得淋漓尽致、出神入化：

前年端坡上我看见你，

[①] 黔南布依族苗族自治州文研室、三都水族自治县文史研究组：《水族民歌选：岛黛瓦》（内部发行），1981年，第214~216页。

第六章 文学艺术与体育游戏

骑着高高大大的枣骝马；
去年端坡上看见哥，
穿着新崭崭一身布褂。

在成百上千匹骏马里，
要数你的马最好。
在上千个"勒翁"① 中，
要数你本事顶大。

前年赛马你得第一，
我的手板都拍痛啦；
去年赛马哥又得第一，
妹喝彩把喉咙喊哑。

都讲你的马快，
为哪样不骑它来我家？
哥明知道我是山茶花，
为哪样还迟迟不来摘她？

我看你算哪样骑手？
都快成憨包、傻瓜！
哥胆子像耗子，
一点不像我心中的"他"。

① 勒翁：水语，后生之意。

223

哥呀,

快拿出赛马的勇气;

哥呀,

快骑上高大高大的骏马!

妹是你的心上人,

妹是你胸前的红花。

快骑上骏马来我家,

快接我回去成家。

"文化大革命"期间,水族地区禁过端节,赛马活动也随之被迫停止。之后恢复端节,恢复赛马活动,水族群众欢欣鼓舞,对民族文化无比热爱的思想感情溢于言表,高唱《赛马》[①]:

一声吆喝,

群山欢腾。

跑道上,

滚过串串流星,

掠过道道闪电。

马背上的青年,

格外英俊剽悍,

---

① 黔南布依族苗族自治州文研室、三都水族自治县文史研究组:《水族民歌选:岛黛瓦》(内部发行),1981年,第157~158页。

一个劲儿，

把烈马驱赶。

跑道边的人墙，

绽开张张笑脸。

拍肿手掌，

笑眯泪眼。

为何这样欢欣，

如此匆忙？

只因为停了十年重挥鞭。

马蹄得得（嘚嘚），

擂响急骤鼓点，

欢声阵阵，

惊醒沉睡青山。

呵，一个悠久的民族，

恢复了古老尊严。

看！正扬鞭跃马，

奔向明天。

水族赛马，一般为男子的体育运动项目，但是水族女子巾帼不让须眉，女扮男装练马、赛马，还赛到了全国的运动会上夺得好成绩。

小鹰子，还在窝里，

就昂头，望着远方。

公鸡仔，刚冒头冠，

就拉开，金喉玉嗓。

那燕子，秋天南飞，

春天到，带来芬芳。

自古来，腊办①骑马，

我不服，就来改装。

上端坡，并排比赛，

那风水，照常一样。②

去内蒙，参加比赛，

党关心，胜过爹娘。

到赛场，一定努力，

为家乡，争来荣光。

这首《赛马有感》③是水族女青年石玉仙1959年到内蒙古自治区参加中华人民共和国第一届运动会赛马比赛时，向送行的领导和同志们所唱的歌。石玉仙在当年的比赛中获赛马项目青年组障碍赛第三名，为家乡、为水族人民争了光。水族赛马越来越引起体坛的关注，还成为水族男青年的一项职业选择。近年来，随着经济的发展、水族人民生活水平的提高、健身娱乐需求的提升，许多寨子都喜欢养马、练马、赛马，每逢端节，个个端坡都有赛马比赛，而且都设立了奖金，吸引了更多年轻人加入其中，如三都水族自治县三洞社区红星村的远寨，是远近闻名的赛马村，只要他们寨子的马儿出现在民族的赛马场，名次、锦旗、奖

---

① 腊办：水语，指男青年。
② 水族历史上有女孩子在端坡赛马，会影响当年雨水的思想。
③ 黔南布依族苗族自治州文研室、三都水族自治县文史研究组：《水族民歌选：岛黛瓦》（内部发行），1981年，第38~39页。

金收获满满，这不仅传承了民族的体育文化，而且也是增收致富的一条途径。

水族赛马从开展的形式上看，已经由原来的多匹"挤马"发展到单人竞速、双人对抗、多人竞技等。从个人到村寨，从乡镇到邻县，甚至到全省、全国的运动会，都会出现激烈热闹的水族赛马比赛场面。正因为赛马是水族的传统，水乡三都建有贵州迄今为止唯一的赛马训练基地，三都水族自治县也被誉为"西部赛马城"，并且承担和组织了各级各类的多项赛事，水族选手也在赛马比赛中所向披靡、多次取胜夺魁。同时，优秀的水族赛马选手还加入各级各类赛马、跑马俱乐部，在俱乐部中任骑师，并在各级各类赛事中崭露头角、夺金捧银，充分显示了民族的传统项目在现代体坛上的优越性。

千百年来，水族人民对马情有独钟。还以赛马时马脖子上的响铃作为创作来源，在舞蹈中融入了粗犷的赛马动作及马跑的步伐等元素，将水族人民端坡赛马狂奔、马铃作响的热闹场景展现得淋漓尽致。例如，三都水族自治县的体育表演项目摇马铃，代表贵州省在2011年9月贵阳举行的全国第九届少数民族传统体育运动会上获表演项目二等奖，不仅展示了水族丰富多彩的民族文化，而且为水族在中华民族和多彩贵州的画卷里又增添了灿烂的一页。

星罗棋布

水族棋类游戏也叫水族棋艺，是水族民间棋类游戏的总称，也是水族传统体育项目的重要内容之一。水族独具特色的棋艺主要有三三棋、纺棋、踢棋、挑棋、官王棋等。棋盘上的路线各异，棋子数目多少不一，走法亦各不相同，内容丰富多彩。2019年，水族棋艺入选贵州省第五批省级非物质文化遗产代表性项目名录。

三三棋 又称为三棋或三口棋，是水族最流行的棋类，男女老少均热衷参与，在三都水族自治县的三洞、水东、水维、中和等水族地区流行。三三棋棋盘由三个大小不等的正方形相套，并将顶点和各边中点连线而成，共有20条线段，任何一条线段均有3个交点，共24个交点。该棋的棋子可随意就近选用，只要能区分敌我即可，如一方用石子，另一方用木块等。

三三棋为两人对弈，一方的棋子占据任何一条线段上的全部3个交点时，有权惩罚对方一次（镇压或拿掉对方一子）。这种状态叫"三"，形成三子一线的瞬间成"三"，成的一方叫一声"三"。

三三棋又分布子和行子两个阶段。布子阶段就是在棋盘上布置棋子，一次落一子，双方交替布子，当成"三"时，镇压对方任意一子（压着但不从棋盘上拿掉），一旦有镇压，该镇压点所涉及的线段将不可能布置成"三"，即镇压子双方都不能利用。所有的交点布完则布子阶段结束，进入行子阶段。行子阶段就是从棋盘上拿掉镇压点的子，腾出运行空间后双方交替运动棋子，运动成"三"则从棋盘上拿掉对方任意一子，棋子成"三"的瞬间同样叫一声"三"。棋子的运动规则是每一步移入相邻空的交点，不得移入有子交点或越过空交点。当一方只剩下两子，即不可能成"三"时则判定为失败方，另一方胜。

任何阶段对弈双方的目的都是己方成"三"且破坏对手的成"三"意图。布子阶段的破坏手段主要是落子阻碍和镇压破坏，落子阻碍是在对方想成"三"的线段上布上己方的棋子，镇压破坏是将对方即将成"三"

的关键棋子镇压使其计划落空。行子阶段的破坏手段主要是移入干扰和己方成"三"杀掉对方关键棋子，移入干扰指将己方棋子运动到对方密集区占据关键点，让对方难以成"三"。当一子来回走动都能成"三"时，即连续叫"三"，叫"搓三"，是威慑力极大的阵势。

纺棋 又称为友谊棋、区字棋。纺棋为两人对弈，各摆两子于"区"字形棋盘，以不同颜色或者类别来区别甲乙两方。由甲方先行、乙方后行，每一次只走一步。先行的甲方不能先行锐角的棋子，只能先行直角的棋子。甲方走一步，乙方跟一步，甲方追乙方赶，要手快眼快，决不能懈怠，目的是将对方的棋子围困，直至把对方逼到无路可走即为胜方，反之为败方。

踢棋 又称为战义棋。棋盘共16个落子交点，4条线段，任何一条线段均有4个交点。踢棋为两人对弈，由两人分别各执6颗棋子对弈，正向对称地分布于边框12个交点上，棋子以不同颜色或者类别来区别甲乙两方。由一方先行，然后轮流各移子一步，按照棋盘格式一步一步地走，每步落子只能在相邻空交点上，如乙方先有一颗棋子，而甲方棋子走到与乙方的棋子在一条直线上，即甲方的两颗棋子拱去乙方的那颗棋子，或叫踢去乙方的棋子，称"二踢一"，最后棋子被踢得只剩一子即为输。此棋艺运用二对付一，即以强胜弱、以多驱少，多为水族青少年所喜爱。

挑棋 也称为挑战棋。这种棋的棋法比较复杂，最能锻炼智力。挑棋为两人对弈，棋子以不同颜色或者类别来区别甲乙两方。双方在左边和右边各摆好7颗棋子，由一方先行，后轮流走子。走子按照左右直线行走，不受棋盘框格的限制，相邻只要有空格，可以往返数次。只要是直线就可以跳一格或数格，跳格规则以双方在下棋之前议定为准，甚至可以直插对方中间空格处。插到对方中间空格处，就可以把双方两边对等的棋子拿掉，换上自己的棋子，这叫作"挑"。如若某一方在一条线上或两条线上能同时挑对方的子叫"双挑"，可以去掉对方被挑的所有棋子，换上自己的棋子。若对方左边或右边靠近自己处有一棋子，左边或右边又空一格，若想去掉它，就要设法插到对方的空格处，把对方的一颗棋子夹住，换上自己的棋子，这叫作"夹"。双方你一步我一步，一直把对方的棋子换去只剩下一颗，并撵进"牢"里，逼到棋盘上面小菱形的顶点，围住动弹不得，就为胜者，反之为败。此棋广泛流行于三都水族自治县九阡、三洞、水龙等水族地区，老少皆喜欢，青年尤甚。

官王棋 也称为叫花棋、封棋、划拳棋、上游棋。官王棋是三人对弈，甲乙丙三方只摆一颗棋子，采取猜拳动子。比如，甲方要的是：一五七；乙方要的是：二四八；丙方要的是：三六九。在猜拳中三方同时伸一只手，每人只限出三个手指以下，中一拳就走一格，一个阶梯一个阶梯地爬，到中间框时要从右边绕下来转中线爬上。挡道的被罚，取下放到最后一格。先到顶者则升"官"为胜，后到的双方都变成"叫花子"，为失败者。

水族棋艺从形成之初发展到今天，主要是以口传心记的形式传承下来，具有很强的生命力和教育意义。它在水族民间、水族民众的生产生活中扮演着重要的角色。水族棋艺不仅有休闲娱乐、缓解生产劳动疲劳、调节生活气氛、开发智力的作用，还起到文化思想交流的作用。

目前，在水族聚居的山寨里，劳动之余总能看到水族男女老少对弈，除对弈两方之外，旁观者也有不少，虽然是两个人对弈，却好似两军对垒，没有"观棋不语真君子"的严肃规矩，观战者也积极参与战局，愉悦的气氛能够传播到棋盘周围的每一个人心中。水族棋艺不仅在水族山寨传承和发展，水族少年也把水族棋艺带进了中小学校园，特别是课余活动时，一些小学生在校园里对弈，其气氛也不亚于水族山寨的对垒。近几年，随着民族文化进校园活动的蓬勃开展，水族棋艺也成为三都水族自治县水族聚居区的一种校园文化，成为水族少年校园文化娱乐的技艺，从而更好地推动了水族棋艺的传承与发展。

水族棋艺与中国象棋、围棋一样，都是通过棋子的运动来反映人们智力博弈的一个过程，整个棋局的变化都有赖于人们的智力思考。因此，挖掘和抢救水族棋艺，特别是在中小学校园有计划、有步骤地指导开发、逐步完善水族棋艺，不但能更好地提升水族棋艺作为校园文化项目的意义与价值，而且有利于开发青少年的智力与能力，也更有利于促进民族地区体育事业的发展和进步，以达到传承和弘扬水族棋艺这一优秀民族传统文化的目的。

第七章 人物春秋

永远的丰碑：邓恩铭

邓恩铭（1901—1931），又名恩明，字仲尧，贵州省荔波县人，水族，中国共产党创始人之一，是中国共产党第一次全国代表大会最年轻的代表和唯一的少数民族。1927年，邓恩铭任中共山东省执行委员会书记。1928年邓恩铭被捕，1931年4月英勇就义。2009年9月，邓恩铭被中共中央宣传部、中共中央组织部等11个部门评选为"100位为新中国成立作出突出贡献的英雄模范人物"之一。

革命人生 邓恩铭烈士1901年1月5日出生在荔波县的水族村寨——水浦。1917年远赴山东投靠其叔父黄泽沛求学，并于1918年考入山东省立第一中学。其间接受了共产主义思想，积极参加革命活动，并和王尽美结为亲密战友。1921年，两人一起出席了在上海举行的中国共产党第一次代表大会。1922年1月，两人又一起出席了共产国际在莫斯科召开的远东各国共产党及民族革命团体第一次代表大会。其后，邓恩铭在山东淄川、青岛等地进行革命活动，曾任中共青岛市委书记、中共山东省地方执行委员会书记等职。1925年11月，邓恩铭的革命活动引起反动当局注意，遂被抓捕入狱，却又查无实据，后经党组织多方营救得以出狱。邓恩铭出狱后更加积极热情地投入革命斗争之中，在他和同志们的努力下，山东各地掀起了一次次革命浪潮，令反动当局大为恐慌。1928年12月，因叛徒出卖，邓恩铭又遭反动当局逮捕。在狱中，邓恩铭坚强不屈，坚持斗争。敌人恼羞成怒，于1931年4月5日将邓恩铭等22人杀害。邓恩铭牺牲时，年仅30岁，其短暂而光辉的一生永远彪炳史册！这正是："人生自古谁无死？留取丹心照汗青。"

1961年，董必武经过山东，时距中共一大召开已40年，他写下《忆王尽美同志》[1]缅怀王尽美与邓恩铭二位先烈：

四十年前会上逢，南湖舟泛语从容。

济南名士知多少，君与恩铭不老松。

董老的诗将二位先烈并誉为"济南名士""不老松"，邓恩铭之英名有如日月经天、江河行地，永垂不朽！

战斗诗词 邓恩铭出身劳动人民家庭，自幼勤奋好学，在荔波县读书时，深得老师高树楠的教诲，学习成绩名列前茅。邓恩铭在他短短的一生中，留下了许多优秀的诗篇。早在少年时代，邓恩铭就曾写下这样一首歌谣：

种田之人吃不饱，纺纱之人穿不好。

坐轿之人唱高调，抬轿之人满地跑。[2]

---

[1] 徐锦庚：《王尽美：尽善尽美唯解放》，载《人民日报》2021年5月6日。
[2] 赵弟军：《"不惜唯我身先死"——邓恩铭的家国情怀》，载《中国档案报》2021年4月2日。

他目睹了贫富不均、社会不安，常常运用对比手法，控诉人间的不平。他看到贫穷、落后的家乡，心情十分沉重，在荔波八景之一的"梨井春光"处题词：

回首望家园，

河山依然。

背井离乡，

鹏程远大，

改造旧面貌，

我着先鞭。①

1917年，邓恩铭北上山东求学，寻找救国救民的真理。临行前，他心事重重地写道：

赤日炎炎辞荔城，前途茫茫事无份。
男儿立下钢铁志，国计民生涣然新。②

1925年，邓恩铭正在青岛领导胶济铁路工人大罢工，革命工作十分繁忙，斗争又异常艰苦。这时他的老师高树楠的女儿高玉鸾从故乡荔波给他写信，问他何时返回家乡。他虽思念故乡，但更希望革命早日成功，因此，怀着深厚的激情写诗作答：

君问归期未有期，乡关回首甚依依。
春雷一声震大地，捷报频传是归期。③

---

① 范禹：《水族文学史》，贵阳：贵州人民出版社，1987年，第261~262页。
② 范禹：《水族文学史》，贵阳：贵州人民出版社，1987年，第262页。
③ 范禹：《水族文学史》，贵阳：贵州人民出版社，1987年，第263页。

这首诗，首句借用唐代诗人的诗句，第二句则表明对哺育自己成长的"乡关"的依恋之情。其后的三、四句则充分表现出邓恩铭的远大抱负，并坚信这黑暗而腐朽的社会终将会被推翻，广大劳动人民必将迎来"春雷一声震天地，捷报频传是归期"的胜利一天。可谓感情真挚，壮志凌云，读之令人感佩不已。

邓恩铭在《江城子》中写道：

长期流迹在他乡，决心肠，不还乡。为国为民，永朝永夕忙。要把进潮流好转，大改造，指新航。年来偏易把情伤，披荆棘，犯星霜。履险如夷，不畏难经常。天地有时留我在，宣祖国，勃兴强。

邓恩铭此词当是一首充满豪放情感的辞章，表露出他"为国为民""履险如夷"的坚强的革命意志，高唱出"大改造，指新航"的远大理想，对"宣祖国，勃兴强"满怀胜利信心，读之令人感情振奋、心潮激荡。

1931年4月5日，邓恩铭在山东济南英勇就义，临行之前留下了一首掷地有声的诀别诗：

卅一年华转瞬间，壮志未酬奈何天。
不惜唯我身先死，后继频频慰九泉。[①]

面对敌人黑洞洞的枪口和即将来临的死神，邓恩铭毫不畏惧，感叹的仅仅是"壮志未酬奈何天"。他坚信：一个革命者倒下去，千万个革命者活起来，"不惜唯我身先死，后继频频慰九泉"。邓恩铭的诗是战斗的诗篇，是唤醒人民参加革命的号角，是以他年轻的生命、鲜红的热

[①] 范禹：《水族文学史》，贵阳：贵州人民出版社，1987年，第263页。

血写在祖国大地上的英雄诗章。邓恩铭为中国革命献身，永垂不朽！其思想财富，是中华民族的珍宝，光照日月，永载史册！

邓恩铭烈士故居 邓恩铭烈士的故居是一栋四排三间的普通民房，坐西朝东，当街而立，里边有一个比较宽敞的院子，院里种有几棵树，邓恩铭从水浦进城后，到1917年秋离开荔波去山东济南，中间十多年的时间一直住在这里。

故居内的用具是按照邓恩铭在家时的原样陈设。进门的左侧是中药铺，内有中药柜、条桌、柜台、戥子等；右侧是卧室；中间为堂层。药铺的后间为卧室，右侧卧室的后间为储藏室。原来的后园，现已兴建两楼一底的砖混楼房一栋。一楼是邓恩铭烈士塑像陈列室，塑像为汉白玉雕刻，底座为黑色大理石，周围悬挂着中央、省、州领导同志的题词，下端为机关单位和个人捐款建造塑像名单。二楼为伟业展厅，展出图片和史料共200余幅（篇），简介邓恩铭在济南、青岛等地参加和领导学生运动、工人运动，创建共产主义小组以及党团组织等情况，二楼为故居办公室和保管室。全国人大常委会原委员长乔石为烈士故居题写馆名"邓恩铭烈士故居"，江泽民题词"学习邓恩铭烈士追求真理献身革命的崇高精神"。

2017年7月，邓恩铭故居陈列馆经重新打造、整修后在贵州省荔波县以全新姿态亮相。陈列馆主要包括邓恩铭纪念馆、故居及广场、文化会馆等，运用实物、照片、绘画等形式，结合声、光、电等现代科技手段，用模型、雕塑、场景复原、幻影成像等方式展现邓恩铭同志投身共产主义事业的光辉一生。邓恩铭的侄孙女、时任荔波县邓恩铭故居管理所副所长、现任荔波县黎明关水族乡党委书记邓庆梅说，前来参观邓恩铭故居的游客接连不断，每次为参观者解说伯祖父的事迹时，内心都很激动，既为亲人自豪，又对他满怀崇敬之情。"伯祖父留下了清白做人、踏实做事的家风，他的精神也激励着所有荔波人民。"

1979年，中共贵州省委将邓恩铭烈士故居列为省级文物保护单位；1997年，被命名为贵州省爱国主义教育基地；2006年，被公布为贵州省全民国防教育基地；2009年，被列入全国对外免费开放纪念馆；2010年，入选全国红色旅游经典景区第二批名录；2012年，被公布为国家全民国防教育示范基地和贵州省党史教育基地；2014年，被命名为全国民族团结进步教育基地；2023年，被命名为贵州省铸牢中华民族共同体意识教育基地。邓恩铭故居陈列馆已经成当地乃至全国青少年爱国主义教育基地、大众化国防教育的宣传窗口，在宣传党和国家民族理论政策，普及民族知识，弘扬中华各民族同呼吸、共命运、心连心的优良传统等方面发挥了重要作用，是红色旅游和绿色旅游融合发展的新典范。

另外，在山东济南槐荫广场，耸立着一座"'四五'烈士纪念碑"，碑上镌刻着邓恩铭等22位革命烈士的英名。青岛市革命烈士纪念馆中坪广场上，"山河魂"烈士群雕巍然矗立。这座以党的一大代表、青岛党组织创建人邓恩铭为中心人物，并肩站立工人、农民、学生、解放军战士的群像，历经几十年风雨，在湛山葱葱翠柏的掩映中，无声地诠释着战火纷飞年代"捐躯赴国难、视死忽如归"的山河精神，将鞭策和激励一代代中华儿女为实现中华民族伟大复兴而努力奋斗！

歌剧《邓恩铭》 为了纪念和歌颂著名革命家邓恩铭，为党的十九大献礼，贵州推出大型红色自编自导自演歌剧《邓恩铭》，该剧由黔南民族师范学院音乐舞蹈学院王占文博士任总导演，张世琦任编剧，音乐舞蹈学院90余名师生参与排练演出，2017年10月12日、13日、14

日在都匀市艺术中心剧场成功演出，12月12日在贵州省国际会议中心剧场成功公演，社会反响强烈。2018年歌剧《邓恩铭》受邀"多彩贵州文化艺术节"于贵阳孔学堂展演；2021年6月，贵州教育系统组织收看红色剧目，第一部《邓恩铭》正式上线。

歌剧《邓恩铭》分三幕七场。第一幕演绎了邓恩铭16岁远离家乡，赴山东求学，从此开始了轰轰烈烈的革命生涯；第二幕演绎邓恩铭为响应"五四运动"的革命热潮，他与王尽美等进步学生带领济南学子上街游行，以及领导工人罢工和反腐斗争，并在浙江嘉兴南湖的一艘船上参加中共一大；第三幕演绎邓恩铭因叛徒出卖，与敌人展开不屈不挠的斗争，最后英勇就义。歌剧对邓恩铭为了追求理想信念、追求真理而不怕牺牲的革命精神进行了诠释。唱词风格时而庄重大气，时而激情澎湃，时而感人肺腑，传承了先烈精神，唱响了黔南声音。

全剧将水族元素贯穿其中，从音乐制作、舞台背景到服装设计，在讲述红色故事的同时，也渲染了水族的民族民间文化。歌剧《邓恩铭》是黔南民族师范学院扎根民族地区，服务地方经济社会发展，深入挖掘贵州红色文化资源，将高雅艺术推向社会的一项重大举措，旨在打造红色教育贵州品牌，繁荣地方文化事业，提升贵州本土文化的知名度与影响力，在全国唱响贵州声音。歌剧《邓恩铭》既是新时期地方高校进一步加强和改进思想政治工作的生动实践，也是加强校地合作，弘扬文化自信的具体体现。

传承红色基因、坚定文化自信。认识我们脚下的这片土地，认识贵州、黔南、水族，认识贵州文化、黔南文化、水族文化，深入且广泛地挖掘具有地域特色的民族文化资源，在艺术创作方面必将取得有目共睹的成就与实效，为贵州、黔南文化事业和文化产业发展作出更大的贡献。

弯路直走：潘一志

潘一志（1899—1977），原名益智，字若愚，水族，贵州省黔南布依族苗族自治州三都水族自治县人。潘一志出生于水族书香门第，其祖父潘文秀、父亲潘树勋两代开办家庭私塾。受家风影响，潘一志三岁便学汉语习汉字，祖父是其启蒙教师。十年苦读，潘一志通晓经、史、诗、文，是一位节操高尚的水族知识分子，民国时期曾在荔波、独山、兴仁等地县政府任职。因对国民党黑暗统治极端憎恶，遂去职返乡，兴办农场，中华人民共和国成立后又应中国共产党之邀出山。潘一志先生历经新旧中国不同时代，三度从军，数次从政，多次从教，一生忧国忧民，洁身自好，弯路直走，特立独行，为水族社会留下了珍贵的《水族社会历史资料稿》《潘一志诗词稿》《荔波县志资料》《水族源流考》等著述，当之无愧为水族第一文人和史学奠基人。

弯路直走 少年潘一志在求学作文中写道：

古往今来，凡血性之夫，无不视家国为上。学者，习强国之方技；行者，效忠烈之先祖……我等时代青年，当珍惜光阴，武装头脑，强健体魄，寻机报效国家。[①]

少年潘一志视国家利益为上，立志强身健体，学习本领，报效国家。为报效国家，从学校毕业后，他满腔热血、投笔从戎：

[①] 冯举高：《弯路直走——潘一志传奇人生实录》，贵阳：贵州人民出版社，2006年，第29页。

投笔从军古播州，盾头磨墨又何求。

十年校务惭尸位，千里乡思作梦游。

知己感恩谁是鲍，登楼作赋慨依刘。

不堪翘首望东北，国是萦怀系杞忧。①

几度从军，他目睹军阀部队腐败，感到军队是内战的工具，有悖他报效国家的初衷。他写诗抨击道：

渺渺兮余怀，鱼烂忧家国。

同室互操戈，祸乱生眉睫。

莽莽兮神州，割据势分裂。

堂堂兮华胄，堕落祖先业。②

于是，他愤然辞职回家，不做军阀内战的工具。

从教期间，他曾任小学教员、校长，中学教员、教导主任，深受师生爱戴。任教中学时，正值"九一八"事件爆发，他写诗怒斥日军侵华：

无端倭寇犯神州，怪雨盲风无限愁。

铁血不忘期有日，与君慷慨赋同仇。③

他大声疾呼同胞：

---

① 贵州民族学院·贵州水书文化研究院：《水族学者潘一志文集》，成都：巴蜀书社，2009年，第522~523页。
② 贵州民族学院·贵州水书文化研究院：《水族学者潘一志文集》，成都：巴蜀书社，2009年，第525页。
③ 贵州民族学院·贵州水书文化研究院：《水族学者潘一志文集》，成都：巴蜀书社，2009年，第521页。

誓抛我头颅,誓洒我热血。
不为名利争,牺牲去杀贼。
拼死可求生,偷生生不得。
不作亡国奴,是鬼亦壮烈。
洗雪病夫名,恢复我人格。①

他在学校组织学生排演抗日话剧,唤起民众抗日热情。当黔南遭日军入侵,县长率警队弃城逃亡榕江,他与李伯纯等人组织荔波县自治委员会保家卫国,当之无愧地成为水族民间领袖。他用长诗《荔波浩劫纪实并序》记述了日军侵黔事件,并将这一史实补写进已完成的县志中。

从政期间,他曾任荔波、台拱(今台江)、榕江、独山、毕节等地教育科长、民政科长、县府秘书、专署代理秘书、专署科长等职,但他践行儒家德治,一身正气,两袖清风:

离家只觉思家苦,腊底还家倍惘然。
千里归囊清似水,廿年宦梦化为烟。
老妻借债开伕(夫)费,稚子牵衣索炮钱。
递手探囊无一物,明朝赊酒过新年。②

这是潘一志在毕节专署任专署科长时春节归家的诗,真实地反映了他为官清贫如洗的实情。他为官清廉,也敢于"犯上"。在荔波任职期间,不畏风险,告倒两任县长,为民除害,实践了儒家"君子不忧不惧"

---

① 贵州民族学院·贵州水书文化研究院:《水族学者潘一志文集》,成都:巴蜀书社,2009年,第526页。
② 贵州民族学院·贵州水书文化研究院:《水族学者潘一志文集》,成都:巴蜀书社,2009年,第545页。

的义勇精神。

对人民的苦难生活，他寄予深切同情：

促织，促织，五夜机声不停息。
携布换米暂充饥，褴褛冬衣无补缀。①
年年租债逼清偿，汗滴禾根空自忙。
再乞主人高利贷，我身负债子孙当。②

在力所能及的条件下，他无偿地帮助穷苦百姓。在兴义路遇一个失散家人的无助老妇，他与朋友将身上钱物资助老妇。对于祖传留下的20亩水田，他分给家族中无地少田的农民耕种。对黑暗官场，他无情揭露：

邮投一纸叩青天，海底沉冤最可怜。
八字衙门难进去，偏生有理又无钱。③

无论求学、从军、从教、从政，潘一志忧国忧民，积极入世，关注民生，重民、惜民、主仁政、反暴政，反贪官污吏，反侵略，渴望"举世和平庆大同"。但他批判现实的积极入世思想，为当时社会所不容。面对黑暗的事实，他深感靠个人力量无力改变。儒家"天下有道则见，无道则隐"的思想影响着他，1947年，他辞去毕节专署科长职务，隐

---

① 贵州民族学院·贵州水书文化研究院：《水族学者潘一志文集》，成都：巴蜀书社，2009年，第520~521页。
② 贵州民族学院·贵州水书文化研究院：《水族学者潘一志文集》，成都：巴蜀书社，2009年，第544页。
③ 贵州民族学院·贵州水书文化研究院：《水族学者潘一志文集》，成都：巴蜀书社，2009年，第544页。

居荔波老家深山避世，并自嘲："莫笑老痴消极甚，伤心视透世间情。"①

他不愿为虎作伥，选择了隐居，在隐居五年中，他经营农场、林场，四体勤、五谷丰，白日辛劳、夜晚读书写作：

> 农场有苦也有乐，苦兮乐兮各有托。
> 世人不识其中苦，偏笑潘公学巢许。
> 世人不识其中乐，又笑潘公自菲薄。
> 我无苦兮亦无乐，我于苦乐两忘却。
> 我无乐兮亦无苦，苦乐不可向人数。
> 人之所乐富与贵，富贵苦恼尤可畏。
> 人之所苦贫与贱，贫贱自乐亦堪美。
> ……②

儒家"乐道安贫""忧道不忧贫"的传统在潘一志身上得到发扬光大。他隐居生活虽苦，但心中有道，存浩然正气，从而产生了巨大的精神力量。

潘一志隐居后，当局鉴于他在水族人民中的崇高威望，几次以官职诱其出山归政，皆被他拒绝：

> 名利逼来急，避之恐不及。
> ……
> 世与我相违，复驾亦何益。

---

① 贵州民族学院·贵州水书文化研究院：《水族学者潘一志文集》，成都：巴蜀书社，2009年，第547页。
② 贵州民族学院·贵州水书文化研究院：《水族学者潘一志文集》，成都：巴蜀书社，2009年，第558页。

莫再出山行，出山泉水池。
蔼蔼山之阿，此间有完璞。①

他用诗歌表达了不愿与腐败官府为伍的独立人格。

他不愿入世与官府同流合污，但荔波中学因缺乏教员求助于他时，他再次出山代课，解学校燃眉之急。这说明，他出世不忘入世，念念不忘"教化民众、报效国家"的初衷。他盼望"天下有道"：

沧桑一变一飞梭，造化频将好事磨。
炼石徒劳终莫补，移山有志亦虚过。
北风骤竟非无故②，东海何时庆不波。
翘首问天天不语，怎将壮志付蹉跎。③

中华人民共和国成立后，荔波县县长杜介厘两次邀请他出山为新政权贡献力量。为欢庆新生，他将"潘益智"改为"潘一志"，意为找到光明，一直向前，不改其志。

出山后，他不负重托，先后担任荔波县人民代表会议驻会副主席、县民政科科长、县教育科科长、州政协驻会副主席、三都水族自治县首任第一副县长、贵州省政协委员、全国政协委员等职。在工作岗位上，他尽职尽责，认真学习辩证唯物论、接受马克思主义世界观，写下数万字学习心得，逐步学会用辩证唯物观点去观察问题、分析问题、解决问题。他在学习笔记中写道：

---

① 贵州民族学院·贵州水书文化研究院：《水族学者潘一志文集》，成都：巴蜀书社，2009年，第550~551页。
② 指华北解放的消息。
③ 贵州民族学院·贵州水书文化研究院：《水族学者潘一志文集》，成都：巴蜀书社，2009年，第556页。

失败与成功、忧伤与喜悦，都是自身的主观追求与客观社会实际相摩擦的结果。两者相吻合就有喜悦，两者错位就有忧伤。

显然，他接受了唯物辩证法矛盾对立统一的思想。并且，他在工作实践中坚持实事求是，敢于讲真话，坚持真理。

潘一志对水族历史文化最大贡献是花毕生精力编写了水族历史上第一部历史专著《水族社会历史资料稿》，该书有30余万字，客观描述了水族历史发展的脉络和精神风貌，为后人研究水族历史文化提供了宝贵的资料。遗憾的是，"文化大革命"时受到不公正待遇，潘一志先生未能见到书稿正式出版。1977年12月4日，他抱恨病逝于贵阳。贵州民族学院（今贵州民族大学）贵州水书文化研究院在征得潘一志先生亲属同意后，2009年正式出版《水族学者潘一志文集》，告慰潘一志先生于九泉之下。

高风亮节 在水族诗人中，潘一志先生以旧体诗词见长。他一生于耕读工作之余，写下了500余首诗词（联），后由三都水族自治县文史研究组整理编辑为《潘一志诗词稿》。

《游黔灵山》[①]开篇写道：

春日好寻幽，况是清明节。
省会名胜多，黔灵山第一。
携手出西门，来往人如织。
行行复行行，仰止心弥切。

读至此，读者可能认为这不过是一首寻幽访胜的纪游之诗而已，其

---

① 贵州民族学院·贵州水书文化研究院：《水族学者潘一志文集》，成都：巴蜀书社，2009年，第525页。

实不然。诗人乃是因为登临黔灵名胜，眼观祖国大好河山，遂想到值此列强觊觎中华之际，各地军阀却为了各自私利而互相残杀，连年干戈，将国家民族之存亡置之不顾，遂忧从中来，借诗抒发出满腔忧民之情。诗中写道：

触目感慨多，五中增抑郁。

渺渺兮余怀，鱼烂忧家国。

同室互操戈，祸乱生眉睫。

莽莽兮神州，割据势分裂。

堂堂兮华胄，堕落祖先业。

美帝噬东南，日寇占东北。

英法窥西南，德意亦猖獗。

大战太平洋，我邦其机陧。

睡狮犹未醒，甘心取亡灭。

嗟乎我同胞，民族须自决。

奋斗贯始终，精神贵团结。

誓抛我头颅，誓洒我热血。

不为名利争，牺牲去杀贼。

拼死可求生，偷生生不得。

不作亡国奴，是鬼亦壮烈。

……

此诗写于1935年春。诗前有小序云："先是，二十五年副军长王家烈由洪江进攻贵阳，夺毛先翔年长兼贵州省主席而代之。师长尤国才踞盘江八属，蒋丕绪据黔北正安一带，与王对抗，互相残杀，连年干戈扰攘，民不聊生，有感而作。"① 此类诗章还有不少，如写于1929年的《过花江河》《上关索岭》。《过花江河》诗中写道：

漫天烽火起干戈，踏破花江战垒多。
血染悬崖疑赤壁，腥腾浊浪拟黄河。
铁桥练断横波渡，鸟道云封叱驭过。
慢说巉岩天堑险，关津有路入牂牁。②

《上关索岭》全诗如下：

时二十五军与四十三军相持八轮桥两边高峰，对峙扫射，死尸夹道，目不忍睹。

快步连登造极巅，得从关岭上云间。
一声长啸惊天外，万叠层峰拜膝前。
放眼频观空宇宙，惊心犹未静烽烟。
英雄逐鹿谁先得，战垒纵横白骨悬。③

诗中运用"英雄逐鹿"之反语，辛辣讥讽反动军阀连年干戈、荼毒生灵的罪行，诗中描绘出的一幅幅惨景令人不忍目睹而深感痛心。他在黄果树观瀑布后心情沉重地写道：

时二十五军已复贵阳，四十三军退走云南。

---

① 贵州民族学院·贵州水书文化研究院：《水族学者潘一志文集》，成都：巴蜀书社，2009年，第525~526页。
② 贵州民族学院·贵州水书文化研究院：《水族学者潘一志文集》，成都：巴蜀书社，2009年，第514页。
③ 贵州民族学院·贵州水书文化研究院：《水族学者潘一志文集》，成都：巴蜀书社，2009年，第514~515页。

江流临绝壁，倒注泻飞泉。

雾锁晴空日，雷鸣未雨天。

两山分半破，万马势倾悬。

谁把狂澜挽，乾坤亦转旋。①

潘一志在1929年至1946年之间，曾在省内各地政界任职，深谙国民党官场政界之腐败黑暗，而他偏又洁身自好，不愿与之同流合污，遂决心去职返乡，耕读为生，并写下若干诗、词、联以表明心志。如《步〈寄怀〉原韵》②其三写道：

怕将往事说从头，转瞬年华春夏秋。

廿载飘零伤播越，一生迂拙愧权谋。

荣枯几度炎凉态，泾渭谁分清浊流。

唯有光明天际月，似堪共话且登楼。

晋代文学家陶渊明《归去来兮辞》有云："归去来兮，田园将芜胡不归？既自以心为形役，奚惆怅而独悲？悟已往之不谏，知来者之可追。实迷途其未远，觉今是而昨非。舟遥遥以轻飏，风飘飘而吹衣。问征夫以前路，恨晨光之熹微。"诗人此类诗作，均对二十余年的宦海生涯进行深刻反思，既有愤懑不平之语，更显幡然醒悟之情，这正是诗人心路历程的真实写照。

归耕山林的诗人是自由闲适的，其诗中有不少流露出此种心态。如

---

① 贵州民族学院·贵州水书文化研究院：《水族学者潘一志文集》，成都：巴蜀书社，2009年，第515页。

② 贵州民族学院·贵州水书文化研究院：《水族学者潘一志文集》，成都：巴蜀书社，2009年，第547~548页。

《农场草屋落成即事》①（七绝四首）其一写道：

几间茅屋筑成新，云外栖迟物外身。
野鸟多情来庆贺，枝头嘤唱最相亲。

其三写道：

屋堪岩膝且低徊，小小柴扉半掩开。
四面矮墙拦不住，山光透入竹帘来。

潘一志的此类诗章，自然清新，既有农场山居景物之描绘，更流露出其怡然自得的心态，颇有陶渊明田园诗的风韵情致。

中华人民共和国成立后，潘一志先生应人民政府之邀请毅然出山，决心为党和人民作出自己应有的贡献。诗人作于此时的《出山行》②写道：

五年避世乐躬耕，伴鹤盟欧断俗情。
攘臂下车君莫笑，我今却已庆新生。

此诗字里行间充分流露出诗人毅然出山的决心及其万分欣喜之情。眼见社会主义祖国的欣欣向荣，蒸蒸日上，潘一志写下了大量诗词歌颂祖国日新月异的巨大变化。如1962年2月22日写的《步荔波中学常青老师〈樟江春景〉原韵》③：

---

① 贵州民族学院·贵州水书文化研究院：《水族学者潘一志文集》，成都：巴蜀书社，2009年，第548页。
② 贵州民族学院·贵州水书文化研究院：《水族学者潘一志文集》，成都：巴蜀书社，2009年，第567页。
③ 贵州民族学院·贵州水书文化研究院：《水族学者潘一志文集》，成都：巴蜀书社，2009年，第597~598页。

说道樟江景色，风光不减当年。上游飞桨泛清涟，高举红旗三面。岂独工农跃进，文化教育亦然。满城桃李各争妍，万里春风吹遍。

再如，1963年10月1日写的《十四周年国庆天安门观礼》[①]：

气朗天高，秋意爽，晴空四碧。人如海、潮翻浪涌，神情奕奕。万国衣冠齐鼓舞，九州文物争风发。最鲜明、朋友遍全球，同欢洽。

抗灾害，困难克。大好转，全面得。看三面红旗，辉煌成绩。自力更生天可胜，坚持真理势无敌。待从头，扫净那妖氛，来总结。

此词上片写景，由衷赞美了国庆观礼所见到的喜人景象，为祖国已屹立于世界东方、"朋友遍全球"而欢欣鼓舞、倍感自豪。下片转入议论，指出在党的领导下，"自力更生天可胜，坚持真理势无敌"，富于思辨，颇有哲理，可见诗人的思想境界已升华到又一个新的高度。

总之，潘一志的诗词反映了他在各个历史时期的人生态度，内容丰富，感情真挚，语言精练流畅，既以之记史述事，更借以抒情言志，故而耐人咀嚼。特别是在众多诗词中虽然流露出忧愤心情，但是，愤世不厌世，悲怨不悲观，能激发人们正视现实，从而去寻找救国之路、图强之路、发展之路，是水族人民宝贵的精神财富。

梅山学馆 梅山学馆是晚清至民国初年，水族地区一所著名的私塾学馆。位于贵州省三都水族自治县三洞社区元斡村梅山组（原属荔波县三洞乡梅山村）。它是由水族人清末秀才潘文秀在清同治五年（1866）创立的，后经其子潘树勋续办至民国十六年（1927），总共办学60余载，梅山学馆对水族山区的文化建设作出了重要的贡献。在梅山学馆的学生

[①] 贵州民族学院·贵州水书文化研究院：《水族学者潘一志文集》，成都：巴蜀书社，2009年，第603~604页。

中，潘一志是成就最大的人物。他的人生，最终是在政治活动和史学研究及诗词创作上展示着辉煌。在教职工作中，作为潘树勋的儿子，潘一志没有顺从其父亲的意愿，接办梅山年学馆，他同潘辅之、韦绍乔一样，将私塾教育扩展到了办新学、育新人的层面上来继承梅山学馆的办学精神。潘一志在教育界，任过中小学教员、教导主任和校长、县教育科长等职。在荔波、榕江等县任教时，他呕心沥血，勤奋工作，曾为当时的教育界楷模。现在荔波县城，尚有潘一志当年的学生，谈起潘一志的师范行为时，人人肃然起敬。他们说："潘先生风度文雅，管教学生严格，我等受益匪浅"，"先生之言清语明，声霭（蔼）容严，教导有方，讲解透彻，使人静听无厌，感受深刻"。此种口碑反映出来的，正是梅山学馆遗风在新时代的再现。

梅山学馆60年的历史，在中华史上、在水族史上，画上的痕迹虽然很浅很淡，但梅山学馆彰显的自觉接受汉民族先进文化的思想及促进中华各民族的交汇融合、共同前进的精神，与今天积极倡导的"必须高举中华民族大团结旗帜，促进各民族在中华民族大家庭中像石榴籽一样紧紧抱在一起"一脉相承，这永远是价值无量，辉煌无比的。

农民起义军领袖：潘新简

19世纪中叶，阶级压迫和民族压迫日益加深，社会矛盾更加尖锐。在太平天国起义的影响下，水族农民举行了反对清王朝的武装起义。1855年，潘新简领导的水族农民大起义长达18年之久，沉重扫击了清王朝。潘新简作为起义领导者，有长达十多年的军事实践，指挥大小数十次战役，水族还流传着歌颂潘新简的农民起义歌。

军事能力 一是充分发动群众,积蓄军事力量,重视军事力量的量变积累。清王朝统治中国数百年,具有强大的国家军事力量,潘新简在起义之前,深知力量对比的悬殊。他在躲避官府追捕过程中,走乡串寨、广交朋友,结识本民族与兄弟民族有影响力的人物。太平天国起义爆发,贵州各族农民在咸丰四年(1854)拉开了起义的序幕。这就为水族农民起义提供了有利的条件。咸丰四年(1854)春节,潘新简在家乡九阡场坝垒谷桶作为台子宣传起义,测试民意,得到众乡亲友的支持。起义后,他又提出:"不缴税、不纳粮、打倒清王朝"[①]的口号,这让他得到更多百姓支持,起义人数多达四万余人。

二是建立、巩固根据地,以利长期反清。面对清王朝的军事力量,敌强我弱,没有坚固的根据地,很难与清军抗衡。起义之后,潘新简在家乡九阡建立根据地,并在相邻九阡的水各等地建立几十个据点,利用特殊地形,修筑关卡,层层设防。正因为有坚固的根据地,水族起义历经上百次战斗,六克荔波县城,屡次打败黔桂清军,坚持抗清18年之久,沉重地打击了清王朝。

三是团结兄弟民族义军,联合抗清。仅靠水族义军,势单力薄,要打败清军,必须与兄弟民族友军联合抗敌。起义之前,潘新简就与布依族领袖覃朝刚,兰花教首领罗光明、罗元明取得联系,通过他们牵制清军,从而发动起义。之后,又与苗族义军张秀眉部将吴小波,太平天国部将李文彩等人配合,协同作战,多次大败清军。

四是诱敌深入、设伏聚歼的军事战术。清同治五年(1866)荔波攻克战就是例子。此次战役,潘新简率四万义军,分五路围城。荔波是当时水族地区经济、文化中心,打下荔波,影响巨大。为解围,清军派几

---

① 韦章炳:《中国水书探析》,北京:中国文史出版社,2007年,第58页。

路援军支持荔波。潘新简充分利用熟悉地形的优势,设下伏兵,让独山、惠水、都匀清军援兵进入伏击圈。义军先佯败,诱敌深入,最后集中歼灭。随后再改攻县城,全歼守城清军。

五是胜不骄、败不馁,宁死不屈的军人魂。在十多年的抗清起义中,潘新简打了许多胜仗,他不骄傲,立志推翻清王朝。面对挫折,他鼓励部下坚定信心,矢志抗清。面对清军诱降劝降,他断然拒绝:"宁死不屈,不愿投降而生。"遭内奸出卖被捕后,他面对广西总兵孔宪隆劝降,再次表示:"死不降清。"最后,他被清军五马分尸,部下、妻弟、子女等数十人惨遭杀害。

《简大王之歌》 在潘新简起义100多年后的今天,当地的水族人民仍把他的革命事迹编成故事到处流传。有发动起义,大造声势的《丢钱试民心》;激发群众下定决心和清军斗争到底的《改变装束》;庆贺攻城胜利的《写对联》;智除刁难下河义军来往的恶棍《智惩恶霸头》;突破敌人包围的《智退官兵》;发动群众,减轻群众负担的《简王牌》;加强民族团结的《虽苗一家亲》;和太平军聚会的《痛饮相会酒》;不畏强暴,不受引诱,视死如归的《英勇就义》;死后英灵不灭,依旧为义军助威的《显灵》等二十多则。并且有些故事情节添加了神话色彩。除了故事,还有不少赞美潘新简起义的诗歌,其中以《简大王之歌》[①]流行地区最广,从起义开始唱到起义失败,是一首描述潘新简领导农民起义的长诗。共八节,长达360行,叙述了潘新简起义的兴衰胜败过程,有具体描绘,有浓烈情感的抒发,流露出水族人民对英雄的缅怀和赞美。这首长诗首先交代了潘新简起义的时代

[①] 黔南布依族苗族自治州文研室、三都水族自治县文史研究组:《水族民歌选:岛黛瓦》(内部发行),1981年,第107~123页。

背景：

腊者业喂！
腊乃育喂！
说给你评，
数给你听。
……

刀斩人，还见血印，
税金重，胜过刀杀。
交牛马，不足官税，
又来催，掳走鸡鸭。
没栏杆，又缺丝线，
大姑娘，没法出嫁。
生意人，趁机敲磕，
赚钱银，最是奸滑。
苗家苦，布依受难，
水族穷，更受欺压。
活不成，处处冤声，
受苦人，万户千家。
老和少，去求菩萨，
盼仙王，解救天下。
王不音，他也不来，
苦难挨，油锅才炸。

……

这首叙事歌以较大的篇幅描绘潘新简率众三次攻打荔波县城的军事行动,打得清兵狼狈不堪,伤亡惨重,千总、守备都败在起义军手下:

打大仗,在辛酉年,
攻荔波,翻上城墙。
火药包,四处燃烧,
攻一月,清军投降。
杀守备,有曾佩鳞,
王千总,化龙命丧。
清兵死,成堆成丘,
受伤的,遍喊爹娘。
……
丙寅年,二月十三,
攻荔波,惊动四方。
下河兵,上江部队,
一齐来,浩浩荡荡。
围县城,四十二天,
清军困,没有粮草。
从西门,攻城进去,
彭知县,跳水死亡。
刘守备,挨枪打死,
祭战旗,有范定邦。
小兵丁,死了整千,

剩下的，跪下投降。

……

水族人，自有骨气，

谁欺压，刀枪不让。

那些年，反清顺利，

神保佑，百姓帮忙。

简大王，功劳真大，

老百姓，人人夸奖。

简大王哈喂！

简大王哈喂！

清同治七年（1868），太平军受到重创，邻省的农民起义军也先后被镇压，清朝政府得以集中兵力镇压水族农民起义军：

戊辰年，风转方向，

雪雹来，坑害水乡。

官兵多，阿简失败，

提旧事，令人悲伤。

……

己巳年，五月初六，

几千人，围攻梅采。

打六天，破了营防，

简大王，退走下江。

官家兵，四处查找，

山花红，捉拿悬赏。

杨寡婆，肯出银钱，

简大王，遭了祸殃。

六月三，叛徒出卖，

孔宪隆，捉到简王。

潘新简在梅采寨兵败后，遭叛徒出卖，被捕后，在敌人面前充分显现了水族人民的英雄气概：

捆简王，逼着下跪，

痛骂声，震断屋梁。

硬的来，阿简不降，

来软的，阿简不怕。

官家气，捆去广西，

捆绑打，也不开腔。

我们仿佛看到了一位铁铮铮的硬汉子，横眉怒目地站在屡次被他打败的敌人面前。他满身血迹，衣不遮体，眼睛里却闪着仇恨怒火。这使得敌人不得不使用古代最残酷的磔刑。《简大王之歌》在民间流传很广，因为它歌颂了潘新简这样一位为人民谋利而牺牲的英雄，同时，也汇集了广大水族群众的机智勇敢，闪烁着视死如归的英雄气概。

坝丢营卡 坝丢营卡位于三都水族自治县九阡镇梅采寨后面的坝丢山上，距三都水族自治县县城约70千米，是咸丰、同治年间潘新简领导水族人民举行抗清起义时修筑的，因为营卡修筑在坝丢山而得名。当时水族人民又习惯称为"卡简"[①]。梅采是潘新简的家乡，当初王府

---

① 卡简：水语音译，意为潘新简修的卡。

又设在梅采寨，而坝丢山紧靠村寨，所以在这里修筑了营卡作为据点。坝丢山的营卡，从坡脚到坡顶共有四个，全用毛石筑砌。墙间，还修有一些窃探孔和射击孔。坡顶地势较为平缓，并且还有一个小石洞，能容纳十来个人。洞内有一个像靠椅的石头，座面还略低凹下去。据说潘新简到坝丢营卡，和将领们在小石洞里商议军机大事。山上还有一个山洞直通下去，洞口布满乱刺。为纪念潘新简领导水族人民的抗清起义，三都水族自治县人民政府、贵州省人民政府分别于1981年和1982年将坝丢营卡列为县级、省级文物保护单位。2013年春节，经过潘新简家乡后辈、贵州民族大学青年教师潘进头的积极努力，得到三都水族自治县民族宗教事务局、九阡镇党委和政府以及水梅村村民的大力支持，在100多年前潘新简起义的遗址上，立起了高高的潘新简铜像和11块刻碑、48根旗杆，旗帜在残垣断壁的遗址上迎风飘扬。

18年之久的起义抗争，从军事史角度彰显了潘新简朴素军事思想背后的卓越军事指挥才能，这块军事宝石，值得后人深入探秘。中国共产党第一次全国代表大会代表之一的邓恩铭曾为潘新简赋诗：

潘王新简应该称，水有源头树有根。
只为清廷政腐败，英雄起义救民生。[①]

[①] 范禹：《水族文学史》，贵阳：贵州人民出版社，1987年，第262页。

第八章　家园特色

秀美月亮山

月亮山脉横跨黔桂两界，雄踞贵州从江、榕江、三都、荔波和广西融水、环江六县的广阔地区，外有都柳江、樟江、龙江、环江合抱，庞然独秀；大山诸峰联结，如巨手之并指。

月亮山在贵州境内的部分，地跨"两州四县"，即黔东南苗族侗族自治州的从江县、榕江县，黔南布依族苗族自治州的三都水族自治县、荔波县。传说"人立山顶伸手可摘月亮"，山名即由此而来。其间群山千叠，林涛万顷，丘陵起伏，河沟交错。《黎平府志》记载，历史上，月亮山有"九千里"之称，说明地域之宽广。今三都水族自治县的扬拱、九阡等乡镇，都是月亮山脉西侧倾斜的前沿台地，因而也泛称"九阡"。

在月亮山主峰顶上纵目远望，森林覆盖着连绵起伏的山峦，如绿海奔涛，蔚为壮观。由于月亮山温热多雨，物种丰富，素有"物种基因库"之称。属"国宝"级的树种有银杉、秃杉、三尖杉、南方红豆杉、桫椤、福建柏等。又由于这里山高谷深，地理环境特殊，形成了特殊的气候和生态景观，不同的海拔有不同的植被。令人叫绝的是，这里有一种被称为"舞迷"的灰色野山羊，当它远远见到人时，不是急忙逃跑，而是用一只蹄子"笃笃笃"地敲击地面，这是想把人吓跑，还是表示欢迎，不得而知。

常言道："山中也有千年树，世上难逢百岁人。"可是在月亮山，百岁寿星却不是稀罕的事。关于月亮山区的长寿现象，《黎平府志》早有记载，当地人年八十而色未败，耐老且寿。

神秘尧人山

尧人山这颗绿色明珠镶嵌在三都水族自治县的都柳江畔的拉揽一带，总面积约 50 平方千米。2001 年，贵州尧人山森林公园获批为国家级森林公园，公园森林覆盖率约 90%，物种资源十分丰富。

贵州尧人山国家森林公园处处奇景，随时都能遇到难解之谜，风光旖旎的尧人山麓南面的"产蛋崖"，被视为尧人山奇观。这一绝世无双的地质奇观至今仍是千古之谜。还有那闻歌起舞的风流草，风流草是尧人山独有的一种树灵草，每当听到情歌，其两翼嫩叶自然而然地随着优美的歌声摆动起来，好像一群穿着绿裙的天使翩翩起舞，歌声激昂时，每对叶片竟动情相互抱成一团，恰似一对对情侣，十分亲密。歌罢舞止，枝叶也慢慢舒展，恢复常态。风流草善动且喜爱音乐，却远离尘世而身居深山旷野，如"养在深闺人未识"的妙龄女郎，守身如玉，深深藏在云海之中，使人倍加珍惜。

尧人山最为惊心动魄的当数游弋于溪塘凼里的斗鱼。此鱼小巧玲珑，横身布满漂亮的暗花斑纹，拖着飘逸的三叉尾游动，潇洒自如。然而，在其美丽的外表下面却暗藏着英勇善战的天性。两尾鱼相遇即兵戎相见，相互猛烈撕咬，一招一式，有板有眼，扭成一团难解难分。更有甚者，为决一雌雄，追逐厮杀至粉身碎骨。

尧人山原始生态保持完好，这里拥有众多溪流，叮咚的泉水缠绵在峭壁之上，穿梭在绰影之间，有时飞奔湍急，有时漫不经心，有时平静如镜。这些溪流穿过幽深峡谷，展开了一幅群瀑竞秀的壮丽画卷。其中，中和瀑布、雪花洞瀑布、龙塘溪瀑布、来楼瀑布、一线天瀑布、黑龙渊瀑布、石面瀑布各具姿色。这些瀑布或万丈白练垂悬绝壁，疑是银河落九天；或一泻三叠，惊心动魄；或双瀑比翼展翅分飞；或珠帘一串，虚无缥缈。

在贵州尧人山国家森林公园主峰南侧，掩藏着一处古代军事遗址，尽管遗址上已长满了灌木和藤蔓，但人们仍然能分辨出射箭场、演武台、跑马场等工事及居住遗址。

神奇产蛋崖

产蛋崖位于尧人山风景区一个典型的水族村寨姑鲁寨背面的登赶山上，是国家 AAA 级景区。这座山很奇特，满山绿树成荫，芳草萋萋，唯独山腰上裸露出一块崖壁，神奇的是，这块崖壁每隔三十年就会自动脱落出一些与恐龙蛋相似的石蛋，因此当地人都习惯把它称为产蛋崖。这块崖壁长 4.2 米，高 6 米，表面极不平整，在高处，几块巨大而尖利的岩石横亘着，极为险峻。而石蛋就在相对凹进去的崖壁上安静地孕育着，有的刚刚露头，有的已经生出了一半，有的已经发育成熟，眼看就要与山体分离。产蛋崖下壁岩在山脚下的水沟边，长约9米，高2米。上壁岩在右侧坡上，长30余米，高3米，两壁相距约300米。岩质为赤褐色的风化石，其中含"石蛋"，石蛋多数是扁圆形、圆形，青赤色，有明显的圆形纹路，如木材断面的年轮一般，石蛋坚硬，比重大，不风化，在崖中不规则分布，一般间隔约2米。据寨里的老人介绍，同一个凹进去的石窝每相隔30年就会产出一枚石蛋，产蛋崖上有很多个会产蛋的石窝。千百年来，这些神秘的石蛋不停地孕育出生，源源不绝。从1999年至2009年10年间，姑鲁寨的产蛋崖分别于1999年3月、2003年5月、2005年6月、2007年3月、2009年1月产出石蛋，一共5枚。目前，产蛋崖上有一枚石蛋已经摇摇欲坠，进入了"预产期"。

壮美雪花洞

雪花洞在三都水族自治县中和镇塘州与三洞地区交界的雪花河上，这里有座雄伟壮丽的仙人桥和瑰丽多姿的雪花瀑布。

仙人桥长约20米，宽6米，高约10米。桥面怪石嶙峋，拱下钟乳悬吊，桥脚是潭。桥体岩熔铸而成，雄伟浑然。南端到伏流的溶洞口是一面直立坡顶的绝壁。因为地壳运动引起的沧桑巨变，地形跌宕显著，所以河溪多瀑布，是发育最典型的喀斯特地貌。由于流水、浪花的冲击和石岩中碳酸钙被雨水浸蚀溶解，形成了仙人桥一带壮丽多娇的河山。绝壁上被穿成大小不同，深浅不一的石洞。洞中景致奇特，有的像依山修筑的亭台楼阁，有的像高燃神烛列满罗汉的佛殿，有的又像缩小了千万倍的假山公园。在这一带，那结状若悬冰、吊蛇、海马、羊角的乳石，形如网衣、鱼鳞、帘幕的石幔，举目可见，比比皆是。除了这些琳琅满目的岩溶体之外，还有罅隙长着的奇形小树，四周丰茂的草坡，构成了一幅水绿、山青、峰奇、桥美的画卷。叮咚的流水在洞中产生的共鸣和从绝壁反响的回声，交织成一曲悠扬动听的乐曲。

从仙人桥下穿过的雪花洞水，叮叮咚咚倾入50多米落差的岩溶洞中，从东南面的横裂缝中喷出，形成景色秀丽的雪花瀑布。飞泻的河水，又沿着20米高的陡峭岩面，淌到乱石嶙峋的谷底，腾飞的浪花水珠，宛若晶莹珠玉，恰似洁白浪花。奔腾的河水冲击着怪石，激扬的浪花有3米多高，雾珠水汽弥漫山谷上空。这时，只要太阳一露面，那斑斓的彩虹常常出现。因为雪白的浪花给河山增添秀色，所以这喷出浪花的石缝名为雪花瀑布，这条河称作雪花河。

归兰山景区

归兰山景区位于都匀市东南部归兰水族乡，距离市区44千米。景区内清溪横流，瀑群各异，奇峰怪石林立，山上坡缓草密、山谷清幽、溪水清澈宛若世外桃源。归兰山可分为东、西两个片区。东片区有阳和大佛，又称鼻子岩、背子岩、冲天柱，还有千丈归兰瀑布、仙人浴盆、醉翁下马、登洞瀑布等景观。站在观佛亭远观鼻子岩，鼻子岩为佛头，整座山为佛身，夕阳下，一轮红日刚好在佛头上形成光晕，惟妙惟肖，让人忍不住虔诚地膜拜。西片区有磻硐鹰嘴岩、一线天猪槽滩、将军请缨、将军坐帐、天生石桥、张三丰时堕石、玉皇轿、万丈石坪等景观。

其中的一线天猪槽滩峡谷两岸峭壁竖立，郁郁森森。传说古时河中有猪龙作孽，被路经此处的仙人张三丰以一块石槽镇服，方得以平静至今。今日峡谷中部河床有一段全为地壳石岩，光滑无缝，形似猪槽，故当地人称之为"猪槽滩"。景区初为田坝旷野，至峡谷口地势狭窄，如两山突起，虎视以威行人，峡谷口有一水潭，为进峡标志，趋前约五十步，上视距小径上方约7.8米有钟乳石数枚，捡石击之"叮咚"声不绝，击不同位置所发声音有异，俗称"砚满"。继续前行，觉两岸石壁更陡而峡谷更窄，此时仰视，则觉天空仅余头顶之一线，故此处名"一线天"。

甲定奇石

甲定奇石是指位于独山县影山镇的甲定"翻天印"和甲西"风动石"。

翻天印 影山镇甲定村东面田坝边，一颗上大下小的巨型怪石傲然挺立在险峻的山梁上，近看好似一朵巨型平菇，远观更如一枚朝天大印，当地水族群众称之为"翻天印"。关于翻天印的"身世"，当地还有这样美妙的传说。相传，孙悟空大闹天宫时，玉皇大帝仓皇逃离，不幸遗失大印，恰巧倒立于甲定山上，玉皇大帝派人找寻，却见大印倒立着，由于忌讳"翻天"，所以收了大印宝气。之后，大印就变成了大石，永远立于甲定的山梁上。

风动石 影山镇甲西村东面田坝边一道山梁的悬崖边上，有一颗长形巨石。石面平整略有斜度，可坐二三十人，石长约7米，高近3米，重约百吨。这就是天下无双的"风动石"。如果有人在石面叉开双腿，用力左右踏摇，巨石便慢慢晃动起来，并伴有轻微响声，有山摇地动之感，美妙绝伦，好不刺激。假如从侧面下去探究巨石能够被摇动的原理，即可看到，巨石是被三颗脸盆大小的石头支垫在一块向前突出而高悬的岩盘上，与主岩体明显分开。小石头支垫得十分奇巧，使巨石既能摇动又很安全，而且亘古不变，独特神奇。

石板寨

石板寨属三都水族自治县九阡镇石板村，距县城约69千米，处于月亮山、雷公山脚。民国时期，石板寨的水族群众出于保护村寨的需要，在寨子周围筑起了高2米、厚1米多的石墙，并利用寨子周围几十棵高大挺拔的树木以及木枋和圆木相互横扎联结，加上茂密的竹林和杂乱的刺蓬，构建了人工和天然相结合的堡垒。寨子开前后左右四个寨门出入。

进入石板寨，映入眼帘的是保存着水族民居常有的干栏式建筑，青石板砌成的步道蜿蜒穿梭于青瓦木楼间，结构独特的水上粮仓和饱经沧桑的护寨古树，让这个村寨富有浓郁的民族色彩。但石板寨最具色彩的不仅仅是独特的水族民居建筑，而是石板寨抗击日寇的传奇故事。1944年秋，日本侵略军数千人，由广西宜北入荔波至九阡水族地区，企图先攻陷三都后攻独山，但敌寇的意图被村民发现，村民们奋起抵抗，终因村民寡不敌众，退到后山，石板寨被攻陷。石板寨至今保存防御墙和被日军炮击的房屋、宅基等遗迹，这些遗迹是水族人民不畏生死抗击侵略者的见证。

1985年，石板寨抗日旧址被确立为贵州省级文物保护单位，同时列为省级爱国主义教育基地和红色旅游点。2017年，石板寨被命名为中国少数民族特色村寨。近年来，随着乡村旅游的逐渐兴起，石板寨秀美的自然风光，悠久的历史，淳朴的民风，保存完好的水族原生态文化及富有传奇色彩的抵抗日本侵略者的历史，使石板寨拥有发展生态休闲、民族风情和红色文化旅游得天独厚的优势，成为促进当地旅游发展的新亮点。

水各村

水各村地处三都水族自治县九阡镇西面，距九阡镇政府驻地4千米，距县城60千米，与荔波县城相隔27千米，交通便利。

水各村拥有悠久的历史文化和优美的自然环境，尤其是水各大寨，全寨民房建设均为木瓦结构，布置合理，样式美观。寨内平坦又宽阔，还藏着一部分水书和水歌刊集；寨外层层梯田，山清水秀，有仙人桥、山河瀑布、石棺墓、唐代的石砌城墙等名胜古迹。闻名省内外的名优特产"九阡酒""九阡李"也在此生产，极具旅游发展潜质。

水各村是水族卯节的发源地，每年的第四批卯节活动就在这里隆重举行。卯节前三四天，村民开始清扫庭院，卯节第一天要杀猪宰鸭，打豆腐、开窖酒、备鲜鱼，祭祀祖先，取出珍藏的铜鼓来敲击，并开始接待宾客。卯节当天，成千上万的水族青年男女撑着五颜六色的花伞从四面八方涌向卯坡对唱情歌，以坡为媒，用歌声去寻找意中人；卯节还要举行古老而神秘的祭碑、祭水活动。水各村自然景观、人文景观丰富独特。目前，村内有卯坡、卯字碑亭、休憩长廊、龙凤井、情人谷、水族文化展厅，水各村被誉为"中国水族文化风情园"。近年来，在上级有关部门的大力支持下，已在水各村开发的旅游景点有16个。2011年，水各村荣获"贵州省最具魅力民族村寨"荣誉称号；2017年，水各村被命名为中国少数民族特色村寨。

怎雷村

怎雷村位于三都水族自治县都江镇，距县城41千米，距镇政府所在地7.5千米，与都江古城垣隔河相望，坐落在半山腰上。

怎雷村有水族、苗族两个民族，水族占65%，苗族占35%。日常生活中操水语、苗语和汉语，水族能说苗语，苗族也能讲水语，水族、苗族都会说汉语。至今仍保留和传承着各自的文化特点。长期以来，怎雷村的水族、苗族同胞和睦相处，和衷共济，和谐发展。

怎雷村峰峦延绵，古树参天，梯田层层，云雾环绕，植被丰富，与民俗风情一起形成一道亮丽的风景线。自然生态保存较为完整，有丰富多彩的民族风情和独具特色的人文景观，有表演场2个、斗牛场1个、民族生态博物馆1个。村域内有美女摩崖、冷暖风洞、宗族墓群、铜鼓和龙凤石雕墓（李家坳花坟）、上寨天然泉井和中寨天然泉井。天然泉井水源长流，水质清亮，冬暖夏凉。

怎雷村于2010年获中国历史文化名村，2012年入选中国传统村落名录，2016年被命名为贵州省少数民族特色村寨，2017年被命名为中国少数民族特色村寨。

板告寨

　　板告寨属三都水族自治县中和镇水维村，距县城 30 千米。板告寨民居均为瓦木结构的干栏式建筑，楼脚一般饲养家禽家畜、存放农具，二楼住人，三楼为粮仓。水族群众以素食为主，尤其喜欢吃酸，鱼包韭菜、酸汤鱼等水族独特的佳肴。穿着以传统的民族服饰为主，妇女头包白帕，身着栏杆青衣物和雕花围腰，脚穿绣花鞋；男子则身穿对襟衣；老年人则头包黑帕，身着长袍。主要节日是端节，每年端节水族群众都要举行隆重的祭祖仪式，以表达对祖宗的深刻缅怀，同时举办传统的铜鼓舞、端坡挤马、斗鱼等文娱活动。作为水族文化的中心地区，板告寨篮球场、停车场、迎宾门及民族文化活动场等各种基础设施健全，有着淳厚、神秘的民族文化。马尾绣、银饰品及牛角雕等工艺品做工精细，工艺独特，闻名海内外。其中马尾绣产业产值贡献占 40% 以上，板告寨素有"中国水族马尾绣第一村"的美誉。村民、雕刻大师韦家贵建有"水族家庭博物馆"。

　　板告寨环境优美，绿树环绕，绿荫包裹，丛林间怪石嶙峋，枝繁叶茂，相互交叉，形成一道道天然屏障，身临其中，很难分清是阴雨天还是艳阳天。最让人感到神秘莫测、流连忘返的是仙人桥，仙人桥呈弧状拱形桥，桥下碧绿的溪水缓缓流淌，清澈见底，拱形桥内侧居中部位悬挂一奇石，与人体形态极为相似，随着时间的推移，此奇石每年以极小的距离有规律地向山的一侧靠拢。仙人桥是游客到三洞旅游时必去的好地方，为浓厚的板告水族文化增色不少。2020 年，板告寨被命名为贵州省少数民族特色村寨。

善宏寨

善宏寨属三都水族自治县中和镇三洞社区红星村，距县城35千米。全寨依山而建，主要景点有猫石、石塔、大塘，俗称善宏"小花溪"。民居鳞次栉比，错落有致，古树点缀其中，寨脚的大塘碧波如一面镜子，倒映着水家木楼的屋檐，湖中小岛杨柳依依，亭台楼阁小桥流水，春夏之间，满寨的桃花、梨花五彩缤纷，田野充满诗情画意，犹如世外桃源，让很多路人忍不住驻足欣赏一番。

善宏寨传统风俗保留完整，水书传承至今，村民潘秀业属高级水书师。妇女保留传统民族服饰，但部分外出务工的年轻人穿着时尚，和城市的距离更近。稻谷、鱼、糯米饭、米酒和酸是寨子人们日常的饮食，体现着水族的饮食文化。种植稻谷，稻田可以养鱼，稻子可以酿酒。鱼是祭祀祖先的重要祭祀之物，也是善宏寨重要节日——端节必备的菜肴。

善宏寨的先辈将村寨之名译为"善宏"，正是有扬善、宏大之意。可见先辈的良苦用心和前瞻性的眼光，尽善尽美，止于至善。以"善"为出发点的人们一定会思辨、努力、自我革新，向"善"和"美"的结局迈进。这里迄今保留有水族社会的古老遗风，水族传统的淳风雅俗至今还在这里弘扬。

特别是2015年善宏奖学助学会的成立，全寨上下进一步"立德树人、读书树寨"，获得了令人刮目相看的教育成果。这就是善宏人的自觉精神，从觉他到自觉，又到觉他，善宏人付出了几代人的努力，百折不挠，这就是我们时代的扶贫记，由教育书写的一个历经蜕变的水族村寨的史诗。

水根寨

水根寨属三都水族自治县中和镇三洞社区三洞村，距县城36千米，距中和镇8千米，坐落在美丽的将军坡脚下，是一个民族风情浓郁、田园风光秀丽的水族村寨。

水根寨呈半月形，占地面积约13万平方米，主要以农业为主导产业，其次是外出务工、经商、经营小作坊等。寨内古树参天，寨门、寨亭、寨内房屋等建筑水族特色浓郁，语言文字、马尾绣、服饰、歌舞、乐器、端节、棋艺、水历和水书习俗等水族文化在水根寨传承发展，远近闻名；尊师重教、反哺家乡在水根寨蔚然成风。

位于水根寨怡心园的"天下第一水族古文字碑林"尤具特色。碑林由9块碑，18面组成，石碑高为137~165厘米，宽为66~86厘米。主碑镌刻"勒睢碑"三个大字及序言，第2~9块刻水族古文字1500余个。碑的背面，镌刻莫友芝、岑家梧、潘一志、王品魁、何耀华、曾晓渝以及法国、美国、日本等国的著名专家学者对水书的论述，碑文有中、英、日、法、西班牙文。该碑林是目前辑录水族古文字最多的石碑。

浓郁的水族风情，浓厚的助学氛围，还有将军坡的美景构成一个真正的水根寨。将军坡是一个巨大的高山台地，海拔960米，相对高原地区，似乎不是什么高度，但它是方圆数十里最高峰，给水根寨增色不少。山顶之上，举目四方，景致朴实简单，因为它所构成美的要素就是色彩和线条；同时又是复杂的，因其是变化莫测的、无以名状的，是自然艺术大师的天然杰作，也是浑然天成的光影艺术。将军坡与其他地方的不同之处在于，360度处处是田园村寨美景，它是活生生的美，这种美不用去发掘，也不用去想象，是勤劳的水族人民祖祖辈辈开拓耕耘的产物，是人世间的造化。

巴茅寨

巴茅寨，是一个水族自然村寨，坐落于三都水族自治县三合街道办事处，距县城6千米。巴茅寨距今已有300多年历史。寨子非常古朴，至今仍沿袭着穿水族服装、写水书、讲水语的风俗。寨子依山而建，木屋鳞次栉比，屋梁的精雕花纹及象形水书随处可见。

祭祖仪式是水族端节重要的一项活动。分别在除夕夜和大年初一清晨进行，忌荤食素，唯独鱼不在禁用之列。巴茅寨祭祖仪式完整地保留了水族的传统习俗。

巴茅寨的祭祖祠堂位于寨中一座建于清道光年间的木楼二楼。木墙因为年代久远而有些斑驳，一缕缕阳光从屋顶的瓦砾间射进，给烛火萦绕的暗淡祠堂添上肃穆而神秘的光晕。古老的祭祀活动便在身着传统蓝染长袍的老祭司主持下开始了。参与祭祀的人必须在净身净手之后方可进入祠堂，而祠堂门口则由寨中年轻力壮的两名男子手持长根茅苇守护，整个过程肃穆而庄严。鱼是供奉物品中的重要一员，炖煮或清蒸的鱼包韭菜是必不可少的祭品。

巴茅寨有300余年的历史，寨中保存至今的水族古墓，上百年历史的水族木楼，水族独特的文字，传自清朝精工细琢的马尾绣工艺的水族服饰，依山傍水的桃园风光，是吸引中外游客到来的重要原因。2016年，巴茅寨入选中国传统村落名录；2018年，被命名为贵州省少数民族特色村寨。

塘党寨

塘党寨地处独山、荔波、三都水族自治县三县交界处，属三都水族自治县周覃镇恒丰社区塘党村，距三都水族自治县县城54千米。塘党寨至今仍保留着水族语言、节日、歌舞等民族特色，而且寨民团结友爱，互相帮助，同心同德，使寨内充满着和谐的气氛，县政府授予"两个文明建设先进村"称号。

塘党寨尤为重视教育，其乡贤韦学霖（字雨臣）倡导，建有百年名校恒丰民校，至今承载历史，与时俱进。塘党寨前辈习汉字、学儒礼、参政事的精神，对后人有着深刻的影响，以致塘党寨出了众多的优秀人才。

一方山水养育一方人，塘党这方山水养育着繁衍在这块土地上的一代又一代的优秀儿女，是名副其实的人杰地灵的宝地。

水利寨

水利寨属荔波县玉屏街道办事处水利村，距县城16千米，距水春河景区12千米，距小七孔景区60千米，交通便利。水利寨地势平坦开阔，古树参天，有几十棵上百年的老树，树下有清澈的池塘，寨内连接农户的是原生态青石小径，寨子分布相对集中，四周青山绿树环抱，居住环境优美迷人。当地盛产野生竹笋、野生马尾菌、野生杨梅,享有"野生竹笋、野生食用菌、野生杨梅之乡"之称。这里民俗风情浓郁,民间文化丰富多彩,保留着古朴的水族文化、生活习俗,水族歌舞、节日等别具特色。

水利寨是水族卯节第一卯之乡,民间卯文化浓郁,卯文化中心就在水利寨,每年都举办水族卯节活动,每年卯坡聚集人数达万人以上。卯节活动上,开展水书吟唱、水歌演唱、芦笙演奏、瑶族铜鼓、龙狮表演等文娱活动及旅游商贸展销活动。水利寨通过开展卯节文化多彩活动,进一步保护和传承水族优秀文化,充分体现党的民族政策温暖人心,从而增强民族自信心、自豪感和奋发向上的精神,鼓舞水族人民热爱祖国、热爱党、热爱自己的民族、自己的家乡,增进民族团结,促进民族地区社会稳定,经济发展和精神文明建设。

水葩寨

水葩寨系"恩铭故里·原生水寨"之一,位于荔波县、三都水族自治县水族分布的中心区,是水族村寨中环境优美、民风淳朴、年代久远的一个自然村寨;属荔波县玉屏街道办事处水浦村,是中国共产党第一次全国代表大会代表邓恩铭的故乡。水葩寨就像万亩原林中的一朵鲜花,是水族地区的一朵奇葩,故因此而得名。

寨中建有村史馆,是该寨的一大特色。老纺车、渔网、煤油灯等上百件生产工具和生活用品,均由村民捐献,它们记录着该村寨的生活场景和发展历史,虽然没有正规博物馆的"高大上",但它们实实在在地沾满着泥土芬芳，凝结着历史的记忆，是村民上百年的生活缩影和写照。

水葩寨自古以来享有"五美"之誉，备受世人青睐。

一是生态美。水葩寨毗邻山清水秀的兰鼎山森林公园，生态保存完好，坐落在几万亩的茫茫森林中，村寨依山傍水，鸟语花香。水族是一个热爱环境、挚爱自然的民族，对树木、泉井、河流、奇峰怪石均虔诚崇拜，所以不仅保护周边连片的森林，还特别注重保护村寨周围的古树、水源、河流、奇石等。

二是民居美。水葩寨木楼错落有致，民族建筑独具特色，民居均为木质结构的干栏式楼房，具有悠久的历史。楼房上修建木结构的一层平房或两层楼房，底层立柱与上层立柱互不连通，以适应潮湿、多蛇、多害虫等特殊环境。在门窗、梁柱、神龛等处都有形式各样的浅浮雕，图案大多是表现水族人民现实生活的画卷，还有人们所熟悉的鱼、鸟、凤凰、牛、马等飞禽走兽，也有当地群众喜闻乐见的吉祥图案，这些图案以象征或寓意的手法，表达了水族人民追求美好生活的愿望。

三是文艺美。水族是一个能歌善舞的民族，有让人陶醉的水族歌舞，更有被誉为象形文字"活化石"的水书，还有"像凤凰羽毛一样美丽"的国家级非物质文化遗产——马尾绣。马尾绣是水族人民智慧的象征，也是他们作为赠送给贵宾的一种礼物。同时，水族还有色彩鲜艳亮丽的民族服饰、银饰等传统工艺品。

四是饮食美。水葩寨依托良好的水资源大力发展生态渔业。鱼在他们心中是幸福、吉祥的象征，水族同胞不仅在迎宾、宴请时离不开鱼，而且在日常饮食中也非常喜欢食鱼。有客自远方来，主人必定要杀鱼款待，表示宾主有鱼水之情，意深情长。

五是诚信美。水葩寨民风淳朴，村民自古以来十分注重讲伦理、守规矩、讲诚信。在处理对外关系、邻里纠纷、家庭琐事、待人接物等方面都遵循寨规民约，并在社会发展中不断完善。在依法治国的大背景下，依然沿用寨规民约维系村寨和谐、和睦，每一位村民都与村寨共荣共生，共同维护村寨经济发展。

水苗寨厚重的文化积淀、优美的自然风光和便利的交通条件，使其成为一个集旅游观光、休闲度假、农家接待、民族文化体验为一体的新型乡村旅游示范点，是原生古朴民族村寨保护与开发的样板，形成发展大健康旅游以推进荔波旅游全域化、全年化的产业格局。2017年，水苗寨被命名为中国少数民族特色村寨。

榔木寨

榔木寨属都匀市归兰水族乡，距都匀市城区33千米，都三公路横穿而过，交通便利。榔木寨依山傍水，古树参天，有枫香树、松柏树等古树50余棵，时间最长的有400余年树龄，最短的也有100余年树龄。寨前的保寨树是一棵有400余年树龄的枫香树。榔木民居错落有致地分布在树林间，以瓦木结构的干栏建筑为主。榔木寨建有木质寨门、木质哨卡，哨卡下可乘凉休息。高高的哨卡上，守卡人远远看见宾客来临，便会吹起牛角，悠长的牛角声把村民从各家各户"吹"出来，聚在寨门口，迎接远方的宾客。

榔木寨妇女喜欢穿蓝色和绿色右衽短上衣，除长帕包头外还用一块白毛巾横扎，围腰不配银链而系腰带，并让围腰上的绣花胸牌翻下来作为装饰。年长的妇女穿青蓝加绲边、绲条和花边长衫，上身衣袖较肥大，下身都穿长裤；她们的发式，都是蓄长发往前梳成一把，盘旋于头上，侧面插一把木梳，她们脚穿绣花布鞋。男子便装基本为流行时装，盛装一般为蓝色和青色的对襟短上衣，共有七对布扣，布扣处镶两条花边，肩、袖口也镶花边，下穿长裤，裤脚也镶花边，脚穿千层底布鞋，头包黑色长头帕。老年男子穿深蓝色右衽长衫，衣摆开叉，下穿长裤，脚穿千层布底鞋。女童脚穿绣花布鞋，胸前拴围腰，一般不挂银链，时常把围腰包在头上，宛如戴一顶花帽子。槚木寨幼童无论男女皆戴水族童帽，有"凤凰帽""八仙帽"等。

槚木寨有丰富的自然景观和人文景观，自然景观如古林西南的"蟒栖田"，位于槚木蟒洞仙人瀑布西南100米处的仙马蹄印，还有酷似乌龟的神龟坡，有水声震天动地的梭水岩瀑布等。人文景观有古林之下的无字碑，高峻雄伟的营头山上的古代防御工事遗迹等。2017年，槚木寨被命名为中国少数民族特色村寨。

高兴寨

高兴寨，属榕江县古州镇高兴村，距县城约10千米。高兴寨是榕江县最大、最秀美的水族村寨，有"榕江第一水寨"的美誉。

高兴寨旅游资源丰富多彩，民族风情独特浓郁，景色秀美迷人，尤其水族民间文化保存完好。房子是由村民自己建设的木房，保留了水族传统的建筑风格。最盛大的节日是每年的"六月六"，每到这个时候邻近的村寨和亲朋好友都来到这里，老人们喝酒聊天；"六月六"恰是年轻人谈情说爱的最好时机，许多年轻人因此结姻缘；小孩则穿上父母买的新衣服，和伙伴们快乐地玩耍，尽情地享受节日的快乐。高兴寨的服饰、刺绣、婚俗及有关生活习俗等，继承了古色古香的传统韵味。

位于高兴寨半山腰的水族古墓"蒙公墓"，其碑上精湛的雕刻技艺，丰富而生动的内容，折射出水族传统文化深厚的底蕴，是榕江水族古墓石雕的代表作之一。高兴寨，是榕江水族的一座露天立体博物馆。2018年，高兴寨入选中国传统村落名录。

八蒙寨

八蒙寨属榕江县兴华水族乡星光村，距县城55千米，交通便捷。八蒙寨两江环绕、古榕拥抱、翠竹映衬，是一个历史悠久、民族风情十分浓厚、环境非常优美的水族村寨。

八蒙寨的古榕树、古墓、花桥、铜鼓舞、斗牛舞、端节、水书等凝集了水族厚重的历史，堪称都柳江畔一颗绚丽的明珠。八蒙寨保存完好，干栏式木屋错落有致，村道古香古色，上千年的古榕树遮天蔽日；水族花桥如一道彩虹镶嵌在都柳江上，在各地水族村寨中独一无二；水族人的装扮古老而朴素，老年男子或青壮年男人仍保留无扣长衫或大襟无领短衣或对襟有领短便装，水族妇女的盛装典雅庄重，便装朴素大方；水族风情古朴浓厚，有十分隆重的瓜节，节日举行赛马、跳芦笙舞、铜鼓舞、斗牛舞、浪漫青年男女情歌会、大型祭祖仪式等；水族传统文化内涵丰富，特别是水族古墓雕刻精美、图案生动，有着丰富的文化内涵，其中有一座清朝道光年间的兄弟合葬石雕古墓，墓碑石雕上刻有太极图、俊男秀女、侍男侍女、仙童吹笛、一男上身裸露独舞、骏马宝安、仙鹤独立、金猴嬉戏、雄狮威武等，充分体现出水族传统民俗的神韵，是水族人民远古迁徙及生产生活的真实写照，展示了古代水族人民的聪明才智和精神世界，对于研究水族古代历史文化、生产生活方式、服装发饰等，都是不可多得的实物依据。2012年，八蒙寨入选中国传统村落名录。

雪花湖社区

雪花湖社区位于三都水族自治县中和镇雪花洞，也因此而得名。距镇政府驻地2.5千米，距三荔高速中和匝道口1.2千米，S206省道穿境而过，交通便利。这里是三都水族自治县近1200户约5800名易地扶贫搬迁群众的新家园，也是国家AAA级景区。

社区围绕"一心四轴五带六节点"展开，"一心"是以雪花湖为中心，"四轴"指滨湖大道以及其余三条车行道，"五带"指二条横向的景观大道、一条登山道、二条幽山静道，"六节点"指陆铎公广场、迎宾广场、乐鱼广场、铜鼓广场、轮滑广场、民族大舞台。2018年建成，规划土地面积约66.7万平方米、建筑面积约24万平方米，建设住房148栋1330套。建筑规划设计采取干栏式建筑风格，重点体现水族群众居住习俗，并注入水族文化元素。房屋外墙上的水书文字、马尾绣图案及镌刻有水书文字的指路牌、路灯，还有一整排店面上，各种写着马尾绣、水书等的牌匾彰显了浓厚的水族特色，让搬迁群众有了"家"的真实感觉。

为保障好"五个三"后续服务，紧紧依托民族文化资源，修建"水族马尾绣小镇"一条街、博物馆和民族工艺品生产、加工、展示、体验区及文化、演艺、水上广场、舞台剧场、凉亭等；打造雪花湖旁边的八猫森林公园休闲氧吧、务朝瀑布群；推出水族绣娘舞台剧，将群众与旅游资源、扶贫产业相融合，集"产、展、销、体、游"为一体，打造成为"旅游+居住"的雪花水族风情小镇，将社区变景区，可吸纳就业1500人，激发群众内生动力和自主"造血"能力，进一步带动农商旅一体化发展，旅游扶贫创造新机遇，逐步成为黔南文化遗产旅游线路上的重要节点。

参考文献

[1] 岑家梧.岑家梧民族研究文集[M].北京：民族出版社，1992.

[2] 岱年，世杰.水族民间故事[M].贵阳：贵州人民出版社，1984.

[3] 段宝林.中国民间文学概要（增订本）[M].北京：北京大学出版社，2002.

[4] 范禹.水族文学史[M].贵阳：贵州人民出版社，1987.

[5] 冯举高.弯路直走——潘一志传奇人生实录[M].贵阳：贵州人民出版社，2006.

[6] 贵州民族学院·贵州水书文化研究院.水族学者：潘一志文集[M].成都：巴蜀书社，2009.

[7] 贵州省地方志编纂委员会.贵州省志·农业志[M].贵阳：贵州人民出版社，2001.

[8] 贵州省荔波县地方志编委会.荔波县志[M].北京：方志出版社，1997.

[9] 贵州省民族事务委员会，贵州省民族研究所.贵州"六山六水"民族调查资料选编·水族卷[M].贵阳：贵州民族出版社，2008.

[10] 国家民族事务委员会全国少数民族古籍整理研究室.中国少数

民族古籍总目提要·水族卷[M].北京：中国大百科全书出版社，2018.

[11]何积全.水族民俗探幽[M].成都：四川民族出版社，1992.

[12]何羡坤.荔波水族[M].北京：中国文史出版社，2009.

[13]李平凡,颜勇.贵州世居民族迁徙史[M].贵阳：贵州人民出版社，2011.

[14]林耀华.民族学通论（修订本）[M].北京：中央民族大学出版社，1997.

[15]罗春寒.水族风俗志[M].上海：上海锦绣文章出版社，2016.

[16]蒙耀远.水族民间禁忌解读[M].成都：光明日报出版社，2014.

[17]潘朝霖,书宗林.中国水族文化研究[M].贵阳：贵州人民出版社，2004.

[18]潘定智.民族文化学[M].贵阳：贵州民族出版社，1994.

[19]潘茂金.潘一志诗词解析[M].北京：中国戏剧出版社，2011.

[20]黔东南苗族侗族自治州地方志编纂委员会.黔东南苗族侗族自治州志·民族志[M].贵阳：贵州人民出版社，2000.

[21]《黔东南苗族侗族自治州概况》编写组，《黔东南苗族侗族自治州概况》修订本编写组编.黔东南苗族侗族自治州概况[M].北京：民族出版社，2008.

[22]黔南布依族苗族自治州史志编纂委员会.黔南布依族苗族自治州志·民族志（第四卷）[M].贵阳：贵州民族出版社，1993.

[23]《黔南布依族苗族自治州概况》编写组，《黔南布依族苗族自治州概况》修订本编写组.黔南布依族苗族自治州概况[M].北京：民族出版社，2007.

[24]三都水族自治县志编纂委员会.三都水族自治县志[M].贵阳：

贵州人民出版社，1992.

[25]《三都水族自治县概况》编写组，《三都水族自治县概况》修订本编写组．三都水族自治县概况 [M]．北京：民族出版社，2007.

[26] 石国义．水族村落家族文化 [M]．贵阳：贵州民族出版社，2007.

[27] 石尚彬，蒙耀远，饶文谊．水韵天书：水族 [M]．贵阳：贵州民族出版社，2014.

[28]《水族简史》编写组．水族简史 [M]．贵阳：贵州民族出版社，1985.

[29]《水族简史》编写组，《水族简史》修订本编写组．水族简史 [M]．北京：民族出版社，2008.

[30] 宋蜀华，陈克进．中国民族概论 [M]．北京：中央民族大学出版社，2001.

[31] 王厚安．水族医药 [M]．贵阳：贵州民族出版社，1997.

[32] 王均等．壮侗语族语言简志 [M]．北京：民族出版社，1984.

[33] 韦学纯．走进中国少数民族丛书·水族 [M]．沈阳：辽宁民族出版社，2014.

[34] 韦宗林．释读旁落的文明：水族文字研究 [M]．北京：民族出版社，2012.

[35] 贵州省地方志编纂委员会．贵州省志·民族志（上、下册）[M]．贵阳：贵州民族出版社，2002.

[36] 徐万邦，祁庆富．中国少数民族文化通论 [M]．北京：中央民族大学出版社，1996.

[37] 晏国光．云南富源水族 [M]．北京：国际文化出版公司，1995.

[38] 杨昌儒，陈玉平．贵州世居民族节日民俗研究 [M]．北京：民族

出版社，2009.

[39] 杨俊. 水族墓葬石雕 [M]. 成都：四川美术出版社，2010.

[40] 曾晓渝. 汉语水语关系词研究 [M]. 重庆：重庆出版社，1994.

[41] 张均如. 水语简志 [M]. 北京：民族出版社，1980.

[42] 张宗铭，西西. 水族人的抗战 [M]. 贵阳：贵州人民出版社，2011.

[43] 中国曲艺志贵州卷编辑部，中国曲艺音乐集成贵州卷编辑部，黔南布依族苗族自治州文艺集成办公室，等. 水族曲艺旭早研究 [M]. 贵阳：贵州人民出版社，1989.

[44] 中共三都水族自治县委员会，三都水族自治县人民政府，贵州省民族事务委员会. 中国水族医药宝典 [M]. 贵阳：贵州民族出版社，2007.

[45] 周崇启，韦族安，石国义. 水族教育史 [M]. 贵阳：贵州教育出版社，2009.

[46] 罗文亮. 中国文艺集成志书贵州省黔南布依族苗族自治州曲艺志 [M]，内部发行，1995.

[47] 潘朝丰，陈立浩. 水族民歌选：凤凰之歌 [M]，内部发行，1981.

[48] 黔南布依族苗族自治州文研室，三都水族自治县文史研究组. 水族民歌选：岛黛瓦 [M]，内部发行，1981.

[49] 三都水族自治县民族文史研究组. 水族源流考 [M]，内部发行，1985.

后 记

在中国统一的多民族大家庭里，存在"我者"和"他者"的认同和区分是再正常不过的事实。怎样对待"我者"和"他者"的历史文化，既是有效应对当今世界民族主义浪潮必须做出的抉择，也是坚持中国各民族共同团结奋斗、共同繁荣发展，铸牢中华民族共同体意识必须回答的理论问题和现实问题。对于水族，我们都是"他者"，但是，长期以来，我们作为民族研究工作者，真诚地对待水族的历史，真心地欣赏水族的文化，并与水族同胞交朋友，以研究、弘扬、传播水族历史文化为己任。我们数十次深入黔南布依族苗族自治州的三都、荔波、独山、都匀、福泉，黔东南苗族侗族自治州的榕江、雷山、丹寨、六盘水市、毕节市等水族地区的县城、乡村及在群众、传承人家中走访、调研、驻足停留，而且，我们的团队成员于脱贫攻坚期间在水乡担任驻村第一书记，与水族并肩走过两个四季、携手两年春夏秋冬的轮回；数十次主持、参与、参加关于水族的学术交流、课题项目、文化活动，特别是在水书抢救、水书文化保护条例立法、水书申遗工作，《中国少数民族古籍总目提要·水族卷》等水族古籍搜集整理编目出版，《水族文化大观》《文化的延续：水族文化传承人实录》等水族著作编撰出版中，我们不仅收获了水族文化的研究成果，也享用了水族人民给予我们的智慧和力量。

2017年，经过精心策划和积极申报，《水族历史文化传承与发展》项目落地。此时，正值深入学习贯彻党的十九大精神，习近平指出，中国特色社会主义文化，源自于中华民族五千多年文明历史所孕育的中华优秀传统文化，熔铸于党领导人民在革命、建设、改革中创造的革命文化和社会主义先进文化，植根于中国特色社会主义伟大实践。……坚持创造性转化、创新性发展，不断铸就中华文化新辉煌。水族文化作为中华优秀传统文化的一颗璀璨明珠，也作为中国特色社会主义文化的重要组成部分，对其历史文化重新作挖掘、阐发，对其历史文化的传承发展进一步作研究、解读，做到"把跨越时空、超越国度、富有永恒魅力、具有当代价值的文化精神弘扬起来，把继承优秀传统文化又弘扬时代精神、立足本国又面向世界的当代中国文化创新成果传播出去"是我们完成这个项目的初心和担当。

2018年以来，我们再次重走水族文化之旅，一次次走访、调研、求证，一次次推敲、斟酌篇、章、节，一次次琢磨、探究内容、文字、图片，一次次带着书稿又走访、再求证、逐步补充完善，对水族历史文化的观察、体验、研究，使我们从"我者"与"他者"的纠结中实现了"群己合一"的自我超越。

本书的编著者中国社会科学院大学博士生颜夏含、中共黔南州委党校民族宗教研究处处长、副研究员樊敏、贵州省民族研究院研究员颜勇在从事田野调查、资料收集、编纂文稿中，得到了贵州省民族宗教事务委员会、贵州省民族研究院、黔南布依族苗族自治州民族宗教事务局、黔南布依族苗族自治州民族宗教工作研究中心、中共黔南州委党校、贵州省水家学会等领导和同志们的深切关注和大力支持，得到了相关水族聚居县民族宗教事务局、乡镇村组，特别是三都水族自治县中和镇三洞社区红星村各级领导和同志们的大力支持和热心帮助。

贵州民族出版社的领导大力支持本书的出版，出版社的编辑人员为本书的编辑、出版奔波，付出了不少辛劳。

成书的过程中，还参考了很多资料，并与许多同志进行探讨、交流，在此一并致谢！

编著者功浅笔钝，书中难免有疏漏乃至错误之处，欢迎读者批评指正。

编著者

2021 年 5 月 15 日